Grätz/Mennecke . . . zuzüglich zum Gehalt . . .

Frank Grätz/Kurt Mennecke

... zuzüglich zum Gehalt ...

Handbuch der betrieblichen Zusatz- und Sozialleistungen

Westdeutscher Verlag · Opladen 1974

ISBN-13: 978-3-531-11219-0 e-ISBN-13: 978-3-322-84197-1
DOI: 10.1007/978-3-322-84197-1

Softcover reprint of the hardcover 1st edition 1974
Gesamtherstellung: Dr. Friedrich Middelhauve GmbH, Opladen
Schutzumschlag von Hanswerner Klein, Opladen

Inhalt

Vorbemerkung

Im Rahmen dieses Handbuches soll versucht werden, die wichtigsten in der Bundesrepublik üblichen Zusatzleistungen zu beschreiben, auf ihre Wirksamkeit zu prüfen und in das System der betrieblichen Vergütungs- und Sozialpolitik einzuordnen.
Wir mußten uns dabei beschränken und konnten nicht alle der mehr als 200 in der Bundesrepublik vorkommenden Leistungen darstellen, im Register am Ende des Buches wurde angestrebt, zumindest von der Aufzählung her eine Vollständigkeit zu erreichen.
Im Literaturverzeichnis, und zum Teil bei den Einzeldarstellungen, ist auf weiterführende Literatur hingewiesen worden. Es wurden bei allen Darstellungen nicht nur Einzelaspekte herausgegriffen, sondern alle Zusatz- und Sozialleistungen im volkswirtschaftlichen, betriebswirtschaftlichen, soziologischen und rechtlichen Zusammenhang gesehen. Aus Platzgründen ist das nicht immer umfassend möglich gewesen; auch deshalb ist die Vertiefung durch weiterführende Literatur sehr oft notwendig.
Weiter wurde versucht, aus der Praxis heraus realitätsnah zu argumentieren.
Wir danken allen, die uns geholfen haben, dieses Buch zu schreiben.

Die Verfasser

Gummersbach, August 1973

1. Allgemein

1.1 Zur Definition der Zusatz- und Sozialleistungen

Der in diesem Handbuch verwendete Begriff der betrieblichen Zusatz- und Sozialleistungen wird umfassend verstanden. Es mag manchmal strittig sein, ob die eine oder andere genannte Leistung noch unter dem Begriff eingeordnet werden kann oder sollte. Dabei sind die Grenzen zwischen dem laut Arbeitsvertrag zu vergütenden Leistungsentgelt im engeren Sinne, also Lohn bzw. Gehalt einerseits und den als Zusatz zum Entgelt gewährten Leistungen des Unternehmens andererseits, unter Umständen als fließend anzusehen.
Sozialleistungen sind danach ein Teil der Zusatzleistungen, wobei sich mit dem Begriff »sozial« häufig die Vorstellung von Mildtätigkeit oder des »Altväterlich-Patriarchalischen« verbindet und viel weniger die von der sozialen Verknüpfung Gleichberechtigter. Andererseits werden die über Lohn und Gehalt hinausgehenden Leistungen, also Zusatzleistungen der Betriebe, unter dem Gesichtspunkt des »Warum« gesehen werden müssen. Sie sind u. a. ein Mittel zur Verbesserung der Motivation der Mitarbeiter, ihrer erhöhten Integration in das Sozialgebilde Betrieb. Nach dem vorstehend Gesagten halten wir es für zweckmäßig, folgende Definition diesem Buche zugrunde zu legen, d. h. also ohne Differenzierung beide Begriffe zusammen oder auch jeden für sich allein zu verwenden.
Als Zusatz- und Sozialleistungen werden alle Leistungen verstanden, die dem Arbeitnehmer über den vereinbarten Lohn oder das vereinbarte Gehalt hinaus aus Aufwendungen des Arbeitgebers sowohl während seiner aktiven Dienstzeit wie nach seinem Ausscheiden aus dem aktiven Dienstverhältnis zugute kommen.
Die Zuwendungen können dabei

- unmittelbar als Geld gezahlt werden oder
- mittelbar auf Vorteilen beruhen

die dem Arbeitnehmer eine Verbesserung oder Sicherung seines Lebensstiles oder Lebensunterhaltes und damit auch seiner Lebensqualität bringen. Dabei sind wir uns darüber klar, daß es Möglichkeiten zur Erhöhung der Lebensqualität auch ohne materielle Leistungen gibt. Dieses Buch behandelt jedoch nur solche Zusatz- und Sozialleistungen, die auf materiellen Aufwendungen der Unternehmen beruhen.
Dabei können die Zuwendungen

- einmalig sein oder
- sich wiederholen.

Sie können an bestimmte Kriterien des Arbeitnehmers oder Arbeitgebers gebunden sein, wobei nicht auszuschließen ist, daß es auch zu Mischformen kommen kann.
Kein Kriterium für Zusatz- und Sozialleistungen in unserem Sinne ist es, ob sie durch

Verträge, Abmachungen oder diesen gleichzusetzende Bestimmungen unterschiedlicher Art fixiert und damit einklagbar sind oder aus der Bereitschaft des Unternehmens, sie zu gewähren, erwachsen. Es ist auch unerheblich, von wem der Gedanke zu der Leistung ausgeht, vielfach ist es der Arbeitnehmer oder der Betriebsrat, der diese Zusatzleistung wünscht, die dann vom Arbeitgeber akzeptiert wird.

Generell kann man sagen, daß Zusatz- und Sozialleistungen von außen feststellbare Kennzeichen menschlicher Beziehungen sind, die, je nach dem Standort des Beobachters, bewertet werden können und bewertet werden. Sie sind in diesem Sinne keine Erfindung etwa des kapitalistischen Zeitalters, sondern in unterschiedlichen gesellschaftlichen Systemen in unterschiedlichen Formen und mit unterschiedlichen Zielsetzungen nachweisbar.

Für den Empfänger von Zusatz- und Sozialleistungen ist es natürlich nicht gleichgültig, ob er auf eine Leistung einen festen Anspruch hat oder es von jeweiligen, unter Umständen situationsbedingten Entscheidungen anderer abhängt, ob sie ihm zufließt. In den letzten hundert Jahren wurden in wachsendem Umfang alle im Bereich mit hoher Wahrscheinlichkeit auftretenden ungünstigen Lebensumstände durch unabdingbare gesetzliche Ansprüche abgesichert. Umfang und Inhalt freiwilliger Leistungen haben sich verändert.

Bezüglich der Sicherheit von Ansprüchen auf Sozialleistungen kann man von einer absteigenden Viererskala ausgehen:

- Gesetzliche Regelungen = höchste Sicherheit
- Tarifvertragliche Regelungen = hohe Sicherheit
- Betriebsvereinbarungen = mittlere Sicherheit
- Freiwillige Entscheidungen des Gewährenden = geringere Sicherheit

Diese Gruppierung ist keineswegs einer in allen Fällen klaren Trennung unterworfen. Man kann davon ausgehen, daß alle Gesetze, die den Bereich Zusatz- und Sozialleistungen betreffen, Mindestbestimmungen, Untergrenzen sind, deren Umfang und Inhalt durch andere Formen und Regelungen entweder erst konkretisiert oder aber flankierend begleitet werden. In vier Bereichen, von denen die Sicherheit des menschlichen Lebens nach ihrer Häufigkeit am stärksten betroffen wird, kann von einer Dominanz der gesetzlichen Regelung gesprochen werden.

– Krankheiten	Absicherung durch:	Krankenkassen
– Arbeitslosigkeit	Absicherung durch:	Bundesanstalt für Arbeit
– Alter	Absicherung durch:	Rentenversorgungsanstalten
– Unfälle, betriebsbedingt	Absicherung durch:	Berufsgenossenschaften

Obwohl das der Fall ist, ist damit die Möglichkeit und tatsächliche Handhabung über das Gesetz hinausgehender betriebsindividueller oder tariflicher Regelungen nicht ausgeschlossen.

Dabei ist in Deutschland, wie auch in vielen anderen Ländern, eine Loslösung des Schutzes vor möglichen Notständen weitgehend aus dem betrieblichen Einfluß erfolgt. Heute besteht ein Anspruch gegen Kassen bzw. Anstalten, die ursprünglich in vielen Fällen als Not- und Gefahrengemeinschaften gegründet worden sind, der auf Vorleistungen basiert, die der Anspruchsberechtigte und/oder seine Arbeitgeber erbracht haben. Dabei ergänzen auch heute noch in vielen Betrieben Kassen im Sinne der Not-

und Gefahrengemeinschaft die aus den gesetzlichen Kassen fließenden Zahlungen im Sinne der individuellen Abschätzung der Notzustände, die sich einer generellen Regelung entziehen.

Die durch Gesetz geschaffenen und darüber hinaus durch höchstrichterliche Entscheidungen laufend ergänzten Einrichtungen und Bestimmungen beziehen sich jedoch nicht nur auf die vier genannten Versicherungsarten, sondern verlangen zusätzlich von den Betrieben auch Einrichtungen und Handlungen zugunsten der von ihnen Beschäftigten wie ihrer Angehörigen. Im weiteren Sinne zählen hierzu als neueste Entwicklung das Umweltschutzgesetz, das Maschinenschutzgesetz und, seit langem bekannt und geübt, alle Maßnahmen und Einrichtungen, die unter dem Stichwort der Berufsgenossenschaft, Gewerbeaufsicht u. a. zusammengefaßt werden können (vergleiche hierzu den Dritten und Vierten Abschnitt des Betriebsverfassungsgesetzes § 87 ff.). Damit bleibt jedem Unternehmen immer die Freiheit der Entscheidung, über dieses gesetzliche Minimum hinauszugehen, und es dürfte in vielen Fällen nicht nur ökonomisch im weitesten Sinne zweckmäßig, sondern auch zwischenmenschlich notwendig sein, es zu tun. Dabei ist das neue Betriebsverfassungsgesetz sicherlich eine gute Basis auch für die weitere Ausgestaltung betrieblicher Zusatz- und Sozialleistungen. Von ihm sagt der Bundesminister für Arbeit und Sozialordnung:

»Ich bin der Auffassung, daß dieses neue Gesetz ein gutes und ausgewogenes Angebot an die Arbeitnehmer, die Betriebsräte und die Arbeitgeber ist, das Miteinander in den Betrieben und Unternehmen auf eine neue und fortschrittliche Grundlage zu stellen . . .« (1).

Wir wollen an dieser Stelle nicht auf die geschichtliche Entwicklung eingehen, wie dies beispielsweise Reichwein in seinem Buch über »Funktionswandlungen der betrieblichen Sozialpolitik« im Abschnitt V »Strukturwandlungen des Industriebetriebes und der industriellen Gesellschaft« tut (2).

Wir betrachten es als Faktum, daß es Gewerkschaften als Interessenvertreter der Arbeitnehmer und Arbeitgeberverbände als Beauftragte der Unternehmen gibt, wobei hier bewußt nicht von »Unternehmern« gesprochen wird, da bei einer Vielzahl von Unternehmen Eigentum und Führung nicht identisch sind, wodurch sich Interessenlagen unter Umständen auch verschieben können.

Diese Institutionen sind gesetzlich und öffentlich anerkannt, verfügen über die Tarifautonomie und überwachen gegenseitig die Einhaltung der einmal abgeschlossenen Verträge. Wenn wir oben klassifizieren, daß wir tariflichen Regelungen nur eine »hohe Sicherheit« den unter ihre Bestimmung Fallenden zumessen, so hat dies mehrere Gründe.

Viele Tarife werden, wenn auch eine gewisse Tendenz zu bundeseinheitlichen Regelungen besteht, regional abgeschlossen und führen zu Unterschieden, die Arbeitnehmer in Kauf nehmen müssen, wenn sie von einem in einen anderen Tarifbereich umziehen. Die an sich gegebene Möglichkeit der Kündigung von Tarifverträgen führt in der Praxis allerdings nicht zur Verschlechterung der einmal festgelegten Bedingungen. Andererseits, das sollte nicht übersehen werden, entsprechen Tarifverträge, so generell sie auch

1 Der Bundesminister für Arbeit und Sozialordnung, Referat Öffentlichkeitsarbeit: Reform der Betriebsverfassung, Bonn 1971, S. 3.

2 *Reichwein, R.*, Funktionswandlungen der betrieblichen Sozialpolitik, Köln–Opladen 1965, S. 172 ff.

sein mögen, viel stärker bereits individuellen Ansprüchen und Anforderungen aller Beteiligten. Am stärksten tritt dies in Erscheinung bei jenen wenigen großen Betrieben, wie beispielsweise dem Volkswagenwerk, die eigene Tarifabschlüsse für ihre Belegschaft tätigen (Tarifautonomie). Ähnliches gilt für zahlenmäßig nur wenige Betriebe umfassende Branchen.
In diesen Fällen könnte fast schon von einer Identität zwischen Tarifvertrag und Betriebsvereinbarung gemäß Betriebsverfassungsgesetz gesprochen werden, obwohl es im Abschnitt 3 des § 77 heißt:
»Arbeitsentgelte und sonstige Arbeitsbedingungen, die durch Tarifvertrag geregelt sind ... können nicht Gegenstand einer Betriebsvereinbarung sein. Dies gilt nicht, wenn ein Tarifvertrag den Abschluß ergänzender Betriebsvereinbarungen ausdrücklich zuläßt.«
Das Verhältnis Tarifvertrag zu Betriebsvereinbarung ist daher in gleicher Weise zu verstehen wie Gesetz zu Tarifvertrag. Andererseits hat der Gesetzgeber ausdrücklich anerkannt, daß je mehr das tägliche Leben berührt wird, um so individueller auch die dieses Leben bestimmenden Regeln sein müssen. Deshalb können auch Betriebsvereinbarungen (Abschnitt 5 des §§ 77 BVG), soweit nichts anderes vereinbart ist, mit einer Frist von drei Monaten gekündigt werden.
Schon allein wegen dieser Kündigungsmöglichkeit, obwohl man sich der Problematik der für die Nutznießer ungünstigen Veränderungen solcher Abmachungen bewußt sein muß, sprechen wir nur von einer »mittleren Sicherheit«. Von Vorteil ist, soweit dies gesetzlich und tariflich erlaubt ist, daß die Betriebsvereinbarung die Möglichkeit zur erhöhten Individualisierung, gerade im engeren Bereich der Zusatz- und Sozialleistungen, bietet.
Den geringsten Sicherheitsgrad bietet, soweit nicht durch individuellen Vertrag anders festgelegt, die freiwillige Entscheidung der Unternehmensführung. Sie kann jederzeit verändert werden, bei schlechtem Führungsstil auch ohne Angabe von Gründen. Es ist daher ein legitimes Anliegen aller Interessenvertretungen, aus solchen »Abhängigkeiten« herauszukommen und sich dafür einzusetzen, freiwillige Leistungen in Betriebsvereinbarungen zu fixieren, in Tarifverträgen zu übernehmen oder gar im Gesetz zu verankern. Viele Gerichtsentscheidungen befassen sich immer wieder mit der Frage, ob freiwillige Leistungen durch längerfristige Gewährung zum Gewohnheitsrecht wurden und gar nicht mehr als »freiwillig« anzusprechen sind. Diese Tatsache zwingt die Unternehmen, bei der Gewährung von freiwilligen Leistungen sehr sorgfältig zu prüfen, wie sich bei veränderter Wirtschafts- und Soziallage zum Gewohnheitsrecht gewordene Leistungen für das Unternehmen auswirken.
In diesem Zusammenhang sei ein Satz aus dem Arbeitsbericht des Ausschusses für soziale Betriebsgestaltung bei der Bundesvereinigung der Deutschen Arbeitgeberverbände zum Thema »Betriebliche Sozialpolitik« zitiert:
»Die auf Gesetz und Tarifvertrag beruhenden Sozialleistungen sind ständig gewachsen. Wesentliche Bereiche der klassischen betrieblichen Sozialpolitik wurden schrittweise von der überbetrieblichen Sozialpolitik übernommen. Dennoch hat die sozialpolitische Aktivität der Betriebe offensichtlich an Umfang nichts eingebüßt.« (3)
Dieses »Nichtnachlassen« sozialpolitischer Aktivitäten der Unternehmen erscheint nicht nur zweckmäßig, sondern auch wünschenswert. Das einzelne Unternehmen, auch das

3 Soziale Betriebspraxis XVIII B v. 12. 6. 1970, S. 151.

große, steht bei guter Führung in seinen Beziehungen näher zu seinen Mitarbeitern und kann dessen Möglichkeiten und Bedürfnisse besser erfassen und erfüllen als jede öffentliche Institution.

Ohne hier im einzelnen auf alle mit den Problemen des Management zusammenhängenden Fragen eingehen zu wollen, muß festgestellt werden, daß das, was die Menschen täglich und stündlich erleben, ausschlaggebend ist für ihre Beziehungen untereinander und zur Gesamtheit. Es wäre irrig, glauben zu wollen, daß Schwächen und Mängel in den täglichen zwischenmenschlichen Beziehungen durch »Aufpfropfung« von »Zusatz- und Sozialleistungen« beseitigt werden könnten. Sie mögen in dem einen oder anderen Fall gemildert, erträglich gemacht werden, können aber eine gute Führung nicht ersetzen.

Zusatz- und Sozialleistungen, gleichgültig, ob sie durch Gesetz vorgeschrieben, durch Tarif festgelegt oder durch Betriebsvereinbarung abgeschlossen sind, müssen Ausdruck und Bestätigung der gegenseitigen Beziehungen der im Unternehmen Tätigen sein. Dabei sollte nicht vergessen werden, daß vor Jahrzehnten eingeführte betriebliche Sozialmaßnahmen einzelner fortschrittlicher Unternehmer Schrittmacher für heute als selbstverständlich angesehene gesetzliche und tarifliche Bestimmungen gewesen sind. Das dürfte wohl auch in der Zukunft so bleiben, daß Gesetze in hohem Maße erst bestätigen und regeln, was in zukunftsweisenden und erfolgreichen Einzelfällen bereits vorgegeben wurde. Andererseits sollte das Einzelunternehmen sich heute stärker als vielleicht früher möglich, mit generellen Entwicklungen und Vorstellungen befassen und auseinandersetzen, um seinen eigenen Standort in der Gesellschaft und die ihm zukommenden Möglichkeiten zur individuellen Leistungserfüllung zu bestimmen. Wir zitieren in diesem Zusammenhang einige Aufgabenstellungen aus der Grundsatzerklärung der Bundesregierung, die mit Sicherheit zu eignen Leistungen der Unternehmen weiter zu entwickeln sind:

- »Die Arbeits- und Berufsförderung soll dazu dienen, den einzelnen bei der Bewältigung der sich rasch wandelnden Arbeits- und Berufsanforderungen zu helfen.«
- »Aus- und Fortbildung bestimmen immer stärker die Berufschancen und das Einkommen und damit auch die gesellschaftliche Stellung des einzelnen«.
- »Besonders den verheirateten, verwitweten und geschiedenen Frauen sind genügend Chancen anzubieten, ins Erwerbsleben zurückzukehren und sich beruflich zu qualifizieren.«
- »Eine fortschrittliche betriebliche Personalplanung muß auch für ältere Arbeiter und Angestellte sinnvolle und produktive Beschäftigungsmöglichkeiten bereitstellen.«
- »Das System der betrieblichen Altersversorgung stellt eine beachtliche Ergänzung der gesetzlichen Altersversicherung dar. Es weist allerdings heute noch verschiedene Mängel auf, die für den Arbeitnehmer den Wert der Ansprüche beeinträchtigen.«
- »Krankheitsvorsorge und Früherkennung von Krankheiten müssen ausgebaut werden.«
- »Weitere Maßnahmen im Bereich der Vermögensbildungspolitik, auch mit dem Ziel einer verstärkten Beteiligung der Arbeitnehmer am Produktivkapital der Volkswirtschaft, sind notwendig.«
- »Neben dem familiengerechten Wohnungsbau und der Elternbildung und -beratung müssen Hauspflege, hauswirtschaftliche Beratung, Kindergärten und Spielplätze gefordert werden.«

Mit diesen Hinweisen sollte nur deutlich werden, daß sich staatliche und betriebliche Sozialpolitik nicht voneinander ausschließen, sondern auf der Grundlage von Zukunftsperspektiven Einzelmaßnahmen realisierbar und erwünscht sind, die aus unternehmerischer Entscheidung im Zusammenwirken der Sozialpartner ergriffen und durchgeführt werden können und sollten. Dazu sagte die Bundesvereinigung der Deutschen Arbeitgeberverbände bereits im März 1953:

»Die Erkenntnis von der Leistungsfähigkeit der Marktwirtschaft darf selbstverständlich nicht blind machen für Mängel, die auch ihr, wie jeder menschlichen Institution, anhaften. Man muß wach bleiben.« (4)

Gerade auf das letzte kommt es in hohem Maße an. Auch auf dem Gebiete der Zusatz- und Sozialleistungen wird es, im Sinne der Verbesserung der Lebensqualität des einzelnen, entscheidend darauf ankommen, daß der Betrieb prüft, mit welchen Mitteln und Methoden er auf der Basis gesetzlicher und tariflicher Grundlagen seine eigene Sozialpolitik treiben kann und soll.

Dazu gehört, wie im Abschnitt 3 näher behandelt:

- Die genaue Erfassung und das Wissen um die Bedürfnisse und Erwartungen der Mitarbeiter;
- die Prüfung aller Möglichkeiten zur Erfüllung der Erwartungen;
- die Erarbeitung von Prioritäten der möglichen Realisierung, deren Planung und Durchführung;
- die Kontrolle der Ergebnisse im Sinne der Kybernetik.

Zusammengefaßt geht es um ein auf das Unternehmen und seine Mitarbeiter abgestelltes System, das zur Zielverwirklichung des Unternehmens einen entscheidenden Beitrag leistet.

1.2 Motive für Zusatz- und Sozialleistungen

Zusatz- und Sozialleistungen spielen im Beziehungsfeld von Gruppen und ihrer Angehörigen eine wesentliche Rolle, wobei ein Teil sicherlich auch heute noch vom Familien- und Gemeinschaftsdenken beeinflußt wird, obwohl die heutige Arbeitswelt solchen Vorstellungen häufig nur noch wenig Raum und Möglichkeiten einräumt. Man sollte aber bei der Behandlung dieser Fragen an diesen Tatsachen nicht vorbeigehen, um manche emotionale Stellungnahme zu versachlichen wie umgekehrt in dieser harten Sachwelt, wenn dies gewünscht wird und tragbar ist, echt positiv menschliche Beziehungen zu pflegen.

In einem Bericht über den 19. Arbeitswissenschaftlichen Kongreß heißt es deshalb zu Recht: »Wenn es keine soziale Angemessenheit und kein Wohlbefinden bei der Arbeit gäbe, würde manchem von uns der Impuls fehlen, allgemein und in seinem Bereich mit aller Kraft den Wandel anzubahnen ...« (5).

In diesem Zusammenhang spielen sicherlich auch Zusatz- und Sozialleistungen ihre wesentliche Rolle; sie sind teilweise geradezu ein Mittel zur »Vermenschlichung«, ohne in das Odium von »Wohlfahrt aus schlechtem Gewissen« zu kommen.

Zusatz- und Sozialleistungen empfangen oder sie geben, unterliegt mit Sicherheit unter-

4 Soziale Betriebspraxis, XVIII A 1967, S. 307.
5 Arbeit und Leistung 5/1973, S. 130.

schiedlichen Motivationen. Generell kann man zunächst davon ausgehen, daß der Empfänger erwartet, daß die größte Einheit, also beispielsweise der Betrieb, dem er angehört, allein schon wegen seiner Größe, seiner finanziellen und sonstigen Möglichkeiten in der Lage ist oder sein müßte, ihm in einer besonderen Situation oder für ein bestimmtes Ziel Unterstützung und Hilfe angedeihen zu lassen.

Diese allgemeine Feststellung ist sicherlich richtig und beschränkt sich nicht nur auf das Verhältnis Mitarbeiter zu Unternehmen, sondern ist auch bei kleineren Gruppen gegenüber größeren umfassenderen sozialen Einheiten vorhanden. Die Erwartung oder Forderung eines Unternehmens an andere Sozialeinheiten, z. B. Verbände, öffentliche Hand, ihm Hilfe zu gewähren, ist nicht anders zu werten als der Wunsch eines Arbeitnehmers an seinen Arbeitgeber, ihm über das vereinbarte Entgelt hinaus Unterstützung und Zuwendung zukommen zu lassen. Unter diesem Aspekt kann man fast von einer Hierarchie sozialer Leistungen sprechen, die, wie es scheint, sich geradezu weltweit ausdehnt. »Entwicklungshilfe« ist im Grunde genommen nichts anderes als Sozialleistungen überstaatlicher Organisationen oder von Staat zu Staat im Rahmen bestehender Notwendigkeiten und Bedürfnisse.

Die Motivation derer, die Zusatz- und Sozialleistungen erwarten und fordern, läßt sich bei starker Zusammenfassung auf die sozialen Grundwünsche nach Anerkennung, sozialer Sicherheit, neuen Erfahrungen und Erwiderung zurückführen (6).

Zander sagt dazu in ähnlichem Sinne:

»Auch muß sich jeder Mitarbeiter darauf verlassen können, daß, wenn er einen Beitrag zum Erreichen dieser Ziele (des Unternehmens d. V.) leistet, auch seine Wünsche bzw. Bedürfnisse erfüllt werden und keines dieser Bedürfnisse gefährdet wird.« (7)

Wer sich also mit der Frage der Erfüllung der Wünsche nach Zusatz- und Sozialleistungen befaßt, wird gut daran tun, sich eingehend mit den Motiven auseinanderzusetzen, die den möglichen Empfänger bewegen.

Dabei steht fest, daß nicht immer und zu allen Zeiten die Motive gleich sind, sondern sich aus den unterschiedlichsten zeithistorischen und anderen Gründen wandeln können. Ein Kriterium für die Veränderung bei einzelnen Menschen ist mit Sicherheit auch das Lebensalter. Für den jungen Menschen stellt sich seine Zukunft meist völlig anders dar als für den gereiften älteren. Er ist im allgemeinen gegenwartsbezogener als der ältere. Hinsichtlich seiner Altersversorgung als soziale Sicherheit beispielsweise macht er sich nur geringere Gedanken, dagegen möchte er ausreichend Möglichkeiten haben, neue Erfahrungen zu sammeln und inner- wie außerbetrieblich mit gleichgesinnten Gleichaltrigen zusammenzukommen. Im Rahmen der betrieblichen Zusatz- und Sozialleistungen kommen daher, je nach dem Lebensalter der Mitarbeiter, den Möglichkeiten der Weiterbildung, der allgemeinen und speziellen Wissensförderung, der sportlichen Betätigung unterschiedliche Bedeutung zu.

Dabei teilen wir nicht die heute vielfach vertretene Ansicht, daß die heutige Jugend so systemfeindlich sei, daß sie derartige Leistungen nicht mehr wünsche, viel eher vermißt man ein gewisses Verständnis, mit welchen Mitteln sie erhalten und ausgebaut werden können.

Verfolgt man den Lebensweg weiter, wächst sowohl der Wunsch nach Anerkennung

6 Vgl. *Wiese, L. v.*, System der allgemeinen Soziologie, 3. Auflage 1955, Berlin, S. 169.
7 *Zander/Grabner/Knebel/Pillat*, Führungssysteme in der Praxis, Heidelberg, 1972, S. 14.

wie nach Sicherheit, insbesondere wenn durch Verheiratung das engere Beziehungsfeld neue Maßstäbe setzt. Die Leistungen der Unternehmen auf dem Gebiete des Wohnungsbaues, teils einfach durch örtliche Gegebenheiten erzwungen, teils aus betrieblichen Zweckmäßigkeiten durchgeführt, schaffen dabei nicht nur das vom Arbeitnehmer Erwartete, sondern, das ist zur Genüge bekannt, bauen auch eine Fülle von Konfliktstoffen mit ein, deren Beseitigung nicht immer leicht ist. Solange eine echte Vollbeschäftigung gesichert ist, treten Sorgen um den Arbeitsplatz und daraus resultierende Wünsche an Zusatz- und Sozialleistungen nicht in voller Stärke auf. Zander meint dazu:

»Da wir heute davon ausgehen können, daß in hochentwickelten Volkswirtschaften die Grundbedürfnisse und das Bedürfnis nach Sicherheit nahezu gesättigt sind, spielen dort die darüber liegenden Bedürfnisse eine entscheidende Rolle.« (8)

Ob dies in dieser Bestimmtheit richtig ist, muß bei sich ständig verändernden Situationen bezweifelt werden; denn ganz anders wird es, wenn durch Umstrukturierungen, Teilstillegungen, Rationalisierungsmaßnahmen Unsicherheit geschaffen wird.

Gesetzliche Vorschriften, Mitwirkung und Mitbestimmung des Betriebsrates und des Wirtschaftsausschusses geben zwar bereits einen Rahmen, um den Wünschen nach Sicherheit des Arbeitsplatzes zu entsprechen. Im Rahmen der Zusatz- und Sozialleistungen bleibt aber immer die Frage offen, ob nur formalen Vorschriften entsprochen wird oder ob das Unternehmen darüber hinaus echt zu erkennen versucht, welche Gedanken die Mitarbeiter haben und welche Wünsche sie hegen.

Es erscheint in diesem Zusammenhang als dringende Notwendigkeit des Führungsstils, mit rückhaltloser Offenheit über Möglichkeiten und Fakten zu sprechen und diese auch mit nachweisbaren Zahlen zu belegen. Um ein sehr einfaches Beispiel zu nennen: Es ist nicht glaubhaft, wenn ein Unternehmer sich ein neues Haus baut und gleichzeitig erklärt, dem Unternehmen gehe es sehr schlecht. Dabei sei nicht geleugnet, daß es auch umgekehrt sein kann, daß jemand Hilfe und Unterstützung erwartet, sein persönlich unsinniges Verhalten aber Ursache seiner Hilfsbedürftigkeit ist. Selbst in solchen Fällen kann es notwendig und richtig sein, daß das Unternehmen seine Möglichkeiten der Sozialleistungen ausschöpft, dann aber unter Umständen nicht, um die Erwartungen des sich falsch Verhaltenden, sondern die seiner unmittelbaren Mitwelt zu erfüllen.

Bei der Frage nach den Motiven, warum Mitarbeiter Zusatz- und Sozialleistungen wünschen, sollte nach dem bisher Gesagten deutlich werden, daß sie ein echter Zusatz sein müssen und kein Ersatz für schlechten Führungsstil sein dürfen. Die zeitliche Wirksamkeit von einmaligen oder auch sich wiederholenden Zusatz- und Sozialleistungen dürfte im allgemeinen geringer sein als das tägliche Erleben am Arbeitsplatz. Das schließt nicht aus, daß in dem einen oder anderen Fall Mitarbeiter wegen der mit Sicherheit zu erwartenden Zusatz- und Sozialleistungen unter Umständen unerfreuliche Erlebnisse und Zustände des täglichen Arbeitsgeschehens in Kauf nehmen. Der Betrieb darf mit dieser Bereitschaft des Mitarbeiters nicht rechnen und sollte seine Personal- und Sozialpolitik unter keinen Umständen danach ausrichten. Es läßt sich nicht leugnen, daß es eine Reihe von echten Gründen und Motiven der Unternehmen gibt, warum sie ihre eigene Sozialpolitik im Rahmen der gesellschaftlichen und gesetzlichen Möglichkeiten betreiben.

8 *Zander* und andere, a.a.O., S. 16.

Wir verzichten hier darauf, den eigentlichen Auftrag und die Zielsetzung der Unternehmen zu behandeln. Um aber deutlich zu machen, auf welchem Hintergrund der Unternehmensauftrag gesehen wird, seien einige Sätze von Golo Mann aus seiner Rede zum 10jährigen Bestehen der DEGUSSA zitiert:
»Aber Leistung muß sein, um unsere überaus dicht organisierte, empfindliche, stets gefährdete Industriegesellschaft in Gang zu halten und auch vor sich selber zu beschützen – es wäre lächerlich, diese Wahrheit lange beweisen zu wollen.« (9)
Und an anderer Stelle:
»Daß da und dort ein schädlich schwerer Arbeitsdruck waltet, auf den Arbeitern wie auf leitenden Angestellten, den es nach Möglichkeit zu mildern gilt, das ist eine andere Sache.« (10)
»Den Menschen im Betrieb das Beste, das Humanste bieten, was in der Zeit gegeben werden kann.« (11)
Aus diesen Gedanken lassen sich für die Betriebe folgende Hauptmotive für die Pflege ihrer Zusatz- und Sozialleistungen neben dem, darauf sei wegen der Bedeutung nochmals hingewiesen, für die Menschen wünschenswerten und die Entwicklung des Unternehmens zweckmäßigen Führungsstil ableiten:

- Die Entwicklung auf eine für das Unternehmen positive Leistungsbereitschaft und -fähigkeit der Mitarbeiter
- Die Sicherung der Zukunft des Unternehmens, die teilweise unmittelbar von dem Umfang der Leistungshergabe der Mitarbeiter abhängt.

Reichwein, mit dem wir nicht in allen Punkten übereinstimmen, nennt in diesem Zusammenhang folgende Motive der Unternehmen für die betriebliche Sozialpolitik:

»1. Für- und Vorsorge für das Wohl der Betriebsangehörigen
2. Disziplin und Erziehung der Betriebsangehörigen
3. Erhaltung und Steigerung ihrer Arbeitsleistung
4. Bindung der Belegschaftsmitglieder an den Betrieb und der Verbesserung der Beziehungen zwischen Belegschaft und Betriebsleitung
5. Werbung neuer Arbeitskräfte
6. Abwehr außerbetrieblicher, vor allem gewerkschaftlicher und staatlicher Einflüsse
7. Herrschaftssicherung.« (12)

In einer Fußnote erwähnt Reichwein noch das Motiv »der legalen Steuervermeidung«, das er jedoch nicht gelten lassen will, da dies auch für andere Bereiche der Betriebspolitik bestimmend sei. Liegt es nun an gewissen Wandlungen des letzten Jahrzehnts oder an anderem; man kommt jedenfalls an der oft ausgesprochenen Tatsache nicht vorbei,

9 *Mann, G.*, Der tiefe Wandel der Gesellschaft, Düsseldorf–Wien 1973, S. 15.
10 A.a.O., S. 14.
11 A.a.O., S. 32.
12 *Reichwein*, Funktionswandlungen der betrieblichen Sozialpolitik, Köln–Opladen 1965, S. 75.

daß viele Unternehmer vor allem der kleinen und mittelständischen Betriebe heute sehr oft und deutlich aussprechen: »Ehe ich das Geld an den Fiskus zahle, will ich es unmittelbar meinen Mitarbeitern zukommen lassen.«
Dabei ist die aus solchen oft gehörten Aussagen kommende Steuerfeindlichkeit in Deutschland sicherlich noch erheblich milder als in anderen Ländern. Man sollte auch nicht vergessen, daß der Volkswirtschaft aus dieser unternehmerischen Verhaltensweise kein Schaden entsteht. Diese »private« Umverteilung von Einkommen und Vermögen, die Zusatz- und Sozialleistungen in Wirklichkeit darstellen, widerspricht lediglich gewissen Vorstellungen, die in der Gegenwart häufig geäußert werden, daß es Sache des Staates und überbetrieblicher Organisationen sei, dies zu tun.
Es würde hier zu weit führen, wenn wir diesen gesamtwirtschaftlichen Überlegungen nachgehen wollten; fest steht jedenfalls, daß gerade auch unterstützt durch den Gedanken der möglichen Steuerersparnis unseres Erachtens in den letzten Jahren in wachsendem Umfang neue Zusatz- und Sozialleistungen geschaffen und gewährt wurden.
Ein weiteres Motiv, das Reichwein nicht nennt oder das sogar teilweise im Gegensatz zu dem von ihm genannten Motiv »7: Herrschaftssicherung« steht, könnte man vielleicht als »kollektive Zukunftssicherung« ansprechen. Versteht man unter dem Begriff »Herrschaftssicherung« Maßnahmen, die darauf abzielen, den Arbeitnehmer bereit zu machen, die »Herrschaft des Unternehmens oder des Unternehmers« zu akzeptieren, ihr, um materielle und sonstige Vorteile zu erreichen, zu folgen, zielt »kollektive Zukunftssicherung« darauf ab, einen Teil oder unter Umständen die ganze Herrschaft aufzugeben. Um deutlich zu machen, welche Prozesse und gedanklichen Neuorientierungen sich hier in den letzten Jahren angebahnt haben, sei beispielsweise auf die Übertragung von Eigentum an die Mitarbeiter hingewiesen, weil der bisherige Inhaber keine unmittelbaren Erben hatte oder solchen aus den unterschiedlichsten Gründen das Erbe nicht übertragen wollte. Auch die Erleichterung des Erwerbs von Aktien durch die Belegschaftsmitglieder kann unter diesem Gesichtspunkt gesehen werden, wenn auch die »Herrschaftsausübung« durch die Hauptversammlung der Aktionäre eine nur bedingt wirksame sein dürfte.
Gleichgültig also, wie sich das Eigentum am Unternehmen darstellt, es ist ein auf wirtschaftliche Erbringung der Leistungen abgestelltes System, das auch durch Zusatz- und Sozialleistungen auf das Verhalten der Beschäftigten einwirken will, um seine Zielvorstellungen zu verwirklichen. Dabei geht es einmal darum, positive Elemente beim Arbeitenden zu verstärken und negative abzubauen. Zu den positiven Elementen zählen wir das Können des einzelnen Mitarbeiters gefördert durch

- nach arbeitswissenschaftlichen Gesichtspunkten zweckmäßig und richtig gestaltete Arbeitsplätze
- das Wissen und Können des einzelnen Mitarbeiters bis hin zur kulturellen Förderung, aber auch Einarbeitung, Anlernung, Schulung und Nutzung des Könnens am ihm gemäßen Arbeitsplatz
- Maßnahmen zur Gesunderhaltung wie Arbeitsschutz im weitesten Sinne, Ernährung, Ruhezeiten, bis zur medizinischen Vorsorge
- Pflege des zwischenmenschlichen Zusammenlebens innerhalb und außerhalb des Betriebes

– Verstärkung der sozialen Sicherheit und der Anerkennung und damit eng verbunden der Mitbestimmung und Mitgestaltung, im Sinne des Betriebsverfassungsgesetzes.

Die negativen Elemente sind teilweise natürlich nur die Umkehrung der positiven in ihr Gegenteil. Es gibt aber gewisse Erscheinungen, die aus den oben genannten Zielvorstellungen heraus unmittelbar als negativ angesprochen werden können, die man »durch Zusatz- und Sozialleistungen zu bekämpfen« sucht. Wir möchten schon in dieser Formulierung zum Ausdruck bringen, wie fragwürdig uns in vielen Fällen das Ergebnis solcher Bemühungen scheint.

Als ein die Leistung des Unternehmens immer ungünstig beeinflussendes Element müssen die ungeplanten Fehlzeiten der Arbeitnehmer angesprochen werden. Wir denken hier an »Zu spät-Kommen«, »blauen Montag«, Überziehen von Pausen und ähnliches. Es sind schon viele Überlegungen und daraus resultierende Maßnahmen von den Unternehmen angestellt bzw. ergriffen worden, um diese Leistungsminderungen zu bekämpfen, teils mit, teils ohne Erfolg. Viele Berichte deuten darauf hin, daß die Einführung der »gleitenden Arbeitszeit« zu guten Ergebnissen beim Abbau ungeplanter Fehlzeiten geführt hat, bedauerlicherweise ist sie in vielen Unternehmen oder Betriebsteilen aus technologischen Gründen nicht praktizierbar. Anwesenheitsprämien oder Abzüge vom Jahresbonus führen häufig nicht zu dem gewünschten Ergebnis, da der zeitliche Zusammenhang der Tatsache der Fehlzeit und ihrer Auswirkung nicht gegeben ist; das bedeutet, daß die gewünschte Motivierung der Mitarbeiter im Sinne der Verminderung der Fehlzeiten nur vorübergehend oder teilweise oder unter Umständen überhaupt nicht eintritt. Die Wirksamkeit solcher die Fehlzeiten vermindernden motivierenden Zusatz- und Sozialleistungen müssen deshalb laufend beobachtet werden.

Ein weiteres betriebliches Motiv ist die Erhaltung und Steigerung der Leistungsfähigkeit der Mitarbeiter, die u. a. durch Unterweisung am Arbeitsplatz und Schulung erreicht werden können. Da Fehlleistungen sehr häufig nur aus mangelnder Kenntnis und Erfahrung der Mitarbeiter kommen und dann sogar unmittelbar auch ihre Leistungsbereitschaft beeinflussen, sollten Zusatzleistungen, die die Unternehmen in dieser Richtung erbringen, als wirkungsvoll angesehen werden. Dabei dürfte feststehen, daß auf diesem Gebiet auch methodisch und didaktisch noch viele neue Wege beschritten werden müssen, um das angestrebte Ziel zu erreichen.

Es kann nicht übersehen werden, daß unter Umständen bei Maßnahmen zur positiven Motivation der Mitarbeiter für das Unternehmen negative Randerscheinungen auftreten können. Ein sehr einfaches Beispiel dieser Art sind alle Einrichtungen zu sportlicher Betätigung, die das Gruppenbewußtsein positiv beeinflussen, wie Tischtennisräume, Schwimmbäder, Kegelbahnen, Skihütten, Sporteinrichtungen schlechtweg. Die dort sich vollziehende Betätigung kann zu Unfällen führen oder auch zu aus falschem Ehrgeiz kommenden Gruppenkonflikten, die das Leistungspotential negativ beeinflussen, obwohl diese Möglichkeit sicherlich nicht überbewertet werden darf.

Daß die Unternehmen ihrerseits davon überzeugt sind, daß ihr Unternehmen auch durch Zusatz- und Sozialleistungen attraktiv ist, ergibt sich unter anderem aus ihrer Eigendarstellung in Anzeigen, durch die sie Personal suchen. So berichtete darüber bereits Bues über Auswertung von Stellenanzeigen der Jahre 1964 und 1969 (13).

13 *Bues, H.*, Freiwillige betriebliche Sozialleistungen in der BRD, Köln–Berlin–Bonn–München 1969, S. 490–492.

Die Auswertung von 1013 Stellenangeboten der Frankfurter Rundschau vom 16. 6. 1973 lehnt sich an obige Untersuchungen an (vgl. Anlage 1).
Wenn auch kein exakter Vergleich möglich ist, zeigen sich in der Bedeutung der einzelnen Zusatz- und Sozialleistungen doch gewisse Verschiebungen und Tendenzen, die nicht unbeträchtlich sind. Dabei kann leider nachträglich nicht festgestellt werden, inwieweit und in welchem Umfang auch 1964 Angaben zu den Punkten vorhanden waren, die aus der Sicht dieses Buches zu den Zusatz- und Sozialleistungen gehören, aber in den früheren Untersuchungen nicht erfaßt wurden.
56 % der Anzeigen enthielten außer der Positionsangabe und einem evtl. Hinweis auf die Bezahlung noch die in Anlage 1 genannten Zusatzleistungen. Dabei waren solche Angaben nicht abhängig von der Größe der Anzeige oder der Bedeutung der Firma. Kleine zweizeilige Anzeigen wiesen noch auf Sonderleistungen, wie beispielsweise als Extremfälle die »kostenlose Benutzung des VW« durch die gesuchte Putzfrau oder die Hausangestellte »mit Schwimmbadbenutzung« hin.
Umgekehrt ergaben selbst einige viertelseitige Anzeigen keinen Anhaltspunkt über die Einstellung der inserierenden Firma zu diesen Fragen. Die großen Firmen bemühen sich außer dem allgemeinen Hinweis auf ihre hohen Sozialleistungen, noch die eine oder andere Sonderleistung herauszustellen, was auch auf Anzeigen von Behörden und öffentliche Dienststellen zutrifft. Das ist bei dem Vergleich der Zahlen zu Punkt 1 der Anlage 1 und den weiteren Punkten zu beachten.

1.3 Quantitative Bedeutung der Zusatz- und Sozialleistungen im betriebs- bzw. volkswirtschaftlichen und internationalen Vergleich

Die betrieblichen Zusatz- und Sozialleistungen können natürlicherweise nicht isoliert gesehen werden, sondern sind nur im System des gesamtgesellschaftlichen Sozialgeschehens insgesamt zu verstehen. Dabei spielt heute die staatliche Sozialpolitik eine dominierende Rolle und beeinflußt auch Richtung und Quantität der Sozialleistungen der Unternehmen entscheidend, so daß man von einer Abhängigkeit sprechen kann.
Es ist heute unbestritten, daß der Staat die Hauptverantwortung für die soziale Sicherheit seiner Bürger und speziell der Erwerbstätigen übernommen hat. Dabei ist entscheidend, daß er die allgemeinen gesetzlichen Voraussetzungen für einen möglichst ausreichenden Schutz seiner Bürger schafft. Nicht wesentlich ist dabei, ob die damit verbundenen Leistungen nun über Steuern oder Beiträge finanziert werden. Zur Sozialpolitik der letzten Jahre gehörte vor allem die Schaffung eines immer umfassenderen Systems, in das auch immer mehr Personen einbezogen worden sind oder einbezogen werden, die früher kaum geschützt waren, oder die sich auf Grund weitgehend privater Initiative nur unvollkommen schützen konnten. Die Tabelle auf S. 21 zeigt diese Entwicklung recht deutlich.
Ein weiterer Schwerpunkt der staatlichen Sozialpolitik lag in den letzten Jahren in der Anpassung bestehender Ansprüche und Leistungen an die wirtschaftliche Entwicklung, das heißt in der Tendenz zur vollen Dynamisierung. Das bringt sicherlich neue Sicherheit für den Bürger, schafft aber auch Gefahren für die Stabilität der Wirtschaft und ist gerade bei der Ausstrahlung auf die Belange der Wirtschaftsunternehmen von recht großem Einfluß auf die Kosten- und Ertragsentwicklung.

Entwicklung des Personenkreises, der durch soziale Sicherung geschützt wird

		Einheit	1969	1970	1971	1972	1973
1	Sicherung der Erwerbstätigen bei Krankheit						
1.1	durch Mitgliedschaft in der sozialen Krankenversicherung, durch Beihilfeanspruch gegen den öffentlich-rechtlichen Dienstherrn oder durch Anspruch auf Heilfürsorge der Polizei und der Bundeswehr	Mill.	24,4	25,0	25,2	25,1	25,3
		% (1)	91,1	91,9	92,7	93,2	93,7
1.2	allein durch Mitgliedschaft in der privaten Krankenversicherung	Mill.	2,0	1,9	1,7	1,6	1,5
		% (1)	7,5	7,0	6,3	5,9	5,6
1.3	ungesichert	Mill.	0,4	0,3	0,3	0,3	0,2
		% (1)	1,4	1,1	1,0	0,9	0,7
2	Sicherung der Erwerbstätigen im Alter, bei Invalidität und für Hinterbliebene						
2.1	durch Mitgliedschaft (2) in der gesetzlichen Rentenversicherung (einschließlich Landwirtschaftliche Altershilfe) oder durch Versorgungsanspruch gegen den öffentlich-rechtlichen Dienstherrn	Mill.	22,7	23,2	23,3	23,2	23,5
		% (1)	84,6	85,4	85,7	85,9	86,8
2.2	Sonstige (3)	Mill.	4,1	4,0	3,9	3,8	3,6
		% (1)	15,4	14,6	14,3	14,1	13,2
3	Erweiterung des durch soziale Sicherung geschützten Personenkreises (4)						
3.1	durch das 2. Krankenversicherungs-Änderungsgesetz und durch die Krankenversicherung der Landwirte	% (1)	–	–	–	–	1,4 (5)
3.2	durch die Öffnung der Rentenversicherung für Selbständige (Rentenreformgesetz)	% (1)	–	–	–	–	0,7 (6)

1 Anteil an den Erwerbstätigen insgesamt.
2 ohne latent Versicherte, d. h. Erwerbstätige, die zwar im jeweiligen Jahr keine Pflicht- oder freiwilligen Beiträge gezahlt haben, aber nach dem 1. Januar 1924 überhaupt Beiträge entrichtet haben (z. B. befreite Angestellte; Handwerker nach Ablauf der Pflichtversicherungszeit).
3 z. B. latent Versicherte (s. Anmerkung [2]), durch betriebliche oder private Vorsorge Gesicherte, erwerbstätige Altersrentner, Werkstudenten, Ungesicherte.
4 in den Zahlen zu 1.1 und 2.1 enthalten.
5 Befreiungsmöglichkeiten berücksichtigt.
6 die Hälfte des in Betracht kommenden Personenkreises.

Quelle: Sozialbericht 1972, Maßnahmen und Vorhaben der Gesellschafts- und Sozialpolitik, Bonn 1972.

Am Beispiel der steigenden Renten, denen in fast gleichem Verhältnis wachsende Beiträge der Unternehmen und der Arbeitnehmer gegenüberstehen, sei das dargestellt:

Gesetzliche Rentenversicherung
Jährliche Rentenanpassungen

Jahr	Gesetzliche Regelung	Finanzielle Verbesserungen je Fall %	insgesamt Mrd. DM
1971	13. Rentenanpassungsgesetz vom 10. Juli 1970	5,5	1,95
1972	14. Rentenanpassungsgesetz vom 10. Aug. 1971	6,3	2,51
1973	15. Rentenanpassungsgesetz (im Gesetzgebungsverfahren)	9,5	4,1
1974	(1)	11,35	5,25
1975	(1)	10,5	5,5

1 Vorausschätzung nach dem derzeitigen Stand.

Quelle: Ebenda.

An Bedeutung hat bei der staatlichen Sozialpolitik auch die Bemühung um die Vermögensbildung gewonnen; im Abschnitt 2.12 dieses Buches wird die ebenfalls enge Beziehung zur betrieblichen Sozialpolitik deutlich.

Immer enger wird mit der weiteren wirtschaftlichen Integration, besonders im Rahmen der Europäischen Gemeinschaft, die Tendenz zu einer international abgestimmten Sozialpolitik. In der Bundesrepublik ist dieses Problem schon lange durch die große Anzahl der ausländischen Arbeitnehmer sichtbar geworden. Im internationalen Vergleich nimmt die BRD auf dem Gebiete der Zusatz- und Sozialleistungen zweifellos eine Spitzenposition ein wie auch die folgenden globalen Zahlen für die Länder der Europäischen Gemeinschaft beweisen:

Sozialausgaben je Kopf der Bevölkerung in DM

Land	1962	1966	1971
Bundesrepublik	999	.	2 394
Frankreich	928	1 438	2 107
Italien	439	791	1 359
Niederlande	561	1 093	2 121
Belgien	784	.	1 934
Luxemburg	906	1 316	2 013

Quelle: Statistisches Amt der Europäischen Gemeinschaften.

Sozialleistungen in der Europäischen Gemeinschaft

Land	In % des öffentlichen und privaten Verbrauchs		In % des Volkseinkommens		In % des verfügbaren Einkommens des privaten Haushaltes	
	1962	1971	1962	1971	1962	1972
Bundesrepublik	23,1	26,2	21,5	24,3	24,3	27,8
Frankreich	20,7	24,4	20,4	22,6	22,0	25,6
Italien	17,8	23,0	16,7	22,1	17,8	23,0
Niederlande	18,0	28,2	16,1	25,8	19,7	31,8
Belgien	18,5	22,8	18,4	21,4	19,4	23,4
Luxemburg	20,9	26,0	19,0	22,5	21,3	26,3

Quelle: Statistisches Amt der Europäischen Gemeinschaften.

Dabei gibt die Bundesrepublik für Kindergeld wesentlich weniger als andere Länder aus, steht dagegen bei der Alterssicherung absolut an der Spitze.
Die oben dargestellten Zahlen sind wie alle internationalen Vergleichswerte mit Vorsicht zu betrachten. Unrealistische Wechselkurse und eine nicht voll vergleichbare Methodik bei der Errechnung der einzelnen Leistungen führen zu einem beachtlichen Fehlerspielraum. Allerdings ist zu vermuten, daß durch die letzten Wechselkursänderungen, und die Veränderungen der Sozialgesetzgebung in den letzten zwei Jahren, die Bundesrepublik ihre Spitzenposition ausgebaut hat. Interessant ist auch die Verteilung der Soziallasten auf die einzelnen Aufkommensträger:

Wer finanziert die Sozialausgaben?

		Bundesrepublik %	Frankreich %	Italien %	Niederlande %	Belgien %	Luxemburg %
Arbeitgeber	1962	49	61	62	40	45	44
	1971	50	62	57	44	48	.
Versicherte	1962	24	17	12	34	20	18
	1971	26	19	14	36	21	.
Staat	1962	23	20	19	16	27	28
	1971	22	17	23	12	27	.
Kapitalerträge	1962	2	1	3	8	4	8
	1971	2	1	3	8	3	.
Sonstige Einnahmen	1962	2	1	4	2	2	4
	1971	0	1	3	0	1	.

Quelle: Ebenda.

Danach hat sich in den letzten 10 Jahren der Anteil zwischen Arbeitgebern, Versicherten und dem Staat nur geringfügig verschoben, wobei freilich die finale Lastenverteilung nicht darüber hinwegtäuschen kann, daß Sozialleistungen im wesentlichen nur aus der aktuellen Wertschöpfung möglich werden und es eigentlich zweitrangig ist, ob die direkte Finanzierung über Beiträge der Arbeitgeber oder Arbeitnehmer oder über Steuern erfolgt.
Um sich Vorstellungen über die Rolle der Zusatz- und Sozialleistungen in unserer Wirtschaft zu machen, ist es sinnvoll, auch ihre quantitative Bedeutung zu prüfen. Diese Prüfung wird dadurch erschwert, daß es kaum eine ausreichende Statistik über den Umfang dieser Leistungen gibt, bzw. nur ein Teil der Leistungen erfaßt ist.
Eckert macht den Versuch, Angaben des Statistischen Bundesamtes bis zum Jahre 1972 fortzuschreiben:

Personalnebenkosten (Arbeiter und Angestellte) in % des Entgelts für geleistete Arbeit im »Produzierenden Gewerbe«

(nur Unternehmen mit 50 und mehr Beschäftigten) (1) (2)

	1966	1969	1972
Gesetzliche Personalnebenkosten	19,4	20,8	24,5
Sozialversicherungsbeiträge	(11,8)	(13,1)	(14,2)
Bezahlte Feiertage	(4,0)	(4,0)	(4,0)
Entgeltfortzahlung bei Krankheit, Mutterschutzgesetz- und Schwerbeschädigtengesetz-Beiträge zur Versicherung gegen Betriebsunfälle und Berufskrankheiten	(3,6)	(3,7)	(6,3)
Tarifliche und zusätzliche Personalkosten	24,0	25,3	27,4
Urlaub	(9,8)	(10,9)	(11,8)
Gratifikationen	(5,0)	(5,0)	(5,0)
Betriebliche Altersversorgung	(4,0)	(3,6)	(3,7)
Gesetz zur Förderung der Vermögensbildung	(0,3)	(0,4)	(1,5)
Naturalleistungen (auch Wohnungshilfe), Belegschaftseinrichtungen, Familienbeihilfen, Kosten der Personalförderung, Berufsausbildung und sonstige Aufwendungen	(4,9)	(5,4)	(5,4)
Insgesamt	43,4	46,1	51,9

1 *Eckert, H.:* Die Personalnebenkosten der Industrie, Berichte des Deutschen Industrieinstituts zur Sozialpolitik Nr. 11/1972, S. 43.
2 Zu anderen Möglichkeiten der Gliederung vgl. die Anlagen 3 und 4.

Diese Tabelle zeigt verschiedene Tendenzen, die zum Teil bei der Darstellung einzelner Zusatzleistungen noch spezifisch dargestellt werden:

1. Der Anteil der Personalnebenkosten (der Begriff ist nicht unbedingt identisch mit der Gesamtheit der Zusatz- und Sozialleistungen) an den Personalkosten steigt wesentlich schneller als die direkten Löhne und Gehälter.

2. Am schnellsten stiegen in der Vergangenheit die gesetzlich fixierten Zusatzleistungen, bei denen das Unternehmen einerseits keinen Einfluß auf Höhe und Gestaltungsform hat und die andererseits eine wesentliche Kostenbelastung darstellen.

Die Mehrausgaben führten zu einer relativ großen sozialen Sicherheit der Arbeitnehmer, wenn auch ein Teil der höheren Beträge durch Preissteigerungen hervorgerufen wurde. Der größte Einzelposten überhaupt ist dabei der Aufwand für die Sozialversicherungen, deren Anteile auch in Zukunft im Verhältnis zum direkten Arbeitsentgelt relativ, und noch stärker absolut, wachsen werden.
Die Bezahlung der Feiertage wird im allgemeinen – vor allem auch subjektiv vom Arbeitnehmer – nicht mehr als Zusatzleistung empfunden. Das gleiche gilt für die Bezahlung des Urlaubs, der in der Tabelle nicht exakt als tarifliche Sonderleistung eingestuft ist, obwohl ein Großteil des Urlaubs durch das Bundesurlaubsgesetz fixiert ist und nur die »Spitzen« tariflich abgesichert oder frei vereinbart sind. Den stärksten Anstieg bei den gesetzlichen Maßnahmen haben durch verschiedene neue Bundesgesetze die Leistungen der Arbeitgeber beim Schutz gegen die materiellen Folgen der Krankheit gehabt. Diese Steigerung wird sich in Zukunft nicht wiederholen, wenngleich zum Beispiel die Beitragssätze der Krankenversicherung weiter steigen werden, um den Kostenanstieg im Bereich des Gesundheitswesens aufzufangen.
Bei den tariflich bedingten Zusatzleistungen haben besonders schnell die Ausgaben für die Vermögensbildung zugenommen, obwohl sie in absoluten Beträgen noch relativ gering sind. Interessant ist, daß trotz des Abschlusses von sehr viel Tarifverträgen über Zahlung bzw. Erhöhung von Gratifikationen (z. B. Weihnachtsgeld und 13. Monatsgehalt) sich diese Leistungsart prozentual kaum erhöht hat. Den meisten Unternehmen ist es anscheinend gelungen, diese tariflichen Verpflichtungen kostenneutral abzufangen.
Zusatzleistungen, die weitgehend freiwillig bezahlt werden bzw. besser ausgedrückt, die weder gesetzlich sind noch tariflich fixiert wurden, haben sich prozentual kaum verändert, wobei die Abgrenzungsfrage nicht immer klar ist. Eckert hat die letzte Gruppe deshalb als zusätzliche Personalnebenkosten bezeichnet und kommt bei einer Dreiteilung der Personalnebenkosten, bei der er unter anderem auch die Urlaubsbezahlung gesplittet hat (Urlaub auf Grund des Bundesurlaugsgesetzes und Urlaubsbezahlung auf Grund tariflicher und sonstiger Abmachungen), zu folgender Aufstellung:

Aufgliederung der Personalnebenkosten (Arbeiter und Angestellte) in % des Entgelts für geleistete Arbeit nach den Gründen (1)

	1966	1969	1972
Gesetzlich bedingte Personalnebenkosten	27,8	29,2	32,9
Tariflich bedingte Personalnebenkosten (2)	3,0	4,3	7,7
Zusätzliche Personalnebenkosten	12,6	12,6	11,3
Insgesamt	43,4	46,1	51,9

1 *Eckert* a.a.O., S. 44.
2 einschließlich der Aufwendungen aufgrund des Gesetzes zur Förderung der Vermögensbildung der Arbeitnehmer.

Daraus ergibt sich, daß die zusätzlichen Aufwendungen relativ geringer geworden sind, aber doch noch eine größere Bedeutung haben als die tariflichen Leistungen.
Über die Häufigkeit und die Bedeutung einzelner Leistungen stehen recht wenig repräsentative Zahlen zur Verfügung. Auch die unterschiedliche statistische Gliederung und betriebswirtschaftliche Erfassung (oder Nichterfassung) verhindern einen bundesdeutschen Überblick.
Die folgenden Zahlen einer Erhebung des Unternehmerverbandes der Industrie Ruhr-Niederrhein hat deshalb nur illustrativen Charakter, obwohl die Zahlen aus 145 Unternehmen mit 63 734 Arbeitnehmern erfaßt sind:

Häufigkeit der Leistungsarten

(alle Unternehmen = 100)

	1970 %	1968 %
Allgemeine Gratifikation	97	97
Arbeitskleidung	80	74
Fahrtkostenübernahme	64	61
Aufwendungen für aktive Mitarbeiter	63	60
Jubiläumsgeschenke	62	52
Aufwendungen für ehemalige Mitarbeiter und Hinterbliebene	59	54
Zuschüsse zur Werksverpflegung	51	39
Fortbildungslehrgänge	49	40
Betriebsausflüge und -feste	45	46
Arbeitssicherheit	45	37
Gesundheitliche Betreuung	43	35
Individuelle Beihilfen	40	39
Zuschüsse zur Lehrlingsausbildung	39	36
Zuschüsse zur Kranken- und Unfallversicherung	38	34
Wohnungshilfe	31	30
Prämien für Verbesserungsvorschläge	31	26
Gewinn- und Ertragsbeteiligung	30	30
Zusätzlicher bezahlter Urlaub	30	22
Sonstige (verschiedene) Leistungen	29	26
Umzugskosten	23	26
Zuwendungen an Werksgruppen	20	13
Sonstige innerbetriebliche Aufwendungen (für Informationen)	19	19
Allgemeinbildende Lehrgänge	18	19
Weiterzahlung von Lohn und Gehalt bei Tod	18	17
Trennungsgelder	17	21
Zusätzliche Zahlungen an Kranke	17	19
Werkzeitschrift	17	12
Werksfürsorge	13	10
Abfindungszahlungen	9	10
Zuschüsse an Werksbüchereien	8	11
Erholungs- und Ferienheime	8	10
Begabtenförderung	8	7
Kuren und Heilverfahren	5	9

Leistungsarten nach dem Aufwand

	Pro-Kopf-Betrag 1970 DM	1968 DM
Gewinn- und Ertragsbeteiligung	695	545
Allgemeine Gratifikationen	492	376
Aufwendungen für aktive Mitarbeiter	251	164
Lehrlingsausbildung	220	192
Aufwendungen für ehemalige Mitarbeiter und Hinterbliebene	203	217
Wohnungshilfe	114	136
Zuschüsse zur Werksverpflegung	95	68
Sonstige (verschiedene) Leistungen	69	53
Fahrtkostenübernahme	57	42
Gesundheitliche Betreuung	45	38
Arbeitssicherheit	44	43
Arbeitskleidung	41	28
Zuschuß zur Kranken- und Unfallversicherung	40	27
Zusätzlicher bezahlter Urlaub	33	33
Trennungsgelder	31	22
Jubiläumsgeschenke	29	21
Fortbildungslehrgänge	28	34
Werksfürsorge	18	11
Abfindungszahlungen	16	39
Erholungs- und Ferienheime	15	14
Umzugskosten	12	6
Betriebsausflüge und -feste	12	10
Werkzeitschrift	12	11
Zusätzliche Zahlungen an Kranke	10	11
Sonstige innerbetriebliche Aufwendungen (für Informationen)	8	6
Prämien für Verbesserungsvorschläge	8	3
Individuelle Beihilfe	8	12
Begabtenförderung	7	12
Zuschüsse an Werksbüchereien	7	4
Weiterzahlung von Lohn und Gehalt bei Tod	7	8
Zuwendungen an Werksgruppen	3	9
Allgemeinbildende Lehrgänge	2	3
Kuren und Heilverfahren	2	3

Quelle: Rundschreiben v. 1. 9. 1971 des Unternehmensverbandes der Industrie Ruhr-Niederrhein.

Diese Übersichten zeigen wiederum die Vielfalt der Zusatzleistungen, obwohl nicht alle Möglichkeiten erfaßt wurden.
Eine überragend quantitative Bedeutung haben vor allem direkte Zusatzleistungen in Geldform (Gratifikationen und Ertragsbeteiligungen) mit 41 % der Gesamtzusatzaufwendungen. An zweiter Stelle folgt die Aufwendung für die Altersversorgung (als Aufwendungen für ehemalige und aktive Mitarbeiter bezeichnet) mit 20 %. Berufliche Fortbildung und Schulung nehmen mit ca. 12 % die dritte Position ein, wobei die Lehrlingsausbildung am teuersten ausgewiesen ist, obwohl sicherlich der Nachweis, welche Kosten und welche Erträge die Lehrlingsausbildung bringt, sehr schwierig ist.

Eine relativ große finanzielle Bedeutung haben noch das betriebliche Wohnungswesen – absolut gesehen stagnierend und relativ mit geringer werdender Bedeutung und die Zuschüsse für Werksverpflegung.

Die übrigen Leistungen sind für das Unternehmen vom Aufwand her gesehen ziemlich unwichtig. Das muß aber nicht bedeuten, daß sie auch von der Effektivität her eine untergeordnete Rolle spielen müssen. Im Gegenteil, einige Leistungen, die nicht viel kosten, können durchaus eine große Bedeutung für die Schaffung eines guten Betriebsklimas und die Erhöhung der Leistungsfähigkeit des Unternehmens haben.

2. Formen der Zusatz- und Sozialleistungen

2.1 *Ergebnis- und leistungsabhängige Geldzahlungen*

2.11 Betriebliche Ergebnis- und Erfolgsbeteiligungssysteme

Wir können im Prinzip mehrere Stufen von erfolgs- und leistungsabhängigen Sondervergütungen unterscheiden:

1. Formen, die die Einzelleistung des Arbeitnehmers stimulieren und belohnen
2. Formen, die auf die Leistung einer Kleingruppe einwirken und bei denen Arbeiter und Angestellte durch ihre eigene Leistung noch wesentlich die Höhe der Zusatzvergütung bestimmen können.
3. Formen, bei denen der Arbeitnehmer unmittelbar partizipiert, wenn der Erfolg des Unternehmens vorhanden ist und schließlich
4. Mischformen von Systemen.

Ideal wären Systeme, die zugleich mehrdimensional wirken, also zum Beispiel die individuelle Leistung stimulieren und »team-work«-fördernd sind. In der Praxis sind Systeme, die allseitig vorteilhaft wirken, sehr selten und meist sind es Kompromißlösungen, schon aus der Schwierigkeit heraus, Leistung sicher zu messen und Erfolgsursachen zu lokalisieren. Dabei ist es oftmals wichtiger, daß das jeweilige System »gerecht« erscheint, als daß es objektiv »genau« ist.
Es ist sehr schwierig, exakt zu definieren, wo der »normale« Lohn und das Gehalt aufhört und wo Zusatzleistungen beginnen. Im folgenden Abschnitt soll versucht werden, die Leistungen zu beschreiben und in das System der betrieblichen Zusatzleistungen einzuordnen, die über das tariflich bzw. über- und außertarifliche Gehalt bzw. den Lohn hinaus vom Unternehmen in Geldform gezahlt werden und in irgendeiner Form erfolgs- oder leistungsbezogen sind.
Im Rahmen dieser Darstellungen kann das Gesamtsystem der leistungsgerechten Entlohnung im Arbeiter- und Angestelltenbereich schon aus Platzgründen nicht dargestellt werden. Wobei betont werden muß, daß an sich der Gesamtkomplex der Leistungsentlohnung auch nicht als Zusatz- und erst recht nicht als Sozialleistung angesehen werden kann. Wir haben uns deshalb darauf beschränkt, nur Leistungen darzustellen, die über die regelmäßige Vergütung hinausgehen. Dabei ist uns bewußt, daß eine genaue Abgrenzung nicht voll erreichbar ist.
Dieser Abschnitt ist aber auch noch aus anderen Gründen in der Darstellung recht problematisch.
Gerade bei der Leistungs- und Erfolgsbeteiligung gibt es viele noch theoretisch ungeklärte Probleme und in der Praxis noch ungenügend ausprobierte Modelle. Das hat zum Teil dazu geführt, daß ein Großteil der Unternehmen sehr vorsichtig bei der Einführung von neuen Systemen für Gesamtbelegschaften oder einzelne Arbeitnehmergruppen ist. Dazu kommt, daß im Zusammenhang mit der Vermögensbildungsdiskussion auch eine gesetzliche Regelung der Ertragsbeteiligung erwartet wird. Viele

Unternehmen scheuen deshalb eine Eigeninitiative, die sie eventuell zusätzlich belastet. Die Schwierigkeit dieses Themas wird durch viele ideologische und emotionale Vorbehalte erhöht, mit denen wir uns nicht beschäftigen werden, die aber natürlicherweise Diskussion, Planung und Einführung von Erfolgsbeteiligungs- und Vermögensbildungsprojekten verhindern oder doch zumindest erschweren.
Bei den erfolgs- oder doch zumindest ergebnisabhängigen Zusatzleistungen ist die Beziehung zur Gesamtleistung besonders deutlich. Gleichzeitig wird plastisch sichtbar, daß es oft eine Alternativentscheidung ist, ob ein hohes Grundgehalt verbunden ist mit keiner oder geringer Erfolgsbeteiligung, oder im anderen Falle ein hoher variabler Teil gekoppelt ist mit einem kargen Fixum. Der Entgeltcharakter ist also ziemlich eindeutig, wie umfassend auch die Verteilungsform arbeitsvertraglich abgesichert ist. Dabei gibt es natürlich durchaus definitorisch Streitpunkte; zum Beispiel wenn ein Teil des Unternehmensgewinnes eventuell auch widerruflich der Belegschaft zur Verfügung gestellt wird und die Verteilung nach Leistungsgesichtspunkten erfolgt. Hier ist sicher der Entgeltcharakter nicht mehr voll vorhanden.
Eine optimale Erfolgsbeteiligung erfordert mehrere sich ergänzende Kriterien, die in ihrer Gesamtheit sicherlich nie voll erfüllt werden können:

1. Es sollte eine Beziehung hergestellt werden zwischen der Leistung des einzelnen und der Erfolgsbeteiligung
2. Es sollte eine Beziehung hergestellt werden zwischen dem Erfolg des Unternehmens und der Erfolgsbeteiligung
3. Die Installierung eines Systems der Erfolgsbeteiligung sollte die soziale Integration des Einzelnen in das Unternehmen verbessern helfen
4. Die Erfolgsbeteiligung sollte auch direkt die Leistungsbereitschaft des einzelnen steigern, aber seine Motivierung zum Teamwork nicht reduzieren.
5. Der einzelne sollte selbst berechnen können, welche Faktoren in welcher Weise die Höhe seiner persönlichen Erfolgsbeteiligung beeinflussen (Klarheitsanspruch).

An sich ist bereits der Leistungs- oder der Prämienlohn eine Form der Ergebnisbeteiligung, wenn bei diesen Lohnformen die individuelle oder Kleingruppenleistung im Mittelpunkt steht und nicht die Beziehung zum Gesamterfolg des Unternehmens (z. B. gemessen am Jahresgewinn) überprüft wird. Wir wollen jedoch im Rahmen dieses Abschnitts nur die Ergebnisbeteiligung als eine Form der Sonderleistung darstellen, die zumindest große Teile des Unternehmens oder im Normalfall des Gesamtunternehmens als Maßstab des Erfolges ansieht.
Die verschiedenen Formen der Erfolgsbeteiligung, die zur Zeit praktiziert werden, sind höchst unterschiedlich ideologisch und ökonomisch motiviert. Oft sind sie verbunden mit Modellen der Mitbestimmung und der Vermögensbildung, obwohl das für die Ergebnisbeteiligung nicht notwendig ist.
Die Motive, die Unternehmen dazu gebracht haben, eine Gewinnbeteiligung einzuführen, reichen von der Annahme, daß es besser ist, den Mitarbeitern mehr zukommen zu lassen als dem Fiskus, über die Unzufriedenheit mit der bisherigen Einkommens- und Vermögensverteilung bis hin zu einer prinzipiellen Ablehnung des kapitalistischen Gesellschaftssystems.
Sie unterscheiden sich aber grundsätzlich von den utopischen Modellen des 19. Jahrhunderts, bei denen einzelne Unternehmer versucht hatten, den Gewinn auf die Beleg-

schaft ihrer Fabriken zu verteilen oder in einer kapitalistischen Umwelt ganze sozialistische Produktions- und Verteilungsformen zu konstruieren und zu realisieren. Alle heutigen Systeme bemühen sich, die ökonomischen Gesetze der Marktwirtschaft zu beachten.
Das bedeutet unter anderem auch, daß es ein Ziel dieser Modelle ist, den Ertrag nicht nur zu verteilen, sondern auch mit seiner Hilfe höhere Gewinne zu erreichen. Im Prinzip kann man zwei Grundsysteme der Ergebnisbeteiligung unterscheiden:

1. Systme, die im wesentlichen unabhängig von der Leistung des Einzelnen den Ertrag ganz oder teilweise an die Belegschaft weitergeben.
2. Systeme, in denen versucht wird, den individuellen Anteil des Einzelnen oder der Kleingruppen am Erfolg des Gesamtunternehmens zu messen und den Gewinn nach dieser individuellen Leistung zu verteilen.

Fast alle bekannten Erfolgs- und Beteiligungsmodelle (z. B. Pieroth, Bertelsmann, Backhaus, Pfleiderer) gehören zur ersten Kategorie. Es wird befürchtet, daß kein einheitlicher Maßstab für die spezifische Leistung des Einzelnen gefunden wird und/oder man glaubt, daß es eventuell bei einer als nicht gerecht empfundenen Verteilung Streit und Mißgunst gibt. Indirekt hat aber ein Teil dieser Unternehmen doch eine leistungsgerechte Aufteilung der ausgeschütteten Beträge erreicht, indem die »Anteile« unter anderem auch nach dem Einkommen (das im Normalfall leistungsbezogen ist) aufgeschlüsselt werden. Typisch ist zum Beispiel folgende Aufteilung:
Der Unternehmensgewinn wird zwischen den Eigentümern und der Belegschaft 50 : 50 aufgeteilt. Die 50 %, die die Belegschaft bekommt, werden dann zu gleichen Teilen nach der Kopfzahl und nach dem Gehalt bzw. Lohn verteilt. Zum Teil sind auch die Betriebszugehörigkeitsdauer und der Familienstand mit berücksichtigt.
Bei allen Beteiligungsmodellen hat es sich als wichtig erwiesen, daß bei der Vorbereitung und Durchführung des Projekts die Beteiligten umfassend und regelmäßig informiert werden. Dadurch werden vom ersten Tag an Mißverständnisse und Gerüchtebildung vermieden und der einzelne Arbeitnehmer lernt alle mit der Gewinnverteilung zusammenhängenden Probleme verstehen. Das setzt aber voraus, daß die Beteiligungsmodelle, die oft mit Vermögensbildung und häufig mit Mitbestimmungsmodellen verknüpft sind, übersichtlich und verständlich formuliert werden. Als sinnvoll hat es sich erwiesen, wenn neben den meist recht formalen in Juristendeutsch formulierten Texten eine ausführliche Erläuterung mit vielen Zahlenbeispielen gegeben wird und auch bei jeder Jahreszahlung die möglichen Konsequenzen, zum Beispiel in bezug auf Vermögensbildung und Sparförderung, plastisch erklärt werden.
Die Einführung der Ergebnisbeteiligung hat häufig dazu geführt, daß die gesamte Informationspolitik der Unternehmen intensiver gepflegt wird. Wenn man verlangt, daß der Arbeitnehmer intensiver mitdenkt und mitarbeitet, um das Ergebnis zu beeinflussen, dann ergibt sich geradezu zwangsläufig die Notwendigkeit zur Information. Gleichzeitig wird von der Belegschaft die Forderung kommen, mehr über volkswirtschaftliche und aktuelle betriebswirtschaftliche Probleme zu erfahren. Das erhöht wiederum die Notwendigkeit ein gezieltes System der Information zu schaffen, zum Teil über eventuelle Firmenzeitschriften und in anderer schriftlicher Form. Gleichzeitig haben sich gemeinsame Informations- und Diskussionsveranstaltungen, die von Betriebsrat und Geschäftsführung gemeinsam veranstaltet werden, als erfolgreich erwie-

sen. Viele Modelle sind – wie schon erwähnt – verbunden mit einer Mitbestimmung oder zumindest doch mit einem erweiterten Mitspracherecht der Belegschaft und auch dadurch wächst objektiv und subjektiv die Rolle der allseitigen Information von oben nach unten und umgekehrt. Noch zu einigen Grundproblemen solcher Beteiligungsmodelle:

Wer darf mitmachen? Wer bekommt die Ergebnisbeteiligung? Die Diskussion, ob Gastarbeiter und Frauen beteiligt werden sollten, ist inzwischen zugunsten dieser Gruppen beendet worden. Schwieriger ist es festzulegen, ob erst eine gewisse Wartefrist eingelegt werden oder ob jeder neue Mitarbeiter vom ersten Tag an in den Genuß der Vorteile kommen sollte. Für eine sofortige Teilnahme spricht, daß der Arbeitnehmer vom ersten Tag an Leistungen erbringt und daß es gerade ein Ziel der Ergebnisbeteiligung ist, Mitarbeiter so schnell wie möglich zu integrieren. Gegen eine sofortige Beteiligung spricht, daß es wenig Zweck hat Arbeiter oder Angestellte zu beteiligen, die eventuell nur eine Gastrolle geben, vor allem im Fall einer Verknüpfung von Ergebnis- und Kapitalbeteiligung würden sich daraus Probleme ergeben. Der beste Kompromiß scheint zu sein, zwar die sofortige Anwartschaft auf Erfolgsbeteiligung festzulegen, aber die Auszahlung der Beträge von einer Mindestverweildauer von zwei bis drei Jahren abhängig zu machen. In der Praxis sind durch die Verbindung von Erfolgsbeteiligung und Kapitalbeteiligung (Vermögensbildung) meist längere Sperrzeiten festgelegt (vgl. Abschnitt 2.12).

Die Höhe der Gewinnbeteiligung bzw. der Anteil des Gewinns, der an die Arbeitnehmer ausgeschüttet wird, ist recht verschieden. In der Praxis wird sich der Anteil nach der Zahl und der Struktur der Begünstigten, nach der Eigentümerstruktur, der Art der Gewinnausschüttung (sofortige Auszahlung oder Festlegung des Gewinnanteils im Unternehmen) und der durchschnittlichen absoluten Höhe des Gewinns richten.

In der Mehrzahl der bekannten Modelle werden 50 % des Gewinns an die jeweils Berechtigten ausgeschüttet. Diese Zahl scheint magisch zu sein und läßt sich weder volkswirtschaftlich noch betriebswirtschaftlich begründen. Der einzige psychologische Faktor ist, daß 50 : 50 so »schön gerecht aussieht«, wie es ein Unternehmer ausdrückte.

2.12 Vermögensbildungssysteme

Es ist bei dieser Betrachtung wichtig, die Problemkreise Ergebnisbeteiligung und Vermögensbildung auseinanderzuhalten, auch wenn sehr häufig – gerade bei der Gewährung betrieblicher Sonderleistungen aus den Beträgen, die aus der Ergebnisbeteiligung entstanden sind – der Grundstock für eine »Vermögensbildung« geschaffen wird.

Die Haltung der Interessenvertreter in der deutschen Wirtschaft gegenüber Plänen zur Vermögensbildung ist zum Teil widersprüchlich und uneinheitlich. Die Arbeitgeberverbände wissen natürlich, daß jede Vermögensbildung zuerst einmal die Kosten erhöht und Gewinne schmälert. Außerdem fürchten sie eine gesetzliche Regelung, die individuellen Regelungen wenig oder keinen Spielraum läßt, und die eventuelle Kontrolle der in Fonds abgeführten Mittel durch Gewerkschaften und wirtschaftsfernere Interessengruppen. Andererseits sind sie fasziniert von den gesellschaftspolitischen Möglichkeiten der Vermögensbildung. Dabei ist die Tatsache, daß dadurch ein Mittel gefunden wurde, der Diskussion über die Ungerechtigkeit der Vermögensverteilung zu entgehen, nur ein Nebenprodukt.

Wichtiger ist folgendes:
»Die Spitzenorganisationen der gewerblichen Wirtschaft treten seit Jahren für eine nachhaltige Förderung der Vermögensbildung der Arbeitnehmer ein. Sie haben wiederholt zum Ausdruck gebracht, daß die in unserem sozialen Rechtsstaat notwendige Hebung der Selbstverantwortlichkeit und die weitere Festigung unserer freiheitlichen Wirtschafts- und Gesellschaftsordnung wesentlich davon abhängen, ob es gelingt, breite Schichten unseres Volkes, insbesondere die Arbeitnehmer, in stärkerem Maße als bisher für die Eigentumsbildung zu gewinnen. Die Förderung der Vermögensbildung ist indessen nicht nur eine gesellschaftliche, sondern ebenso eine wirtschaftliche Frage, denn mit dem wachsenden Kapitalbedarf der Wirtschaft wächst auch die Bedeutung des Sparaufkommens breiter Bevölkerungsschichten für den Kpitalmarkt« (1).
Dabei ist von Arbeitgeberseite klar, daß ein zentraler Vermögensfonds diesen Ansprüchen im wesentlichen nicht entspricht.
Die Motive der Gewerkschaft sind anders. Sie begrüßen zwar die Vermögensbildung als Möglichkeit, das Einkommen ihrer Mitglieder zu erhöhen, und eventuell durch die Bildung und Kontrolle zentraler Vermögensbildungsfonds Einfluß auf die Investitionslenkung und andere volkswirtschaftliche Entscheidungen zu gewinnen. Sie befürchten aber gleichzeitig, daß dadurch eine aktive Tarifpolitik zu Ende sei, weil ja Vermögensabgabe (oder wie auch immer sie heißt) und Erhöhung der tariflichen Löhne und Gehälter praktisch aus den Gewinnen der Unternehmen finanziert werden müßten. Außerdem glauben viele Gewerkschafter, daß Arbeitnehmer, die in irgendeiner Form Vermögen gebildet haben, vielleicht nicht mehr so gute Gewerkschafter wären und zum Beispiel die Streikbereitschaft stark abnehmen könnte.
Gleichzeitig wird argumentiert, daß eventuelle Fondszertifikate nach Ablauf der Sperrfristen doch verkauft werden und das freigewordene Geld für Konsumzwecke genutzt wird. Die hier genannten Argumente der Arbeitgeber- und Arbeitnehmerseite sind nur globale Kriterien und zum Teil extrem dargestellt worden.
In der Praxis gibt es viele nuancierte Standpunkte, wobei es noch nicht entschieden ist, welche Vorstellungen sich in der Zukunft in einer gesetzlichen Regelung niederschlagen werden. Die bisherige wichtigste praktizierte Form der Vermögensbildung, die gleichzeitig als eine Zusatzleistung der Unternehmen angesehen werden kann, sind die Fixierungen der verschiedenen Vermögensbildungsgesetze.
Die bisherigen Bemühungen des Staates und der Unternehmen für die Vermögensbildung nach dem 624-DM-Gesetz sind ungenügend, wenn man sich die Zuwachsraten der Inanspruchnahme anschaut:

Entwicklung der Aufwendungen der Arbeitgeber der Industrie für vermögenswirksame Leistungen (1)
(in % der bereinigten Lohn- und Gehaltssumme)

1963	0,1
1966	0,3
1969	0,4
1972	1,5

1 Angaben bzw. Schätzungen nach *Eckert, H.:* a.a.O., S. 29 ff.

1 *Liebig, U.*, Vermögensbildung, Grundsatzfragen, Soziale Betriebspraxis vom 13. 4. 1971, S. 1.

1972 haben 17 Millionen Arbeitnehmer im Durchschnitt 510 DM vermögenswirksam angelegt. 1969 waren es erst 5,7 Millionen Arbeitnehmer mit durchschnittlich 280 DM. Für eine Betrachtung im Zusammenhang mit den betrieblichen Zusatzleistungen ist es besonders interessant, daß 1972 schon 12,7 Millionen Arbeitnehmer auf Grund von Tarifvereinbarungen Teile ihrer vermögenswirksam angelegten Gelder vom Arbeitgeber erhielten. Derartige Vereinbarungen waren 1969 erst für eine Million Arbeitnehmer abgeschlossen.

Die pro Jahr jetzt mehr als 7 Milliarden DM durch Prämien attraktiv gesparten Gelder bringen dem einzelnen Arbeitnehmer sicherlich einen beachtlichen Spargroschen, werden aber nicht dazu führen, daß er Vermögen oder gar nennenswertes Produktivvermögen ansammeln und diese Beträge zielgerichtet »unternehmerisch« nutzen kann. Wir wollen uns in der Folge nur mit der Vermögensbildung beschäftigen, die in irgendeiner Form als Zusatzleistung gelten kann und die vom Unternehmen initiiert wurde. Ansätze dazu gibt es schon seit vielen Jahren, wenn auch nur in bescheidenem Rahmen:

- Verbilligte Abgabe von sogenannten Arbeitnehmeraktien, die entweder als »Gratisaktien« oder aber meist verbilligt abgegeben werden. Die technischen Schwierigkeiten des Aktiengeschäfts für die meisten Arbeitnehmer, aber auch die Zurückhaltung der Unternehmer haben verhindert, daß diese Form der Vermögensbildung in Deutschland bisher eine größere Bedeutung erlangt hat (2).
- Hilfe bei der Schaffung von Vermögen durch Bau von Eigenheimen. Verschiedene Unternehmen haben durch Einrichtung von Baukassen, durch Beihilfen und durch verbilligte Darlehen ihren Mitarbeitern geholfen, Einfamilienhäuser zu bauen oder Eigentumswohnungen zu kaufen. Der Beitrag der Arbeitgeber zu dieser Art der Vermögensbildung blieb gegenüber der Aktivität des Staates immer nur recht bescheiden (3).

Am meisten Mühe haben sich zum Teil die Unternehmen gegeben, die versucht haben, ein integriertes System der Erfolgsbeteiligung und Vermögensbildung zu schaffen. Im Abschnitt 2.12 wurde bereits auf die Erfolgsbeteiligung eingegangen. Für die meisten der Unternehmen, die einen beachtlichen Teil ihres Gewinns an ihre Belegschaft ausschütten, ergibt sich meist folgerichtig auch die Notwendigkeit, daran die Vermögensbildung der Arbeitnehmer zu koppeln.

1. Die Gewinnverteilung führt meist zu einer Schwächung der Investitionskraft des Unternehmens. Ausweg ist dann, daß die Gewinnanteile mittel- oder langfristig im Unternehmen festgelegt werden müssen.
2. Direkt oder indirekt soll die Gewinnbeteiligung zu einer Reduzierung der Fluktuation führen. Auch aus diesem Grund werden die Gewinnanteile längerfristig festgelegt.
3. Schließlich ist es ein Anliegen der meisten Unternehmen, die eine Gewinnbeteiligung installiert haben, objektiv und auch subjektiv den Gegensatz zwischen Kapital und Arbeit aufzuheben – oder doch zumindest zu reduzieren. Auch in dieser Hinsicht ist das »Festfrieren« der Gewinn- oder Beteiligungsbeträge – und damit der Beginn einer bewußten Vermögensbildung – Teil der Gesamtkonzeption.

2 Die Aktienüberlassung ist teilweise steuerbegünstigt, vgl. *Reyer*, a.a.O., S. 63 f. Ihre Verbreitung zeigt die Tabelle auf S. 35.

3 Vgl. auch die Abschnitte 2.62 und 2.55.

Übersicht über die wichtigsten Unternehmen mit Belegschaftsaktionären (1)

Firma	Geschätzte Anzahl der Belegschaftsaktionäre		In % der Belegschaft
1. Siemens	65 000		25
2. Hoechst	35 000		42
3. VW	35 000		–
4. Veba	35 000		–
5. Bayer	22 300	Aktionäre	28
	27 500	Wandelobligationen	34
6. RWE	28 000		–
7. Dresdner Bank	17 000		71
8. BASF	15 000		–
9. Commerzbank	13 000		64
10. Preussag	10 000		–
11. Contigummi	11 500		46
12. Bewag	6 000		95
13. HEW	6 000		90
14. Bayerische Vereinsbank	5 600		80
15. Mannesmann	5 500		–
16. Allianz-Versicherung	5 000		10
17. Bayerische Hypo	5 000		–
18. Deutsche Lufthansa	4 000		16
19. VEW	3 500		59
20. Rosenthal	3 000		38
21. Pfaff	1 600		23
22. Linde	1 600		15
23. Neckarwerke	1 600		69
24. Horten	1 000		–
25. Kundenkreditbank	1 000		71
26. Rhena	350		50

1 Quelle: *Zander, E.:* Belegschaftsaktionen haben eine Chance, Personal 4/1973, S. 147.

Die Voraussetzungen und Grundlagen für eine betriebliche Vermögensbildungskonzeption sind zum Teil die gleichen wie bei der Ergebnis- bzw. Gewinnbeteiligung; schon aus dem Grund, weil die beiden Formen sehr oft gemeinsam vorkommen.

Die wichtigste Frage ist, in welcher Form das Mitarbeiterkapital in die Firma eingebracht wird. Das geht im Normalfall von der verzinslichen Anlage mit keiner oder nur einer geringen Sperrfrist bis zur aktiven Beteiligung der Arbeitnehmer an der Geschäftsführung mit vollem Gewinn- aber auch Verlustrisiko.

Die Sperrfristen sind – soweit die Mitarbeitergelder beträchtliche Teile des Gesamtkapitals erreichen – bedeutsam, um die Liquidität und die Investitionsfähigkeit des Unternehmens zu erhalten. Gleichzeitig bilden die Sperrfristen die einzige sichere Möglichkeit um zu vermeiden, daß diese Gelder der Konsumtion zugeführt werden, wodurch der Gedanke der Vermögensbildung ad absurdum geführt wurde.

Einige Unternehmen haben die Vorteile einer an das Unternehmen gebundenen Vermögensbildung durch eine besonders hohe Verzinsung oder andere Methoden so deutlich gemacht, daß sie auf eine Sperrfrist verzichten können. Eine Sperrfrist ist auch dann – zumindest im Unternehmensinteresse – nicht nötig, wenn die Gelder automa-

tisch zu Eigenkapital des Unternehmens werden, das – ähnlich wie bei Aktien – zwar den jeweiligen Besitzer, nicht aber das Unternehmen wechseln kann.
Bei Kündigung des Arbeitsverhältnisses wird in fast allen Fällen eine Auszahlung sinnvoll, manchmal auch notwendig. Die beste Möglichkeit der Vermögensbildung im betrieblichen Rahmen ist sicher die, die langfristig dem Arbeitnehmer einen möglichst großen Spielraum für die Verfügbarkeit seiner Kapitalanteile läßt, dies setzt aber immer sehr viel Information sowie die Schaffung eines interessierten Mitarbeiterstammes voraus.
Um das Interesse an der Vermögensbildung zu erhöhen, speisen viele Unternehmen die Kapitalanlagen nicht nur aus einer Ergebnisbeteiligung oder anderen betrieblichen Quellen, sondern verlangen eine Eigenbeteiligung des Arbeitnehmers oder schaffen zumindest die Möglichkeit, daß zusätzliche Kapitalanteile durch Eigenleistung erworben werden können. Das setzt wiederum viel Vertrauen, aber auch Sachkenntnis der Arbeitnehmer voraus.
Bei bisherigen betrieblichen Gewinn- und Vermögensmodellen wurde versucht, je nach der speziellen unternehmerischen Situation Optimalvarianten zu erarbeiten. In den meisten Fällen kann der Erfolg noch nicht abgeschätzt werden, weil die Modelle noch nicht lange genug in der Praxis erprobt sind und im allgemeinen auch noch keine betriebliche oder volkswirtschaftliche Krisensituation überstanden haben.
Die volkswirtschaftlich orientierten Modelle der Bundesregierung, der Parteien und der Tarifpartner können im Rahmen dieses Buches nicht beschrieben werden, genausowenig Einzelmodelle, die je nach der betrieblichen Situation und der Intention des jeweiligen Unternehmers höchst unterschiedlich ausgestaltet sind (4).

2.13 Versuche individuell leistungsbezogener Erfolgs- bzw. Ertragsbeteiligungen

Während die Planung und Durchführung eines Systems der summarischen Ergebnisbeteiligung nach der Kopfzahl, der Beschäftigungsdauer oder dem Gehalt bzw. Lohn relativ einfach ist, stellt eine leistungsgerechte Verteilung des Gewinns auf die Belegschaft ein noch weitgehend ungelöstes Problem dar. Ebenso wie bei der Festlegung der Tantieme ist es das schwierigste Problem, den individuellen Anteil des Einzelnen an dem Ergebnis des Gesamtunternehmens festzustellen. Im Normalfall ist das meist nicht möglich, und alle Modelle, die leistungsorientierte Systeme der Gewinnbeteiligung etablieren, sind als Kompromisse anzusehen, weil sie meist nicht direkt den Leistungsanteil messen, sondern vom Unternehmen überwiegend subjektive Maßstäbe als Ersatz der nicht quantifizierbaren objektiven Leistungskriterien genutzt werden. Das ist kein Vorwurf und muß auch nicht unbedingt unbefriedigend bleiben. Die Schwierigkeiten sind die gleichen wie bei der »normalen« Entgeltfindung. Dabei entwickelt sich eine

4 Vgl. aber: *Jungbluth, M.*, Nicht vom Lohn allein, Elf Modelle für Mitbestimmung und Gewinnbeteiligung, Hamburg 1973;
Gewinnbeteiligungsvereinbarungen, Soziale Betriebspraxis vom 24. 5. 1971 und 13. 9. 1972 (Abt. XIV W);
Vermögensbildung Pläne der Sozialpartner und Parteien, Soziale Betriebspraxis 13. 7. 1972 (Abt XIV C);
Vermögensbildung, Gesetzliche Maßnahmen, Soziale Betriebspraxis vom 8. 3. 1973 und 16. 4. 1973.

Tendenz, die unseres Erachtens zu begrüßen ist. Das Gehalt und der Lohn wird festgelegt auf Grund der normalen Anforderungen des Arbeitsplatzes (z. B. durch Tarifeinstufung, Arbeitsplatzbewertung), die Sonderleistungen dagegen in Form einer ergebnisabhängigen Beteiligung, Prämie oder Gratifikation, deren Höhe an den wirklichen Erfolg des Unternehmens und meist auch an die Höhe des Grundlohns oder Grundgehaltes gebunden wird. Aus der Schwierigkeit, die Leistung des Einzelnen direkt zu messen, sind viele Unternehmen dazu übergegangen, eine Leistungsbeurteilung durchzuführen. Diese Beurteilung trägt natürlicherweise subjektive Züge. Trotzdem kann durch eine sorgfältige Auswahl der Kriterien schon eine gewisse Objektivierung erfolgen.

Beispiel: *Kriterien der Mitarbeiterbeurteilung*

	Bewertungsmöglichkeiten				
A Leistungsergebnis					
1. Leistungsmenge	1	2	3	4	5
2. Leistungsgüte	1	2	3	4	5
B Leistungsverhalten					
1. Zusammenarbeit	1	2	3	4	5
2. Arbeitsplanung	1	2	3	4	5
3. Selbständigkeit	1	2	3	4	5
C Personalführung					
1. Planung und Organisation	1	2	3	4	5
2. Delegation	1	2	3	4	5
3. Information und Anleitung	1	2	3	4	5
4. Kontrolle	1	2	3	4	5
5. Förderung und Entwicklung	1	2	3	4	5
Gesamtbeurteilung der Leistung (A + B)	1	2	3	4	5
Gesamtbeurteilung bei Führungskräften (A, B und C)					

Die Beurteilung erfordert von den jeweiligen Vorgesetzten viel Wissen, Erfahrung und Einfühlungsvermögen. Im Beispielunternehmen werden zwei- bis dreitägige Seminare durchgeführt, um alle Verantwortlichen mit dem System bekannt zu machen und die Beurteilung zu »trainieren«.

Bei dieser auf unternehmenspolitische Entscheidung zurückgehenden Auswahl denkbarer Beurteilungskriterien sind solche festgelegt worden, mit denen sich vornehmlich Tätigkeiten und Ergebnisse von Tätigkeiten auf der Grundlage feststellbarer oder festgestellter Tatsachen beurteilen lassen, nicht Eigenschaften und Fähigkeiten an sich. Eine relativ geringe Anzahl von Kriterien fördert die begrifflich klare Abgrenzung und vermindert die Gefahr der Doppelbeurteilung gleicher Sachverhalte und deren unterschiedliche Auslegung.

Die Bedeutung des einzelnen Beurteilungsmerkmals hängt vor allem davon ab, wie wesentlich es die Leistung des Mitarbeiters kennzeichnet. Die einzelnen Beurteilungskriterien haben unter Berücksichtigung der Anforderungen des Arbeitsplatzes unterschiedliches Gewicht. Sie beeinflussen daher die Gesamtbeurteilung in verschiedenem Ausmaß. Der Beurteiler soll daher nach dem Beurteilungssystem selbst festhalten, ob

das Gewicht der Einzelkriterien für das Gesamturteil geringe, mittlere oder große Bedeutung hat.
Unter Berücksichtigung dieser Gewichtung bei den einzelnen Beurteilungskriterien ist dann von der beurteilenden Führungskraft die Gesamtbeurteilung der Leistung zu ermitteln. Sie muß deshalb nicht unbedingt dem arithmetischen Mittel aus den Einzelkriterien entsprechen. Die Gewichtung der Einzelkriterien, die vorzunehmen ist, dient lediglich zur Selbstkontrolle des Beurteilers und ermöglicht Quervergleiche zu anderen Beurteilungen. Mit dem Beurteilungsbogen ist mehr einem System der »freien Gewichtung mit kontrolliertem Ermessen« der Vorzug gegeben worden.
Bei jedem Beurteilungskriterium steht eine Abstufungsbreite von 5 Punkten zur Verfügung. In einer »Beurteilungsfibel« des Unternehmens ist im einzelnen definiert, was unter den einzelnen Abstufungen bei den jeweiligen Kriterien zu verstehen ist. Diese zwangsläufig allgemein gehaltenen Definitionen sind vom beurteilenden Vorgesetzten auf die jeweilige aktuelle Situation des Beurteilten übertragen.
Außerdem ist es erforderlich, daß genügend Kontrollmöglichkeiten eingebaut sind – zum Beispiel die Gegenzeichnung der Beurteilung durch den Beurteilten und die Einrichtung eines Beschwerdeweges. Die Umrechnung des Endbeurteilungswertes in die Ergebnisbeteiligung, Prämie oder Provision kann auf verschiedene Weise erfolgen. Als sinnvoll hat sich unter anderem folgender Weg erwiesen:

1. Festlegung der Gesamthöhe des auszuschüttenden Betrages durch Entscheidung der Unternehmensleitung oder an Hand der Ergebnisse des letzten Geschäftsjahres.
2. Festlegung des Betrages pro »Beurteilungsnote«, zum Beispiel Prämienhöhe bei

Gesamtbeurteilung	5 = 5000 DM
	4 = 3000 DM
	3 = 2000 DM
	2 = 1000 DM
	1 = keine Prämie
oder Prämienhöhe bei Gesamtbeurteilung	5 = 2 Monatsgehälter
	4 = 1,5 Monatsgehalt
	3 = 1 Monatsgehalt
	2 = 0,5 Monatsgehalt
	1 = keine Prämie

2.14 Tantiemen

Für die Beteiligung der Führungskräfte und besonders der Geschäftsführer oder Vorstandsmitglieder am Unternehmenserfolg hat sich der Begriff Tantieme eingebürgert. Im Prinzip handelt es sich um eine Erfolgsbeteiligung wie jede andere, berücksichtigt aber die besonders hohe Verantwortung der Führungskräfte für die Realisierung der geplanten Unternehmensergebnisse. Daraus ergeben sich unter anderem folgende Besonderheiten:

1. Durch die höhere Verantwortung der Führungskräfte für den Erfolg ergibt sich die Notwendigkeit einer besonders hohen Risikobereitschaft. Das führt dazu, daß der variable Teil des Gesamteinkommens – in diesem Fall die Tantieme – im Vergleich zum Grundgehalt besonders hoch ist.

2. Um Willkür zu vermeiden, wird die Tantiemeregelung meist als Rechtsanspruch im Anstellungsvertrag oder in einer gesonderten Vereinbarung formuliert.
3. Tantiemeregelungen sollten lang- oder doch zumindest mittelfristig festgelegt werden, um eine kurzfristige Manipulation der Tantiemekriterien zu vermeiden.
4. Es soll einerseits eine enge Beziehung zwischen den Tantiemekriterien und der Leistung der einzelnen Führungskraft vorhanden sein, auf der anderen Seite aber sollen für das Gesamtunternehmen relevante Bezugsgrößen gewählt werden.
5. Die Ergebniskontrolle sollte möglichst objektiv möglich sein und eventuell durch Unparteiische (z. B. Steuerberater, Wirtschaftsprüfer) ermittelt werden und von der Führungskraft nachprüfbar sein.

Das Schaubild zeigt die Verbreitung der Tantieme bei Leitenden Angestellten unterhalb der Geschäftsführungsebene (5):

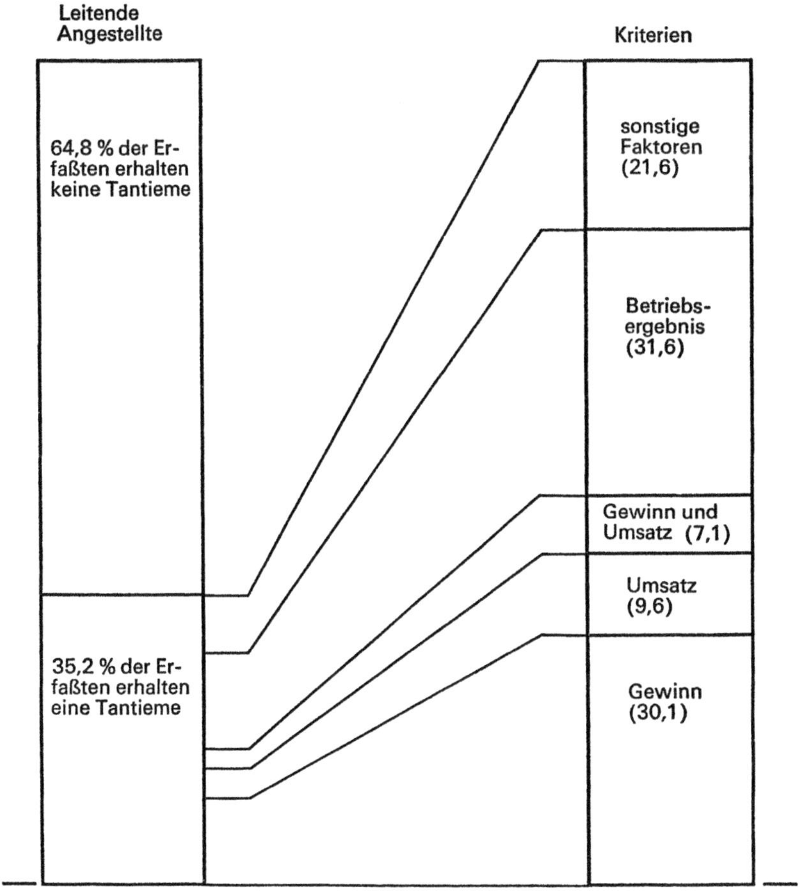

Anknüpfungskriterien der Tantiemen

5 Quelle: Kienbaum Unternehmensberatung, Gehaltsstrukturuntersuchung Leitende Angestellte 1973, Gummersbach.

Auf Geschäftsführerebene erhalten ca. 58 % eine echte Tantieme und für Vorstandsmitglieder ist im Aktiengesetz vorgesehen, daß die Dotierung zum Teil ertragsabhängig gezahlt wird. Auf Vorstandsebene beträgt die Tantieme ca. 40 % der Gesamtbezüge, bei Führungskräften darunter beträgt der Anteil meist nur bis zu 30 %, im Durchschnitt sogar nur ca. 16 %. Am häufigsten erhalten verkaufsorientierte Führungskräfte eine Tantieme, aber auch zum Beispiel Technische Direktoren und Kaufmännische Leiter werden häufig »bedacht«.

Die vorgenannten Prozentsätze lassen ein recht großes Risiko für das Einkommen der Führungskräfte befürchten. So gibt es denn auch – verfolgt man z. B. die Vorstandsgesamteinkommen – oft recht große Sprünge nach oben und nach unten.

In Deutschland gibt es zum Teil noch sehr fragwürdige Formen der Gewinnbeteiligung. So ist zum Beispiel die Tantieme einer deutschen Großhandelsaktiengesellschaft nur vom Umsatz abhängig. Je billiger diese Aktiengesellschaft in den letzten Jahren verkaufte, desto höher wurde der Unternehmensverlust, aber auch gleichzeitig das Einkommen der Vorstandsmitglieder.

Im Normalfall wird aber auch die Tantieme immer häufiger nach dem Gewinn bzw. nach dem Betriebsergebnis berechnet. Eine nur umsatzabhängige Tantieme gibt es zum Beispiel beim Middlemanagement nur noch in 9,6 % aller Fälle, wie das Schaubild auf S. 40 zeigt.

Oft wird auch eine Garantietantieme gezahlt, die mit Leistungsabhängigkeit und Risiko nichts zu tun hat und im Prinzip den gleichen Charakter hat wie ein 13. Monatsgehalt. Im Prinzip könnte man, wenn nichts anderes entgegensteht, das Grundgehalt entsprechend erhöhen.

Hauptschwierigkeiten bei der Festlegung einer Tantieme sind die Wahl der Tantiemekriterien und die Verknüpfung dieser Kriterien mit der Tantiemehöhe. Definiert man den Gewinn als wichtigsten meßbaren Erfolgsmaßstab des Unternehmens, so wird die Gewinntantieme eine besonders große Rolle spielen müssen. Die Praxis zeigt, daß dies auch von den meisten Unternehmen erkannt wird. Dabei ist nicht immer eindeutig zu entscheiden, ob der Gewinn vor oder nach Steuern als Grundlage der Berechnung zu nehmen ist (6). Die Entscheidung hängt von der Struktur des Unternehmens und zum Teil auch von der Person des Tantiemeempfängers ab. Auch ist es nicht in jedem Falle sinnvoll, den gesamten Unternehmensgewinn als Basiskennziffer zu nehmen. Führungskräfte in abgrenzbaren Bereichen (divisions) werden sicher zielgerichteter mit einer Bereichsgewinnkennziffer motiviert werden unter der Voraussetzung, daß dadurch der Bereichsegoismus nicht zu stark entwickelt wird.

Speziell bei Vorstandsmitgliedern wird es in vielen Fällen nützlich sein, die Dividende als Grundlage zur Berechnung der Tantieme heranzuziehen. Die Gleichheit der Interessen bei Aktionären und Vorstand wird dadurch schon optisch deutlicher. Unterhalb der Geschäftsführungsebene sind oftmals spezifischer wirkende Kriterien vorzuziehen, die enger mit der eigentlichen Detailverantwortung der einzelnen Führungskraft zusammenhängen.

6 Dies gilt natürlich immer unter der Annahme, daß die Gewinnermittlung unter wirtschaftlichen und handelsrechtlichen, nicht jedoch wie heute häufig, unter steuerlichen Gesichtspunkten erfolgt.

Folgende Möglichkeiten bieten sich unter anderem an:

Betriebsergebnis
Umsatz bestimmter Produktgruppen
Kapitalumschlag
Investitionen (Höhe, Termine)
Materialpreise
Kosten des laufenden Jahres zu Kosten des Vorjahres
Personalkosten
Spezielle Lohn- und Gehaltskosten
Ausschußrate
Marktanteil, Werbeaufwand
Auswahl und Beurteilung von Mitarbeitern
Fluktuationshöhe im Verantwortungsbereich

In vielen Fällen ist sicher die Kombination mehrerer Kriterien erforderlich, um zu einer realistischen Tantiemeregelung zu kommen. Dabei liegt es im Interesse des Unternehmens – aber auch langfristig im Interesse der einzelnen Führungskraft – wenn eine durchschnittliche oder gute Tantieme nur unter der Voraussetzung gezahlt wird, daß die Ertragssituation des Gesamtunternehmens zufriedenstellend ist.
Die eigentliche Berechnung der Tantiemehöhe kann in mehreren Formen erfolgen. Die häufigst gewählte Möglichkeit ist, daß man die Jahres- oder die Quartalstantieme direkt aus der Erfüllung der Tantiemekriterien ablesen kann, daß zum Beispiel also festgelegt wird, daß der Vertriebschef 1 % des absoluten Unternehmensgewinns nach Steuer als Tantieme erhält. Man kann aber auch die Tantiemehöhe nach dem Prozentsatz Gewinn : Umsatz staffeln und die Steigerung unterschiedlich pro Führungskraft festlegen. Das Schaubild auf S. 42 zeigt dafür eine Möglichkeit (7):
Die eventuellen Gewinne und Verluste werden in diesem Fall untereinander kumuliert. Oftmals wird auch die Tantiemehöhe zusätzlich variabel in Abhängigkeit von der Höhe des Grundgehaltes gestaltet. Das ist besonders dann sinnvoll, wenn es im Unternehmen eine einheitliche Tantiemeordnung für Leitende Angestellte mehrerer Führungsebenen gibt. Die unterschiedliche Gestaltung sei an folgender Gegenüberstellung erläutert:

	Variante 1	Variante 2
Rechnungsart angenommene Dividende = 12)	$1000 \times$ Dividendensatz = Jahrestantieme	$\frac{\text{Dividendensatz} \times \text{Grundgehalt}}{5}$ = Jahrestantieme
Führungskraft I Grundgehalt = 5000	$1000 \times 12 = 12\,000$	$\frac{12 \times 5000}{5} = 12\,000$
Führungskraft II Grundgehalt = 10 000	$1000 \times 12 = 12\,000$	$\frac{12 \times 10\,000}{5} = 24\,000$

7 Vgl. *Weiler, H.*, Tantiemen für leitende Angestellte, Führungspraxis Nr. 1/1967.

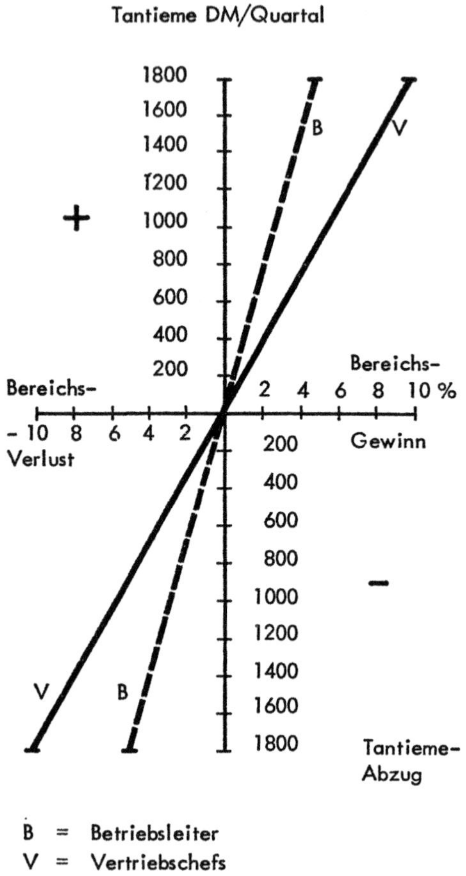

Mögliche Tantiemenberechnung

Umstritten ist die Festlegung von Mindest- bzw. Höchsttantiemen.
Einleuchtend ist auf jeden Fall die Festlegung, daß bei Gewinn = 0 keine Tantieme gezahlt wird, obwohl wir Fälle kennen, in denen zum Beispiel bei Tochtergesellschaften ein »planmäßiger« Verlust vorgesehen ist und demnach auch bei Erreichung oder Unterschreitung des Verlustlimits folgerichtig Tantiemen vorgesehen sind.
Häufiger kommt es aber vor, daß Mindestgewinne (z. B. 5 Mio. DM, 3 % Gewinn vom Umsatz oder Vorjahresgewinn) festgelegt sind, ab deren Erreichung erst Tantiemen gezahlt werden.
Problematischer ist es, Höchsttantiemen festzulegen. Motiv für deren Festlegung ist oft, daß bei allzu guten Ergebnissen (z. B. Unternehmensgewinnen) keine echte Beziehung zwischen individueller Leistung und Erfolg vorhanden sein kann. Selbstverständlich muß dann mit gleichem Recht geschlossen werden, daß die Tantiemezahlungen innerhalb der Grenzwerte nicht, oder nicht wesentlich, nur von den Leistungen der jeweiligen Führungskräfte abhängen – eine Annahme, die sicherlich in vielen Fällen stimmt und wiederum die Problematik der Gerechtigkeit der gesamten Vergütungspolitik zeigt.

Andere Unternehmen gehen davon aus, daß besonders gute Ergebnisse auf besonders hohe Leistungen zurückzuführen sind und gewähren deshalb nach einer Proportionalstufe sogar progressiv steigende Gewinntantiemen.

2.2 *Familienabhängige Leistungen*

2.21 *Kinder- und Ehegattengeld*

Die Zahlung von familienabhängigen Zuschlägen durch Wirtschaftsunternehmen ist solange umstritten, wie es sie gibt. Auf der einen Seite ist es zwar unbestreitbar, daß Kinder für den Arbeitnehmer einen erheblichen zusätzlichen finanziellen Aufwand bedeuten, daß aber gerade das Unternehmen dafür aufkommen soll, ist anzuzweifeln. Bei diesen Kinderzulagen handelt es sich um die Realisierung von weitgehend patriarchalischen Vorstellungen. Dabei ist es in Anbetracht der historischen und der gegenwärtigen Bevölkerungsentwicklung noch nicht einmal entschieden, ob es überhaupt richtig ist, Familien wegen ihrer Kinder finanzielle Zusatzleistungen zukommen zu lassen. Wir können an sich schlecht den Entwicklungsländern raten, die Zahl der Geburten einzuschränken, selbst aber Prämien für Kinder zahlen. Freilich kann man mit Recht einwenden, daß in der Bundesrepublik trotz gezahlter Kindergelder kein Geburtenüberschuß vorhanden ist, und daß bereits geborene Kinder nicht durch den Entzug der Kinderzuschläge bestraft werden können. Auch wenn man für die Unterstützung von Familien mit Kindern ist, sollte man sich eindeutig klar machen, daß es zwischen der Arbeitsleistung und der Zahl der Kinder keinen Zusammenhang gibt und im Normalfall auch das Zugehörigkeitsgefühl zum Unternehmen durch die Zahlung eines Kindergeldes nicht gesteigert wird. In vielen Fällen ist das Kindergeld nur ein völlig wirkungsloses Almosen, so zum Beispiel in der Metallindustrie, in der durch Tarif ein Kindergeld von 10 DM festgelegt ist. Eine recht große Bedeutung haben die Familienzuschläge im öffentlichen Dienst und bei vielen kommunalen Versorgungs- und Verkehrsunternehmen. Die Eheschließung bringt dem Beamten zwischen 78,50 und 90,50 DM monatlich ein und jedes Kind im Durchschnitt weitere 100 DM. Ähnlich ist es bei den Arbeitern und den Angestellten im öffentlichen Dienst. Dazu kommen Altersversorgung und Beihilfen im Krankheitsfall, deren Höhe ebenfalls weitgehend von der Familiengröße abhängig ist. Speziell für die Kommunalunternehmen bedeutet das ein nicht unwichtiges Werbeargument. Der Nachteil besteht darin, daß diese Unternehmen sich ihre Mitarbeiter nicht mehr nur nach der Leistung, sondern immer mehr nach dem Familienstand und der Kinderzahl aussuchen müssen.

Für die überwiegende Mehrzahl der Unternehmen halten wir es für nicht sinnvoll, Ehegattenzuschläge oder Kindergeld zu zahlen. Die Entscheidung sollte sein, entweder gar nichts zu zahlen (wenn das tarifvertraglich möglich ist), oder aber sich für eine Zahlung zu entscheiden, die dann keine Almosen sein dürfen, sondern Beträge, die auf der einen Seite dem Arbeitnehmer eine Verbesserung seiner Konsumtion ermöglichen und auf der anderen Seite einen »Identifikationseffekt« bringen, das heißt die Fluktuationsbereitschaft senken bzw. einen zusätzlichen Personalwerbeeffekt schaffen.

Prinzipiell sollte aber der Staat einen gerechten und einheitlichen »Familienlastenausgleich« organisieren. Das bisherige zweigleisige System (Kindergeld von 25–70 DM

ab dem 2. Kind und die Lohnsteuergestaltung nach der Zahl der Kinder) soll durch eine eingleisige Regelung ersetzt werden, die für jedes Kind – gestaffelt nach der Kinderzahl der Familie – ein Kindergeld zwischen 60 und 75 DM vorsieht.
Mehr Tradition als die Zahlung von Kindergeld haben in Deutschland Hilfs- und Betreuungsmaßnahmen für die Kinder der Betriebsangehörigen. Historisch hat dies natürlich vor allem caritative Gründe. Das trifft vor allem auch auf die Zeit nach dem 2. Weltkrieg zu, wie auch die Beobachtungen der Gewerbeaufsicht in bezug auf Kindererholungskuren zeigen:
»Eine Sonderaktion führte 51 besonders erholungsbedürftige Kinder von Betriebsangehörigen eines chemischen Großbetriebes in Unterfranken in einen vierwöchigen Ferienaufenthalt nach Farchant bei Garmisch (By/1950).
Ein Hartsteinwerk schickte die tuberkuloseverdächtigen Kinder von Arbeitern auf seine Kosten in ein Erholungsheim (NS/1950).
Großbetriebe verschickten viele Kinder von Werksangehörigen in Ferienheime an der See oder im Gebirge (NrW/1950).
Auch schwächliche Kinder der Arbeitnehmer wurden betreut. So hat z. B. ein Werk in Karlstadt 30 Kinder je 5 Wochen zur Erholung verschickt. Die Aufwendungen hierfür betrugen rund 5000 DM (By/1951).
Das von einem Großbetrieb gegründete Kindererholungswerk erreichte erst nach einjährigem Bemühen die Anerkennung der Gemeinnützigkeit und Mildtätigkeit. Das Kindererholungswerk hat im Jahre 1951 insgesamt 337 Kinder von Betriebsangehörigen in verschiedene Erholungsheime geschickt (NB/1951).« (8)
In diesem Zusammenhang waren auch folgende Sozialleistungen zu sehen:

- Durchführung von Kinderferienlagern
- Kleidersammlungen bzw. Kleiderspenden durch die Betriebsleitungen
- Nutzung von Firmenkantinen für zusätzliche Verpflegung der Kinder von Arbeitnehmern

Diese Leistungen haben freilich in der Gegenwart mit einigen Ausnahmen kaum noch Bedeutung. Jetzt überwiegen Leistungen mit anderen Zielrichtungen, zum Beispiel Maßnahmen zur Steigerung der Frauenbeschäftigung.
Für Kinder von Belegschaftsangehörigen, speziell für die berufstätigen Frauen, wurden Kinderkrippen, Kindergärten und Kindertagesstätten geschaffen. Einige Unternehmen, die vor allem auf die Beschäftigung von Frauen angewiesen sind, haben dabei fast perfekte Systeme geschaffen. Sie befördern Frauen und Kinder mit Werksbussen. Die Arbeitszeiten der Frauen und die Öffnungszeiten der Krippen und Kindergärten sind so aufeinander abgestimmt, daß Hin- und Rückfahrt von Mutter und Kind gemeinsam erfolgen kann. Die Werkküchen sorgen gleichzeitig für die Verpflegung der Kinder und auch die übrigen sozialen Einrichtungen (z. B. das Sanitätswesen) sind auf die Betreuung der Kinder eingestellt (vgl. auch Abschnitt 2.21).
Viele Unternehmen glauben, daß die Identifikation ihrer Angestellten und Arbeiter mit den Unternehmen wächst, wenn auch die Familienangehörigen eine engere Beziehung zur Arbeitsstätte des Mannes haben. In diesem Zusammenhang ist auch das

8 *Bues, Hermann,* Freiwillige betriebliche Sozialleistungen Köln, Berlin, Bonn, München 1969, S. 90.

Bemühen um die Schaffung eines möglichst guten Personalimages zu sehen und schließlich sind die Kinder der Werksangehörigen auch potentielle Arbeitskräfte bzw. Auszubildende der Zukunft. Die folgende Aufzählung muß unvollendet bleiben, zeigt aber die Vielfalt der in der Praxis üblichen Möglichkeiten:

- Schaffung von Sportgruppen für Kinder im Rahmen der vorhandenen betrieblichen Einrichtungen
- Durchführung von technischen Arbeitsgemeinschaften für »Betriebskinder« bis hin zum Nachhilfeunterricht (dabei stellte sich in einigen Fällen heraus, daß die Eltern z. B. in Mathematik eher Nachhilfe brauchten als ihre Sprößlinge).
- Einbeziehung der Kinder in die kulturellen Aktivitäten des Unternehmens (spezielle Kinderchöre, Kindertheater, Malzirkel usw.)
- Organisation von Kinderweihnachtsfeiern
- Berufs- und Studienberatung durch betriebliche Spezialisten bis hin zur Durchführung von Intelligenz- und Berufseignungstests.

Es fragt sich sicher in vielen Fällen, ob einzelne Maßnahmen nicht sehr weit von den eigentlichen Unternehmenszielen wegführen, und ob eine dadurch geschaffene »Überintegration« der Familienangehörigen nicht auch Schaden anrichten kann. Der Betrieb hat prinzipiell kein Recht, in die Erziehung und Förderung der Kinder seiner Betriebsangehörigen einzugreifen, seine Hilfe wird aber meist dankbar vermerkt.

2.22 Heirats- und Geburtsbeihilfen, Hilfen im Sterbefall

Wir haben bereits betont, daß bei einem modernen Vergütungs- und Sozialsystem im Unternehmen nur relativ wenig Platz für familiengerechte Zusatz- und Sozialleistungen bleibt. Der Grundsatz, daß die Leistung für die Vergütung entscheidend ist, bleibt sicherlich auch erhalten, wenn in bestimmten Situationen dieses Prinzip durch einmalige familienbezogene Leistungen durchbrochen wird. Das gilt unter anderem für Heirats- und Geburtsbeihilfen. Hilfen und Geschenke dieser Art sollen unterstreichen, daß das Unternehmen bei besonderen privaten Anlässen an seine Arbeitnehmer denkt und gleichzeitig auch aktiv hilft, wenn bei bestimmten Gelegenheiten eine Unterstützung notwendig ist, oder doch als angenehm empfunden wird.
Der Gesetzgeber hat dem Rechnung getragen, indem er Heiratsbeihilfen (in Geld- oder Sachwerten bis zu 700 DM) und Geburtsbeihilfen (pro Kind bis 500 DM) steuerfrei beläßt (§ 3 Ziff. 15 EStG; : 6 Ziff. 10 LStDV).
Die meisten Unternehmen schöpfen diese Freibeträge nicht aus, weil sie glauben, daß sie nicht verantwortlich sind für die finanziellen Zusatzbelastungen, die sich aus solchen Familienereignissen ergeben. Sie werden sich im Normalfall auf im Wert normierte «nützliche« Sachgeschenke konzentrieren. Daneben sollte durch die Gewährung von Sonderurlaub eine weitere Hilfe gegeben werden. Der Kleinbetrieb kann im Einzelfall sicherlich individuell verfahren. Grundsatz im Sinne eines ausgeglichenen Betriebsklimas sollte aber immer eine Gleichbehandlung aller Arbeitnehmergruppen sein. Das setzt sicherlich schon im Mittelbetrieb eine fixierte Ordnung voraus, die eventuell sogar in Form einer Betriebsvereinbarung mit dem Betriebsrat abgestimmt ist. Auf lange Zeit sehr viel wichtiger als direkte Zuwendungen und Geschenke, ist das Eingehen und die Hilfe der betrieblichen Personal- und Sozialabteilung bzw. der Vorgesetzten in bezug

auf die sich aus Heirat und Familienzuwachs sehr oft ergebenden Probleme (z. B. Wohnung, Hausbau, Aus- und Weiterbildung eines Elternteiles, langfristige Finanzprobleme). Wenn auch eine allseitige »Lebensberatung« nicht immer sinnvoll ist, können doch viele Schwierigkeiten auch durch betriebliche Maßnahmen reduziert werden. Betriebswohnungen, -krippen und eventuell Darlehen sind nur einige Möglichkeiten der Hilfe. Dabei ist das gleichzeitig häufig eine realistische Form der Fluktuationsbekämpfung und der Erhöhung der Identifikation der Arbeitnehmer mit ihrem Unternehmen. Es ist natürlich, daß das Unternehmen sich nicht für alle Auswirkungen von Familienereignissen verantwortlich fühlen kann. Eine Hilfe des Unternehmens wird auch hierbei am besten wirken, wenn sie Anreiz zur Selbsthilfe ist.
Das gilt auch bei Sterbefällen von Mitarbeitern des Betriebes oder ihrer Angehörigen. Prinzipiell gibt es dafür vom Steuerrecht her keine steuerfreien Hilfemöglichkeiten.
Viele Unternehmen bezahlen freiwillig oder auf Grund einzelvertraglicher, tariflicher oder betriebsinterner Regelungen das Arbeitsentgelt eine bestimmte Zeit lang weiter; entweder als Ersatz für eine Hinterbliebenenversorgung oder zusätzlich zu dieser. Durch betrieblich abgeschlossene Gruppenunfall- oder -lebensversicherungen hat zum Teil diese Art der Hilfe an Bedeutung verloren. Außerdem gibt es in den meisten Fällen noch Leistungen durch die Krankenkassen und in vielen Fällen Sterbegelder und sogar Hinterbliebenenrente der Gewerkschaften. Dazu kommen als Grundversorgung für Witwen und Waisen die Renten aus den gesetzlichen Rentenversicherungen. Die mit dem Tod eines Familienangehörigen verbundenen Formalitäten belasten die Hinterbliebenen meist so stark, daß es sicher als große Hilfe empfunden wird, wenn die jeweilige Personalleitung Merkblätter oder Checklisten zur Verfügung stellt anhand derer die notwendigen Formalitäten erledigt werden können (9).

2.3 Soziale Sicherung bei Krankheit, Unfall, in Alter und bei Notlagen

2.31 Betriebliche Altersversorgung

Die betriebliche Altersversorgung gehört zu den wichtigsten und kompliziertesten Formen der betrieblichen Zusatz- und Sozialleistungen. Im Rahmen dieses Handbuches ist es nicht möglich, alle damit in Zusammenhang stehenden Aspekte auch nur anzureißen. Es soll deshalb nur darauf ankommen, die Funktion und Bedeutung der Altersversorgung im Rahmen des Gesamtsystems der Zusatz- und Sozialleistungen zu überdenken, die Hauptmöglichkeiten der betrieblichen Altersversorgung im Hinblick auf ihre Ziele und auf den Aufwand hin darzustellen und schließlich auf neue Tendenzen hinzuweisen, die in den nächsten Jahren evtl. das System der betrieblichen Leistungen auf diesem Gebiet entscheidend verändern könnten (10).
Hauptmotiv für das Entstehen von betrieblichen Altersversorgungsleistungen war ursprünglich das Fehlen jeder staatlichen Altersvorsorge und die Unmöglichkeit für den

9 Vgl. auch Betriebliche Hilfe in Sterbefällen in Soziale Praxis vom 28. 3. 1973 (XVIII), vgl. auch Abschnitt 2.89.
10 Vergleiche Beratungs-GmbH für Altersversorgung, Steuerberatungsgesellschaft Dr. Dr. Ernst Heißmann (Hrsg.), Betriebliche Altersversorgung 1973, Verlag Arbeit und Alter, Wiesbaden 1973.

Einzelnen, sich den Lebensabend finanziell ausreichend abzusichern. Lange vor dem Bestehen einer staatlichen Sozialversicherung gab es schon bei Henschel, Krupp (1858) und anderen Unternehmen betriebliche Versorgungseinrichtungen, die starken Fürsorgecharakter hatten. Heute ist die betriebliche Altersversorgung meist nur Zusatzversorgung, aber trotzdem oft attraktivster und für den Unternehmer auch teuerster Teil der Sozialleistungen.

Nach wie vor ist sie ein wichtiges Mittel um dem Sicherheitsbedürfnis der Menschen entgegen zu kommen, wobei ihre Hauptfunktion jetzt darin besteht, im Versorgungsfall dazu beizutragen, möglichst den Lebensstandard der »aktiven« Arbeitszeit zu erhalten. Welche Anforderung das bedeutet, kann man ermessen, wenn man die ca. 50 % der letzten Bezüge (bei Führungskräften wesentlich weniger), die von der Sozialversicherung gezahlt werden mit den 75 % vergleicht, die als Untergrenze für eine vollgültige Versorgung angenommen werden.

Diese Forderungen kann sie im allgemeinen nicht erfüllen und speziell der höher verdienende Angestellte muß durch eigene Anstrengung etwas für seine Zukunftssicherung tun. Dabei kann ihn der Arbeitgeber wiederum unterstützen, indem er einzelne Zukunftsrisiken, z. B. durch Abschluß einer Gruppenunfallversicherung (vgl. Abschnitt 2.33) mit geringem Aufwand reduziert oder generell die Vermögensbildung etwa durch Förderung des Hausbaues oder im Rahmen des 624-DM-Gesetzes unterstützt.

Der Umfang der betrieblichen Altersversorgung wird deutlich durch folgende Zahlen:

Aufwendungen, angesammelte Mittel und Rentenleistungen der betrieblichen Altersversorgung 1970

(nach Werner, G.-A. Betriebliche Altersversorgung in der sozialpolitischen Diskussion, Verlag Arbeit und Alter, Wiesbaden 1972, S. 37)

	Aufwendungen		Angesammelte Mittel		Rentenleistungen	
	Mill. DM	Anteile in %	Mill. DM	Anteile in %	Mill. DM	Anteile in %
Betriebliche Ruhegeldverpflichtungen	4 000	74,1	30 000	56,6	1 500	65,2
davon:						
Pensionsrückstellungen	(2 500)					
Rentenzahlungen	(1 500)					
Pensionskassen	550	10,2	12 000	22,6	500	21,7
Unterstützungskassen	500	9,3	8 000	15,1	300	13,0
Direktversicherungen	300	5,6	2 500	4,7	.	.
Freiwillige Arbeitgeberbeiträge zur Sozialversicherung	50	0,9		0,9	.	.
	5 400	100,0	53 000	100,0	2 300	100,0

Quelle: Geschäftsbericht des Bundesaufsichtsamtes für das Bauspar- und Versicherungswesen und vorläufige Schätzung der Beratungs-GmbH für Altersversorgung, Dr. Dr. Heissmann.

Durch Erhöhung der Aufwendungen der Unternehmungen für gesetzlich und tariflich fixierte Leistungen ist die Summe, die pro Jahr für die Altersversorgung der Unternehmen aufgewendet wird, nicht gefallen, sondern absolut ist sogar eine Steigerung festzustellen, der relative Aufwand im Vergleich zu den Löhnen und Gehältern ist dagegen geringer geworden:

Aufwendungen für betriebliche Altersversorgung in der privaten Wirtschaft 1961 bis 1970 in Mrd. DM [1]

	1961	1962	1963	1964	1965	1966	1967	1968	1969	1970
Absolute Beträge	3,12	3,28	3,43	3,73	4,09	4,19	3,96	4,06	4,58	5,40
In % der Bruttolohn- und -gehaltssumme	2,8	2,6	2,6	2,5	2,5	2,4	2,3	2,2	2,2	2,2

1 Vgl. *Werner*, a.a.O., Seite 36.

Der Anteil der Arbeitnehmer, die eine betriebliche Zusage auf Altersversorgung haben, wird sehr unterschiedlich geschätzt.
Eine Umfrage des Emnid-Instituts kommt auf knapp 30 % (11).
Die Arbeitsgemeinschaft für betriebliche Altersversorgung schätzt dagegen, daß ²/₃ eine Anwartschaft besitzen, davon 99 % der Beschäftigten in Großbetrieben mit über 1000 Beschäftigten (12).
Die Differenz erklärt sich u. a. dadurch, daß das Ergebnis der Emnid-Umfrage aus verschiedenen Gründen, insbesondere wegen der Vernachlässigung der Betriebsgrößen, in welchen die befragten Arbeitnehmer beschäftigt waren, nicht als repräsentativ angesehen werden kann (13).
Erstaunlich ist, daß nach der erwähnten Emnid-Umfrage nur 50 % der Arbeitnehmer, die eine Zusage haben, über deren Inhalt auch informiert sind. Das ist sicherlich nicht vor allem Schuld dieser Arbeitnehmer, sondern Ergebnis der mangelnden Transparenz der betrieblichen Sozialleistungen.
Die Maxime »Gutes tun und darüber sprechen« wird von der Mehrzahl der Unternehmen nur mangelhaft erfüllt.
Welche Argumente sprechen beim Arbeitgeber für die Installierung eines betrieblichen Systems der Altersversorgung?
Zunächst sollte er sich dabei die evtl. auch negativen Auswirkungen deutlich machen. Jedes betriebliche Versorgungssystem kostet natürlich Geld. Vorstellungen, daß durch Steuerersparnis bei Pensionsrückstellungen theoretisch und praktisch keine Kosten entstehen, sind inzwischen eindrucksvoll widerlegt worden (14).

11 Vgl. Blick durch die Wirtschaft vom 28. 9. 1971.
12 Vgl. Handelsblatt vom 5. 5. 1972.
13 Vgl. *Bernd Geiss*, die Meinung der Arbeitnehmer zur betrieblichen Altersversorgung, in: Betriebliche Altersversorgung 1971, Seite 193 ff.
14 *Lukowsky, H., Zühlke, K., Rössler, N.*, Betriebswirtschaftliche Effekte bei der Bildung von Pensionsrückstellungen am Beispiel eines Modellunternehmens, in: Bundesarbeitsblatt 1971, Seite 594 ff.

Bei der Entscheidung für ein bestimmtes System der Versorgung sollten alle möglichen Motive, Ziele und Konsequenzen beachtet werden. Dabei hat es sich als nützlich erwiesen, an Hand einer Checkliste alle wesentlichen Probleme zu prüfen. Die nachfolgende Aufstellung ist der Versuch einer solchen Liste, wobei je nach Art des Unternehmens und der speziellen Zielsetzung weitere Punkte hinzu kommen können:

Was soll mit der Altersversorgung erreicht werden?

- Reduzierung der Fluktuation
- Werbung neuer Arbeitskräfte
- Verbesserung des Betriebsklimas
- Erhöhung der Leistung der Mitarbeiter
- Verbesserung der materiellen Lage der Mitarbeiter
- Verbesserung der Liquidität in gewissen Zeiträumen
- Reduzierung der Steuerlast

Welcher Personenkreis soll einbezogen werden?

alle Arbeitnehmer
alle Arbeiter
alle Angestellten
alle Führungskräfte
alle Direktoren
alle Geschäftsführer bzw. Vorstandsmitglieder

Welche Kosten entstehen kurz-, mittel- und langfristig?
Welche Auswirkungen auf die Liquidität entstehen?
Wie sind die steuerlichen Auswirkungen für das Unternehmen und die begünstigten Arbeitnehmer?
Welcher Organisationsaufwand entsteht?
Wie sollte die Altersversorgung ausgestaltet sein?
Mitwirkungsrecht des Betriebsrates
Eigenleistung der Begünstigten
Art des Rechtsanspruches der Begünstigten
Genaue Festlegung der Verfallbarkeit bzw. Unverfallbarkeit
Finanzierungsform
Steuerliche Probleme für das Unternehmen bzw. die Arbeitnehmer
Differenzierung der Leistung
Insolvenzsicherungsmöglichkeiten
Dynamisierungsmöglichkeit

Die Schaffung eines Systems der Alterssicherung im Unternehmen setzt Wissen um die verschiedenen Möglichkeiten und Arten der Altersversorgung voraus. Dabei sollte beachtet werden, daß die Vor- und Nachteile der einzelnen Versorgungsarten auch in

	Ruhegeld-verpflichtungen	Unterstützungs-kasse	Pensionskasse	Direktversicherung	Freiwillige Sozialversicherung
Statistik:					
Gesamtaufwendungen (1967)	rd. 2,86 Mrd. DM (72%)	rd. 0,36 Mrd. DM (9%)	rd. 0,45 Mrd. DM (11,5%)	rd. 0,19 Mrd. DM (4,8%)	unter 0,1 Mrd. DM
Angesammelte Mittel (Ende 1967)	rd. 23,1 Mrd. DM (60%)	rd. 4,4 Mrd. DM (11%)	rd. 9,4 Mrd. DM (24%)	rd. 1,6 Mrd. DM (4%)	
Jährliche Zuwachsrate	rd. 1,7 Mrd. DM	rd. 0,2 Mrd. DM	rd. 0,8 Mrd. DM	rd. 0,2 Mrd. DM	
Rechtliche Merkmale:					
Träger der Versorgung	Unternehmen selbst	rechtlich selbständige Einrichtung (e. V., GmbH, seltener Stiftung)	rechtlich selbständige Einrichtung (V. V. a. G.)	Versicherungs-unternehmen	Sozialversicherungs-träger
Versicherungsaufsicht	nein	nein	ja	ja	
Erzwingbare Mitbestimmung des Betriebsrats	nein	ja	ja	nein	nein
Rechtsanspruch	Für Rückstellungen in Steuerbilanz erforderlich; sonst nach Vereinbarung	nein	ja	ja	ja
Widerrufsmöglichkeiten	Bei Rückstellungen in Steuerbilanz nur Mustervorbehalte für den Fall wesentlicher Änderung der Verhältnisse; sonst nach Vereinbarung	ja, soweit Gleichbehandlungsgrundsatz nicht verletzt wird	nur in Ausnahmefällen – dann aber Wahrung des Besitzstandes	ja, wenn widerrufliches Bezugsrecht	nein

Noch: Die Gestaltungsformen der betrieblichen Altersversorgung

	Ruhegeld-verpflichtungen	Unterstützungs-kasse	Pensionskasse	Direktversicherung	Freiwillige Sozialversicherung
Erhalt der Anwartschaft bei vorzeitigem Ausscheiden	überwiegend nein, aber möglich	überwiegend nein, aber möglich	ja, soweit Beitragsbeteiligung der Betriebsangehörigen; im übrigen möglich	ja, bei unwiderruflichem Bezugsrecht; möglich bei widerruflichem Bezugsrecht	ja
Steuerliche Behandlung: Steuerpflicht des Versorgungsträgers		Steuerfreiheit unter den Voraussetzungen der §§ 9, 11 KStDV	Steuerfreiheit unter den Voraussetzungen der §§ 9, 11 KStDV		
Abzugsfähigkeit der Finanzierungsleistungen	Zuführungen zu den Ruhegeldrückstellungen nach den Grundsätzen der versicherungsmathematischen Gleichverteilung von der Zusage bis zum Eintritt des Versorgungsfalles (§ 6a EStG)	Bei Kassen mit Renten- und Notstandsleistungen (Regelfall) 2% der Lohn- und Gehaltssumme + Deckungskap. der lfd. Leistungen nach Tabelle + Ersatz der tatsächl. Leistungen bis zum höchstzulässigen Kassenvermögen: 45% der Lohn- und Gehaltssumme + Deckungskapital der laufenden Leistungen (§ 2 Zuwendungsgesetz v. 26. 3. 1952)	Jahresbeiträge (bei vor dem 1. 1. 1951 gegründeten Kassen auch Einmalbeiträge) (§ 1 Zuwendungsgesetz v. 26. 3. 1952)	Jahresbeiträge und Einmalbeiträge	Beiträge

Noch: Die Gestaltungsformen der betrieblichen Altersversorgung

	Ruhegeld-verpflichtungen	Unterstützungs-kasse	Pensionskasse	Direktversicherung	Freiwillige Sozialversicherung
Lohnsteuerpflicht der Finanzierungsleistungen	Zuführung bzw. Zuwendungen nicht lohnsteuerpflichtig		Beiträge lohnsteuerpflichtig, soweit über 312,– DM jährlich (Freibetrag für Zukunftssicherung) – bei PK und Direktversicherung u. U. Pauschbesteuerung – Sonderausgaben im Rahmen der Höchstbeträge		
Rentenleistungen beim Betriebsangehörigen	lohnsteuerpflichtig ab 1. 1. 1966: 25% (höchstens 2400,– DM jährlich) steuerfrei		Rentenbesteuerung nach § 22 EStG		Rentenbesteuerung nach §§ 22 EStG, Berufs- und Erwerbsunfähigkeitsrenten nach § 55 EStDV
Kapitalleistungen beim Betriebsangehörigen	lohnsteuerpflichtig, evtl. »sonstiger Bezug« (§ 35 LStDV) oder ermäßigter Steuersatz (§ 34 EStG)		nicht steuerpflichtig		
Finanzierung: Vorausfinanzierung der Leistungen	möglich und üblich durch Bildung von Ruhegeld-(Pensions-) rückstellungen	aus steuerlichen Gründen nur teilweise möglich	ja	ja	ja
Beitragsbeteiligung der Betriebsangehörigen Vermögensanlage	nein frei, kein Anlagezwang	nein frei, solange sich die Kasse dadurch nicht neuen Zweck setzt – Darlehen an tragendes Unternehmen möglich und üblich	möglich nur nach den Vorschriften des Versicherungsaufsichtsgesetzes – Darlehen an tragendes Unternehmen nur mit Genehmigung der Aufsichtsbehörde	möglich Darlehen des Versicherers an Unternehmen durch Beleihung möglich	möglich Mittel sind endgültig ausgesondert
Rückdeckungsversicherung	möglich	möglich	nein		

Noch: Die Gestaltungsformen der betrieblichen Altersversorgung

	Ruhegeld-verpflichtungen	Unterstützungs-kasse	Pensionskasse	Direktversicherung	Freiwillige Sozialversicherung
Praktische Hinweise: Geeignet für	Allgemeine Versorgung und Führungskräfte in allen Unternehmen außer Kleinstbetrieben – bei Kleinunternehmen evtl. Rückdeckungsversicherung	Allgemeine Versorgung in Mittel- und Großunternehmen, insbesondere bei Konjunkturabhängigkeit und bei sehr hoher Fluktuation	Großunternehmen mit gleichbleibender Beschäftigung und geringer Fluktuation	Kleinunternehmen – konjunkturabhängige Unternehmen – Einzelzusagen an Führungskräfte	Weiterversicherung der Führungskräfte entsprechend den individuellen Verhältnissen – Höherversicherung auch bei Kleinunternehmen
Nicht geeignet für	Stark konjunkturabhängige Klein- und Mittelunternehmen – nur vorübergehend bestehende Unternehmen	Kleinunternehmen – Führungskräfte	Klein- und Mittelunternehmen. Ausnahme: Anschluß an Gruppenkasse	Allgemeine Versorgung in Mittel- und Großunternehmen	Allgemeine Versorgung

Quelle: *Heissmann*, Steuergrundriß der betrieblichen Altersversorgung. 2., überarbeitete und ergänzte Auflage von H. Gottschalk, Köln 1970.

Zukunft nicht statisch bestehen bleiben, sondern durch vielfältige sozial- und steuerpolitische Faktoren beeinflußt werden. Die Übersicht auf den Seiten 50–53 kann deshalb nur einen ersten Überblick geben, die Beratung durch einen Fachmann, der auch zukünftige Tendenzen z. B. der staatlichen Einflußnahme deuten kann, ist fast immer notwendig. Auch die betriebliche Altersversorgung beruht z. T. auf Tarifverträgen. Die bekanntesten Beispiele sind die Bauindustrie und der öffentliche Dienst. Die Angestellten und Arbeiter des öffentlichen Dienstes haben inzwischen ohne Eigenleistung außer den normalen Sozialversicherungsbeiträgen, ein Niveau der Alterssicherung erreicht, das dem der Beamten entspricht und im Einzelfall sogar übertrifft.
Die Altersversorgung der Beamten und Angestellten im öffentlichen Dienst ist – ausgesprochen oder nicht ausgesprochen – ein Vorbild für alle Arbeitnehmervorstellungen über eine optimale Altersversorgung. Die Beamtenversorgung führt bei genügend langer Tätigkeit zu einer Pension in Höhe von 75 % der letzten Bezüge. Eine Erhöhung dieser Pension in jährlichem Rhythmus führt zu einer vollen Dynamisierung. Allerdings müssen die Pensionen der Beamten voll versteuert werden. Trotzdem ist die Beamtenpension ein Wunschtraum, der trotz dynamisierter Rentenversicherung, Eigenvorsorge und betrieblicher Zusatzversorgung bisher nur selten erreicht wird.
Die Tendenz geht dahin, die betriebliche Altersversorgung immer mehr als Teil des Leistungsentgeltes zu behandeln, obwohl z. B. die Arbeitgeberverbände nach wie vor den Fürsorgecharakter unterstreichen.
Aus dem Entgeltcharakter ergibt sich die Notwendigkeit arbeitsrechtlich oder aber indirekt steuerrechtlich Normen für die Institution der betrieblichen Altersversorgung zu schaffen, Mißbrauch soweit wie möglich zu verhindern und den begünstigten Arbeitnehmer ein Höchstmaß an Sicherheit zu geben.
Dabei werden die Vorschläge des DGB zur weitgehenden gesellschaftlichen Kontrolle oder gar der Einbringung der betrieblichen Mittel für die Alterssicherung in einem überbetrieblichen Fonds von der Arbeitgeberverbänden scharf abgelehnt, da sie für eine weitgehend individuelle Gestaltung durch die Unternehmen eintreten.
Die unterschiedlichen Auffassungen werden bei fast allen Einzelproblemen (z. B. bei der Insolvenzsicherung oder der Unverfallbarmachung von Pensionsansprüchen) deutlich.

Auf dem Gebiet der Altersversorgung gibt es zur Zeit vier wesentliche Diskussionspunkte. Die Insolvenzsicherung, die Unverfallbarkeit, die Dynamisierung und die Möglichkeiten der vorzeitigen Inanspruchnahme der betrieblichen Altersversogungsleistungen. Je nach Ausgang der Diskussion wird sich die gegenwärtige Ausgestaltung der betrieblichen Altersversorgung wesentlich verändern.
Die Tendenz zur Unverfallbarkeit folgt weitgehend aus der Vorstellung, daß die betriebliche Altersversorgung überwiegend Entgeltcharakter hat, aber auch eine Einschätzung als Fürsorgeleistung fordert in gewisser Hinsicht, wenn auch weitgehend nur aus moralischen Gründen die Zusage auf ein Fortbestehen gewisser, bereits erworbener Ansprüche.
Gegenwärtig ist in den meisten Fällen die Zusage bei Kündigung sowohl durch den Arbeitgeber als auch den Arbeitnehmer absolut verfallen (15). Das entspricht dem

15 Bei Leitenden Angestellten z. B. zu 93 % (vgl. Kienbaum Gehaltsstrukturuntersuchung Leitende Angestellte 1973 a.a.O.).

Motiv der meisten Unternehmen die Altersversorgungszusagen als wesentliches »Fluktuationshemmungsmittel« einzusetzen. Daraus ergeben sich natürlich für den einzelnen Arbeitnehmer z. T. schwierige soziale Probleme, vor allem, wenn er schon älter ist und sich auf keinem anderen Weg eine entsprechende neue Alterssicherung aufbauen kann. Aber auch betriebs- und volkswirtschaftlich ist eine absolute Verfallbarkeit nicht immer als günstig einzuschätzen. Arbeiter und Angestellte, die nur wegen einer attraktiven Zusage auf zusätzliche betriebliche Alterszusage im Unternehmen verbleiben, werden nicht immer die besten Mitarbeiter sein und evtl. eine gesunde Personalrotation verhindern. Das gleiche gilt für strukturelle Veränderungen, die durch starre Verfallsklauseln erschwert werden.

Der Ruf nach einer bedingten und mindestens teilweisen Unverfallbarkeit ist deshalb nicht nur von der Gewerkschaftsseite her zu hören, sondern auch vom Staat und einem Teil der Unternehmen. Einig sind sich die Partner auf jeden Fall darüber, daß es nicht um eine absolute Unverfallbarkeit gehen soll, sondern um eine Regelung, die vor allem den älteren, im Unternehmen langfristig beschäftigten Mitarbeiter vor Härten schützt. Da mit einer freiwilligen Unverfallbarkeitsklausel in allen betrieblichen Altersversorgungszusagen nicht zu rechnen ist, bemüht man sich seit einiger Zeit die Probleme durch staatliche Verordnung zu regeln. Es bietet sich vor allem eine steuerrechtliche und eine arbeitsrechtliche Lösung an. Bei der steuerrechtlichen Lösung brauchten nur noch Pensionsrückstellungen steuerlich anerkannt zu werden, bei denen gleichzeitig eine Unverfallbarkeit festgelegt worden ist. Die Wirkung ist also mehr indirekt. Die arbeitsrechtliche Lösung wirkt dagegen direkter. Nach den letzten Vorstellungen und Entwürfen wird sie bevorzugt.

Danach sind Zusagen auf Altersversorgung unverfallbar, wenn ein Arbeitnehmer seinen Arbeitsplatz nach Vollendung des 35. Lebensjahres wechselt und zu diesem Zeitpunkt die Erteilung einer Versorgungszusage mindestens 10 Jahre zurückliegt oder eine Betriebszugehörigkeit von mindestens 15 Jahren bestanden hat. Die bis dahin erworbene Versorgungsanwartschaft soll in einer Höhe aufrechterhalten bleiben, die dem Verhältnis der tatsächlichen Betriebszugehörigkeit zu der bis zur Altersgrenze erreichbaren Betriebszugehörigkeit entspricht (16).

Die Gefahr einer in Zukunft größeren Fluktuationsrate ist demnach nicht zu erwarten, denn Arbeitnehmer, die 10–15 Jahre und mehr in einem Unternehmen tätig sind, werden nur noch relativ selten und bei zwingenden Gründen wechseln.

Aus diesem Grunde wird auch die zusätzliche Kostenbelastung nicht sehr hoch sein, zumindest zu keiner Höherbelastung der Wirtschaft in Sachen Altersversorgung um 30 % führen, wie es z. T. ausgerechnet wurde (17).

Die früher befürchtete Gefahr, daß zahlreiche, nicht überblickbare Minibetriebsrenten entstehen, kann nicht mehr als realistisch angesehen werden, weil auch bei Fluktuation meist nicht mehr als 2 Betriebsrenten pro Arbeitnehmer entstehen können. Außerdem sollen unverfallbare Versorgungsanwartschaften, wenn der Zeitpunkt der Versorgungszusage weniger als 15 Jahre zurückliegt, d. h. die künftig fälligen Leistungen relativ gering wären, als Kapital abgefunden werden können. Anwartschaften, die aus

16 Vgl. Beratungs-GmbH für Altersversorgung, a.a.O., Seite 87 ff.

17 *N. Rössler, W. Förster, U. Nowak*, Betriebliche Altersversorgung in der Bewährung – Die Reformen und ihr Preis, Sozialer Fortschritt, Heft 7/1973.

längeren Ansammlungszeiträumen resultieren, sollen entweder bei der Versorgungseinrichtung des bisherigen Unternehmens verbleiben oder mit Zustimmung des Arbeitnehmers von einer Versorgungseinrichtung des Unternehmens übernommen weden, bei denen der ausgeschiedene Arbeitnehmer beschäftigt wird. Der Träger der neuen Versorgungseinrichtung muß jedoch rechtlich selbständig sein; eine Übertragung von einer Einrichtung, die einen Rechtsanspruch auf Versorgungsleistungen einräumt, auf eine solche, die keinen Rechtsanspruch gewährt, ist allerdings nicht möglich (18).
Ein weiteres Problem, das z. Z. in der sozialpolitischen Diskussion steht, ist der Insolvenzschutz der betrieblichen Altersversorgung.
Obwohl jährlich nur ein verschwindend kleiner Teil der Zusagen bzw. Leistungen durch wirtschaftliche Schwierigkeiten der betroffenen Unternehmen nicht realisiert werden können, ist das kein Trost für die Betroffenen. Ein Großteil der Versorgungsansprüche (z. B. die selbständigen Unterstützungskassen und Pensionskassen, Direktversicherungen) sind sowieso gegen Konkurs geschützt. Es ist das weite Feld der Ruhegeldverpflichtungen, das zum großen Teil nicht genügend gegen Insolvenz gesichert ist. Es gibt verschiedene Möglichkeiten, Lösungen zu finden:

- Leistungen aus bestehenden Rückdeckungsversicherungen könnten im Insolvenzfall an den Arbeitnehmer übergehen.
- In der Konkursordnung könnte Ansprüchen aus betrieblicher Altersversorgung ein Vorrecht eingeräumt werden (aber wo nichts ist, nützt auch ein Vorrecht nichts).
- Weiterhin wird vorgeschlagen, eine Art Pensionssicherungsinstitut zu schaffen. Das würde bedeuten, daß vom Unternehmen Umlageprämien in Höhe von 0,3 bis 0,5 % der Pensionsrückstellungen eingezahlt werden müßten.
  Offen bleibt, wie die Prämienhöhen zwischen den Unternehmen differieren sollten und welche juristische Form eine solche Institution haben müßte.

Einer der Schwachpunkte der bestehenden betrieblichen Versorgungssysteme ist, daß die Zusagen auf Versorgung sich zwar oft in der Höhe an dem Einkommen der Berechtigten orientieren und in diesem Fall als »teildynamisch« anzusehen sind, die Versorgungsleistungen aber nach Eintritt des Versorgungsfalles meist konstant bleiben und deshalb durch den Geldwertschwund an Bedeutung verlieren.
Welche Ausmaße das für den einzelnen Arbeitnehmer hat, zeigt, daß bei einer mittleren Laufzeit einer Versorgungsleistung von 14 Jahren und einem Geldwertschwund von 4 % eine Rente ca. 42 % ihres Wertes verliert. Wenn man die in den 14 Jahren wachsenden Löhne und Gehälter noch mit betrachtet, sinkt der relative Wert der Leistung noch wesentlich stärker.
Der Ruf nach einer Dynamisierung der betrieblichen Zusagen wird natürlich auch durch den Vergleich mit den Sozialversicherungsrenten heraufbeschworen, die sich seit dem Jahre 1957 voll der Entwicklung der Arbeitnehmereinkommen anpassen.
Auf der anderen Seite würde eine volle Dynamisierung der Betriebsrenten die finanzielle Belastbarkeit vieler Unternehmen auf eine harte Probe stellen. Die Kosten für Versorgungsleistungen bzw. Rückstellungen würden sich relativ schnell verdreifachen (19). Die Tendenz geht dahin, bestehende Versorgungsleistungen periodisch den ver-

18 Vgl. Beratungs-GmbH für Altersversorgung, a.a.O., S. 98 ff.
19 Vgl. *Werner*, a.a.O., S. 16 f.

änderten Verhältnissen anzupassen, wobei ein gesetzlicher Zwang zur Volldynamisierung nicht zu erwarten ist, aber die Verpflichtung der Unternehmen die Versorgungsleistungen periodisch zu überprüfen und der Geldwertentwicklung anzupassen, ist bereits durch eine richterliche Entscheidung fixiert worden (20).
Das letzte bedeutende aktuelle Problem bei der Gestaltung der betrieblichen Altersversorgung ist das Problem des Beginns der Leistungen. Durch die gesetzlich fixierte Möglichkeit, die staatlichen Rentenleistungen bereits ab dem 62. Lebensjahr zu erhalten, erscheint es sinnvoll und ist geplant, auch die Betriebspensionen dieser Variabilität anzupassen (21). Das braucht für das Unternehmen keine Mehrbelastung zu bedeuten, wenn mit versicherungsmathematischen Abschlägen gearbeitet wird. Dadurch würde freilich ein Teil der Betriebsrechte optisch und für den Begünstigten auch faktisch noch geringer werden.

2.32 Hilfen im Krankheitsfall

Die Notwendigkeit der finanziellen Hilfe im Krankheitsfall ist im Normalfall nicht mehr vorhanden. 99 % aller Westdeutschen und fast 100 % aller Arbeitnehmer sind in irgendeiner Krankenversicherung. Durch Gesetz ist der Arbeitgeber in praktisch fast allen Fällen verpflichtet, einen namhaften Teil (50 % der Pflichtkassen) der Versicherungsbeiträge zu zahlen, ohne daß der Arbeitgeber dafür Steuern bezahlen muß. In manchen Fällen zahlt der Arbeitgeber einen noch höheren Zuschuß zur Krankenversicherung seiner Arbeiter und Angestellten als denjenigen, zu dem er gesetzlich verpflichtet ist. Dieser Betrag ist dann prinzipiell zu versteuern, so daß der Nettoeffekt für den Arbeitnehmer relativ gering ist. Sinnvoll erscheint nur eine Hilfe des Arbeitgebers bei einer Höherversicherung, die zum »Privatpatientenstatus« führt, oder aber die im Krankheitsfall ab der 6. Woche ein erhebliches Krankentagegeld sichert. Auch durch die Beiträge zur gesetzlichen Rentenversicherung und zur Berufsgenossenschaft sind evtl. extreme finanzielle Auswirkungen von Unfällen und Krankheiten kaum noch typisch. Es bleibt die Auswirkung bei nichtversicherter Krankheit über 6 Wochen. Ein Teil der Unternehmen zahlt entweder auf Grund einer einzelvertraglichen Regelung durch Betriebsvereinbarungen oder durch im Einzelfall geregelte Maßnahme auch nach diesem Zeitpunkt den ganzen oder einen Teil der Differenz zwischen dem Krankengeld und dem bisherigen Nettoeinkommen. Davon haben vor allem Leitende Angestellte Vorteile:

Weiterzahlung des Gehalts bei mehr als 6wöchiger Krankheit in % aller Leitenden Angestellten [1]

	Unternehmen mit ... Beschäftigten					
Insgesamt	bis 99	100–249	250–499	500–999	1000–5000	5000 und mehr
47	23	40	43	50	32	27

1 Kienbaum Gehaltsstrukturuntersuchung Leitende Angestellte 1973 Gummersbach.

20 Vgl. Beratungs-GmbH für Altersversorgung, a.a.O., S. 103 ff.
21 Vgl. Beratungs-GmbH für Altersversorgung, a.a.O., S. 90 f.

Bei Arbeitern und Angestellten ohne Vorgesetztenfunktion wird allerdings nur in jedem 7. Fall eine solche großzügige Regelung getroffen. Es gibt aber auch schon tarifvertragliche Regelungen. Eine besonders günstige Regelung sieht z. B. der »Manteltarfvertrag für das private Bankgewerbe« vor, der hier in Auszügen wiedergegeben ist:

Krankengeldzuschuß

1. Arbeitnehmer, die ohne ihr Verschulden infolge Krankheit oder Unfall länger als 6 Wochen an der Dienstleistung verhindert sind, erhalten wenn sie dem Betrieb mindestens 5 Jahre angehören, im Anschluß an die gesetzliche sechswöchige Gehalts- bzw. Lohnfortzahlung den Unterschiedsbetrag zwischen ihrem Nettogehalt und dem Krankengeld aus der gesetzlichen Krankenversicherung bzw. dem Verletztengeld aus der gesetzlichen Unfallversicherung bzw. dem Übergangsgeld aus der gesetzlichen Rentenversicherung (im folgenden kurz »Krankengeldzuschuß« genannt).
2. Als Krankengeld aus der gesetzlichen Krankenversicherung wird bei allen Arbeitnehmern der durch § 182 Abs. 4a RVO bestimmte Betrag zugrunde gelegt, bei nichtkrankenversicherungspflichtigen Angestellten berechnet nach dem höchsten beitragspflichtigen Arbeitsentgelt.
3. Bei der Feststellung des Nettogehaltes ist von dem Bruttomonatsgehalt auszugehen, das dem Arbeitnehmer zustehen würde, wenn er nicht erkrankt wäre. Davon sind die Steuern und gesetzlichen Sozialversicherungsbeiträge abzuziehen, die alsdann einzubehalten wären. Bei nicht krankenversicherungspflichtigen Angestellten, die sich bei einer gesetzlichen Krankenkasse freiwillig versichert haben, ist außerdem die Hälfte ihres Krankenkassenbeitrages, höchstens jedoch die Hälfte des AOK-Beitrages, abzuziehen.
4. Auf den Krankengeldzuschuß etwa entfallende Steuern sind von den Arbeitnehmern zu tragen.
5. Der Krankengeldzuschuß wird bei einer Betriebszugehörigkeit
von mehr als 5 bis 10 Jahren für die Dauer von 7 Wochen
von mehr als 10 bis 15 Jahren für die Dauer von 20 Wochen
von mehr als 15 bis 25 Jahren für die Dauer von 33 Wochen
von mehr als 25 Jahren für die Dauer von 46 Wochen gezahlt (22).

Probleme kann es noch geben bei besonders teuren Heilverfahren, die die entsprechende Krankenkasse nicht oder nicht voll übernimmt. In diesem Fall kann der Arbeitgeber durch Unterstützungen helfen:
»Unterstützungen privater Arbeitgeber gehören nicht zum steuerpflichtigen Arbeitslohn, wenn sie dem Anlaß nach gerechtfertigt sind (z. B. in Krankheits- und Unglücksfällen), und

aa) aus einer Unterstützungs-(Hilfe-)Kasse gewährt werden, die mit eigenen Mitteln des Arbeitgebers geschaffen wurde, aber von ihm unabhängig und mit ausreichender Selbständigkeit ausgestattet ist;
bb) aus Beträgen gezahlt werden, die der Arbeitgeber dem Betriebsrat für diese Zwecke überweist;

22 Bund Verlag 1972, S. 12 f.

cc) vom Arbeitgeber selbst erst nach Anhörung des Betriebsrates gewährt werden. Ohne Gehör des Betriebsrates wurde die Steuerfreiheit anerkannt, wenn eine Krankheitsbeihilfe nach den im öffentlichen Dienst geltenden Grundsätzen gewährt wurde (EFG 1967, S. 390).

Die Steuerfreiheit geht im allgemeinen nur bis zum Betrage von 600 DM im Kalenderjahr; darüber hinaus nur, wenn sie aus Anlaß eines besonderen Notfalls gewährt werden. Bei der Beurteilung hierüber sind auch die Einkommensverhältnisse und der Familienstand des Arbeitnehmers zu berücksichtigen.« (23)
Gleichzeitig ist es möglich, durch Verschickungsbeihilfen (bei bedürftigen Arbeitnehmern steuerfrei) oder Erholungsbeihilfen (evtl. pauschalierte Lohnsteuersätze von 20 % möglich) größte Not zu reduzieren (24).

2.33 Gruppenunfallversicherungen

Der Abschluß einer Gruppenunfallversicherung ergänzt und erweitert die Absicherung vor unerwarteten Belastungen und kann in manchen Fällen sogar als Alterssicherung angesehen werden. Sie ist noch mehr als die betriebliche Versorgungszusage ein Schutz gegen das Ungewisse, gegen den bösen Zufall.
Dabei ist der Abschluß einer Unfallversicherung speziell für junge Mitarbeiter bedeutungsvoll. Ihr Risiko durch Krankheit vorzeitig arbeits- und berufsunfähig zu werden, ist nicht sehr hoch; dagegen ist die Gefahr, durch Verkehrs-, Sport- oder anderen Unfall Dauerschäden davonzutragen, statistisch schon beachtlich. Außerdem sind in diesem Fall die Leistungen der staatlichen Rentenversorgung noch gering.
Besonders für Arbeitnehmer mit häufigen Dienstreisen und für Führungskräfte hat die Unfallversicherung besondere Bedeutung. Die niedrigen Kosten für den Arbeitgeber und der hohe Sicherheitseffekt für den Begünstigten lassen den generellen Abschluß für alle Beteiligten vorteilhaft erscheinen.
Obwohl eine komplette Unfallversicherung auch die Zahlung von Krankentagegeldern einschließt, wird das vertraglich meist ausgeschlossen, weil im Normalfall eine ausreichende Krankenversicherung vorhanden ist. Deshalb bleibt überwiegend nur die Deckung des Todes- und Invaliditätsrisikos. Aus den Erfahrungen der Versicherungen erscheint eine Leistung von 1 : 3 optimal, das heißt im Todesfall zum Beispiel von 20 000 DM und im Invaliditätsfall von 60 000 DM. Das würde dann je nach der Zahl der eingeschlossenen Arbeitnehmer und der Laufzeit der Versicherung eine Jahresprämie von 50–80 DM bedeuten.
Die Versicherungen staffeln die Beitragsleistungen sehr stark nach der Zahl der in der Gruppe zu versichernden Personen. Folgende Abschläge sind üblich:

3– 5 Personen	./. 10%
6– 20 Personen	./. 15%
21– 100 Personen	./. 20%
101– 500 Personen	./. 25%
501–1000 Personen	./. 30%
über 1000 Personen	./. 35%

23 Reyer, a.a.O., S. 51.
24 Einzelheiten der steuerlichen Behandlung ebenfalls bei *Reyer*, a.a.O., S. 51 f.

Gezahlt wird im Falle eines beruflichen und privaten Unfalles weltweit, mit Ausnahme von Unfällen, die durch die Ausübung besonders gefährlicher Tätigkeiten eintreten können.
Die Besteuerung kann individuell geschehen. Viele Arbeitgeber übernehmen aber auch die Steuern, wobei sich die Finanzämter nach Vereinbarung oft mit pauschal 10 % zufriedengeben. Die Gruppenunfallversicherung ist ein gutes Beispiel für ein optimales Verhältnis zwischen geringem betrieblichen Aufwand und hohem Nutzeffekt für den Arbeitnehmer.
Beim individuellen Abschluß eines entsprechenden Vertrages wäre die Versicherungsprämie ca. doppelt so hoch und die Leistung im Versicherungsfall eventuell sogar geringer.

2.34 Sozialplan und Rationalisierungsschutzabkommen

Alle Maßnahmen zum Ausgleich oder zur Minderung von wirtschaftlichen Nachteilen, die durch Betriebsänderungen entstehen, werden unter dem Begriff »Sozialplan« zusammengefaßt. Zwischen Unternehmer und Betriebsrat muß nach dem Betriebsverfassungsgesetz (§§ 111–113) Einigung über den Inhalt dieses Sozialplanes bestehen, Einzelheiten über die Verfahrensweise bei Nichtzustandekommen der Einigung sind ebenfalls im Gesetz festgelegt.
Prinzipiell ist der Sozialplan der Form nach eine Betriebsvereinbarung und dem Charakter nach eine Sozialleistung, die besonders dem sozial schwachen und dem älteren Arbeitnehmer helfen soll.
Der Inhalt der Sozialpläne ist zum Teil recht umfangreich und vielseitig. Im Vordergrund steht dabei der Ausgleich von Nachteilen, die sich aus Entlassungen ergeben. Schwerpunkt ist meist die Zahlung einer Abfindung. Da im Kündigungsschutzgesetz die Zahlung bis zu 18 Monatsgehältern bzw. -löhnen vorgesehen ist, versuchen die Gewerkschaften bzw. der Betriebsrat, eine ähnlich umfassende Regelung zu erreichen. Die Abfindungshöhe sollte auf jeden Fall nach dem Alter bzw. der Betriebszugehörigkeit gestaffelt sein, wobei im Einzelfall auch die voraussichtliche Chance, kurzfristig eine neue Arbeitsstelle zu finden, eine Rolle spielen sollte.
Abfindungen sind in diesem Fall nach § 3 des Einkommensteuergesetzes steuerfrei. Neben den Abfindungen werden noch eine ganze Anzahl anderer Probleme geregelt werden müssen. Dazu gehören u. a. die Erhaltung der Anwartschaft auf betriebliche Altersversorgung bzw. sogar die vorzeitige Gewährung der Leistungen.
Wichtig ist im Einzelfall, welche Regelung für die Werkswohnungen gilt und wie die Rückzahlung gewährter Arbeitgeberdarlehen vor sich gehen soll. Es sollte festgelegt werden, ob und wann gewöhnlich gezahlte Sonderleistungen (Weihnachts- und Urlaubsgeld, 13. Monatsgehalt oder auch bevorstehende Jubiläumsgelder) gezahlt werden. Geregelt sollten auch folgende Punkte sein:

- Übernahme der Kosten, die mit der Suche nach einem neuen Arbeitsplatz verbunden sind
- Übernahme der finanziellen Nachteile, die sich aus einer evtl. notwendigen Umschulung ergeben, natürlich unter Anrechnung der Leistungen, die sich aus dem Arbeitsförderungsgesetz ergeben

- Übernahme des Verdienstausfalles bei evtl. künftiger Minderentlohnung
- Konsequenzen bei evtl. längerer Arbeitslosigkeit
- Schaffung eines Härtefonds, der in gemeinsamer Verwaltung von Betriebsrat und Unternehmensführung im Einzelfall auch nach Betriebsstillegungen noch Leistungen gewähren kann.

Mehr als bei bisher bekanntgewordenen Fällen von Betriebsstillegungen sollte überlegt werden, wie es möglich ist, ganze Arbeitsgruppen und möglichst viele andere Arbeitnehmer im gegenseitigen Interesse in nicht stillgelegte Unternehmensteile umzulenken. Die damit verbundenen Maßnahmen sollten auch im Sozialplan fixiert werden. Dabei kann es u. a. um folgende Probleme gehen:

- Festlegung, wer, wann und wo umgesetzt bzw. neu eingestellt werden kann
- Übernahme der Umzugskosten, wenn mit der Umsetzung ein Wechsel in einen anderen Ort verbunden ist
- Bezahlung von Trennungsentschädigungen in angemessener Höhe, solange ein Umzug nicht möglich ist oder bei zeitlich begrenzter Abordnung
- Festlegungen über evtl. Umschulungsmaßnahmen

Eventuelle ähnliche Probleme wie bei einer Betriebsschließung ergeben sich für kleinere und größere Arbeitnehmergruppen bei Rationalisierungen. Seit Beginn der sechziger Jahre bemühen sich die Gewerkschaften deshalb um mehr Schutz vor negativen Folgen des technischen Fortschritts. Diese Anstrengungen der Arbeitnehmerseite haben sich gelohnt. Bereits Mitte 1972 waren Abkommen für über acht Millionen Beschäftigte abgeschlossen.
Im allgemeinen ist ein Teil der Abmachungen ähnlich wie bei Sozialplänen:

»(1) Bei geplanten Rationalisierungsmaßnahmen von größerer Bedeutung soll der *Betriebsrat* davon *unterrichtet* und mit ihm die sozialen Auswirkungen beraten werden.

(2) Bei *Umsetzung*en an einen niedriger bewerteten Arbeitsplatz, die infolge von Rationalisierungsmaßnahmen erforderlich werden, bestanden die Leistungen bisher im allgemeinen in der stufenweisen Herabsetzung des alten höheren Verdienstes während eines Zeitraums von sechs Monaten. Einige neuere Verträge – darunter auch die für den öffentlichen Dienst – vereinbaren für die Fortzahlung des alten höheren Verdienstes keine feste zeitliche Beschränkung mehr, sondern nehmen den umgesetzten Arbeitnehmer solange von allgemeinen Lohnerhöhungen aus, bis der Lohn für die niedriger bewertete Tätigkeit auf die Höhe des fortgezahlten Lohnes angestiegen ist.

(3) Während der *Umschulung* für eine andere Tätigkeit im gleichen Betrieb wird im allgemeinen bis zu 6 Monaten der bisherige Arbeitsverdienst fortgezahlt. Die Kosten der Umschulung trägt der Arbeitgeber.

(4) Sind infolge von Rationalisierungsmaßnahmen Entlassungen notwendig, so schützen die Abkommen die Arbeitnehmer durch *verlängerte Mindestkündigungsfristen,* die nach Lebensalter und Betriebszugehörigkeit gestaffelt sind. Außerdem werden bei Entlassungen Geldabfindungen gezahlt, wobei die neueren Abkommen entweder geringere Anspruchsvoraussetzungen hinsichtlich Betriebszugehörigkeit

und Lebensalter verlangen oder bei gleichen Voraussetzungen großzügigere Leistungen festlegen. Wurde im allgemeinen bisher ein Lebensalter von 45 Jahren und eine Betriebszugehörigkeit von zehn Jahren vorausgesetzt, wird nunmehr in einigen Tarifverträgen nur noch ein Alter von 35 Jahren und 10 Jahre Betriebszugehörigkeit oder nur eine Betriebszugehörigkeit von zehn Jahren ohne Rücksicht auf das Lebensalter verlangt. Die Höhe der Abfindungen beträgt im allgemeinen 6 bis 9 Monatseinkommen; in einigen Bereichen – so auch im öffentlichen Dienst – werden bis zu 12 Monatseinkommen gezahlt.

(5) Für ältere Arbeitnehmer, die ein bestimmtes Lebensalter (55 bis 60 Jahre) erreicht und dem Betrieb mindestens 10 bis 25 Jahre angehört haben, soll eine *Kündigung nicht erfolgen.*

(6) Die Rationalisierungsschutzabkommen verpflichten die Arbeitnehmer, alle ihnen gesetzlich zustehenden Leistungen zu beantragen, die dann den Leistungen aus den Abkommen vorgehen bzw. darauf anzurechnen sind (ausgenommen Arbeitslosengeld).« (25)

Man muß diesen Abkommen bescheinigen, daß sie die soziale Unsicherheit reduzieren können, die in unserer Gesellschaftsordnung doch immer noch oft im Mittelpunkt steht. Im Unterschied zu den meisten Sozialplänen wirken sie auch in der Hinsicht prophylaktisch, daß der Unternehmer schon, bevor er eine Rationalisierungsmaßnahme plant, die sozialen Folgekosten recht genau abschätzen kann.
Die Gefahr besteht allerdings darin, daß der Marktmechanismus auf dem Gebiet der Arbeitskräfte auf die Dauer gestört wird. Die in einigen Bereichen (26) schon bestehende Unmöglichkeit der Kündigung, und das ist ein extrem funktionierender Rationalisierungsschutz, kann in der langfristigen Folge dazu führen, daß notwendige Strukturänderungen nicht oder nicht mehr schnell und umfassend genug durchgeführt werden können und dadurch die Leistungsfähigkeit der Wirtschaft gemindert wird.

2.4 Alters- und dienstzeitabhängige Leistungen

2.41 Urlaub

Auch die Urlaubsgewährung ist keine direkte Zusatzleistung mehr. Das Recht auf Urlaub ist im Bundesurlaubsgesetz verankert und in vielen Tarifverträgen spezifiziert, und zum großen Teil gegenüber dem Bundesurlaubsgesetz wesentlich verbessert. Ebenso wie die Tariflöhne und -gehälter nicht den Effektivgehältern entsprechen, ist auch der Tarifurlaub als Minimum anzusehen, der effektiv in den meisten Fällen überschritten wird. Die neueste Kienbaum Gehaltsstrukturuntersuchung für Datenverarbeitung hat zwar den Urlaubsanspruch nur für eine bestimmte Kategorie von Angestellten untersucht, gibt aber durch die Zusammenfassung der Angaben von mehr als 700 Unternehmen einen recht guten Überblick über die Durchschnittsurlaubslängen.

25 Arbeitsrechtsblattei, Stuttgart vom 15. 8. 1972 (5152. Rationalisierungsschutzabkommen).
26 Beamte, Angestellte im öffentlichen Dienst, Beschäftigte in kommunalen Versorgungsunternehmen u.ä.

Durchschnittsurlaub (in Werktagen) von Beschäftigten in der Datenverarbeitung

(ohne Führungskräfte)

Altersgruppe	Durchschnittsurlaub in Werktagen
bis unter 30 Jahre	22,0
30 bis unter 35 Jahre	23,7
35 bis unter 40 Jahre	26,6
40 bis unter 45 Jahre	26,7
45 bis unter 50 Jahre	26,3
50 bis unter 55 Jahre	26,5
55 bis unter 60 Jahre	26,9
60 bis unter 65 Jahre	27,7
Alle Altersgruppen	24,7

Damit liegen die deutschen Arbeitnehmer schon recht gut im internationalen Rahmen. Weitaus günstiger kommen noch die westdeutschen Beamten weg: (27)

Urlaubsklasse	Besoldungsgruppe	Altersabteilung 1 bis zum vollendeten 30. Lebensjahr Werktage	Altersabteilung 2 bis zum vollendeten 40. Lebensjahr Werktage	Altersabteilung 3 über 40 Jahre Werktage
A	A 1 bis A 6	18	22	27
B	A 7 bis A 10	20	24	30
C	A 10a bis A 14a	22	27	32
D	A 15 und darüber	25	32	36

Dazu können bis zu 6 Tage Zusatzurlaub kommen, wenn der Urlaub in der Zeit zwischen dem 1. November und dem 31. März genommen wird.

Mit den höchsten tariflichen Urlaubsanspruch haben die Lufthansaangehörigen. Das fliegende Personal erhält bereits im Normalfall je nach Alter 27 bis 39 Kalendertage. Sie werden aber wesentlich übertroffen durch den Urlaubsanspruch von Seeleuten, der zur Zeit allgemein drei Monate beträgt, aber durch viele Überstunden und durchgearbeitete Wochenenden an Bord teuer erkauft ist.

Bei der Betrachtung der zukünftigen Entwicklung des Urlaubs sollten verschiedene Aspekte beachtet werden.

Dabei ist entscheidend, daß – wenn der jetzige Lebensstandard gehalten werden soll – gesamtwirtschaftlich die Produktivität steigen muß, damit der Urlaub ausgedehnt werden kann. Dabei ist, das beweist die Vergangenheit, die Urlaubsverlängerung immer nur eine Alternative. Im Prinzip gibt es folgende andere Varianten:

27 Beispiel Nordrhein-Westfalen.

- Verkürzung der »Lebensarbeitszeit« des Einzelnen durch späteren Eintritt in den Arbeitsprozeß und/oder frühere Pensionierung
- Verkürzung der täglichen Arbeitszeit
- Verringerung der Arbeitstage pro Woche oder Monat

Obwohl die Bundesrepublik (nach der UdSSR und Frankreich aber weit vor den USA) schon in der Spitzengruppe der »Urlaubsländer« liegt, deutet alles darauf hin, daß Arbeitszeitverkürzungen in Praxi oft Urlaubsverlängerung bedeuten werden. Eine Verkürzung der täglichen Arbeitszeit bringt für das Unternehmen, aber auch für den Arbeitnehmer, keine entscheidenden Vorteile. Die Umstellung auf eine variable Arbeitszeit bringt meist mehr Zeitgewinn und eine bessere Freizeitnutzung als 15 bis 30 Minuten weniger Arbeitszeit pro Tag.

Die 4-Tage-Woche erscheint zwar attraktiv, der damit zur Zeit meist verbundene 10-Stundentag ist jedoch arbeitsmedizinisch, soziologisch und auch ökonomisch keine glückliche Lösung, wie die meisten Versuche in kleineren Betrieben gezeigt haben. Lediglich die allmähliche Reduzierung der Arbeitszeit an einem bestimmten Arbeitstag – zum Beispiel am Freitag – ist eine Möglichkeit, obwohl dadurch die Relation Arbeitszeit zu Arbeitsweg verschlechtert wird.

Die Reduzierung der Pensionsgrenze ist dagegen eine Tendenz, die unaufhaltsam erscheint. Sie ist durch das Unternehmen teilweise nicht zu beeinflussen, weil gesetzliche Maßnahmen, die vor allem auf die Rentenzahlung Einfluß nehmen, notwendig sind. Andererseits sind viele Unternehmen schon immer aktiv geworden. Bekannt ist die alters- oder krankheitsbedingte Pensionierung zum Teil auch im Zusammenhang mit Umstrukturierungen oder Fusionen. In diesen Fällen werden dann sehr oft hohe Abfindungen (vgl. Abschnitt 2,43) gezahlt, besonders wenn durch langfristige Arbeitsverträge die Zustimmung beider Partner zur Lösung derselben notwendig ist.

Andere Unternehmen schaffen – parallel zu den Bestimmungen der flexiblen Altersgrenze – die Möglichkeit, die betriebliche Zusatzpension vorzeitig zu gewähren (vgl. Abschnitt 2.31). Immer mehr Unternehmen zahlen aber, soweit die Bedingungen für die flexible Altersgrenze noch nicht vorhanden oder die Leistungen der staatlichen Renten zu niedrig sind, einen freiwilligen Ausgleich; manchmal bis zur Höhe des letzten Bruttoeinkommens. Gleichzeitig ist aber fast noch stärker die Tendenz zu verspüren, ältere Arbeitnehmer – vor allem auch im Angestelltenbereich – über das 65. Lebensjahr hinaus zu beschäftigen, falls sie dazu in der Lage und bereit sind, und das Unternehmen Wert darauf legt.

Wir glauben deshalb, daß die Prognosen einiger Futurologen nicht eintreffen werden, die eine generelle Pensionsvorverlegung auf 60 Jahre für Männer und auf 55 Jahre für Frauen voraussagen. Längere und qualifiziertere Ausbildung, höhere Lebenserwartung und nach wie vor ein hoher Fehlbedarf an Arbeitskräften, werden die starren Pensionsgrenzen immer mehr aufweichen. Die Unternehmen sollten sich darauf einstellen, daß sich – zumindest in den nächsten 10 Jahren – kürzere Arbeitszeiten vor allem in mehr Urlaub niederschlagen. Die Deutsche Angestellten-Gewerkschaft forderte bereits 1972 für über 45jährige 6 Wochen bezahlten Urlaub und in vielen Tarifverträgen der letzten Zeit ist vereinbart, die Urlaubsdauer schrittweise und gestaffelt nach Alter zu erhöhen. Ein Gutachten prognostiziert bereits für das Jahr 1980 einen Durchschnittsurlaub von 8 Wochen und einen weiteren zusätzlichen Bildungsurlaub von 4 Wochen alle 4 Jahre.

Dabei nehmen die Autoren an, daß die Hälfte aller Arbeitnehmer über das 60. Lebensjahr hinaus arbeitet und 50 % aller Jugendlichen über eine dann 10jährige Grundschulzeit hinaus eine höhere Schule besuchen werden. Dabei ist weiterhin vorausgesetzt, daß die Wochenarbeitszeit praktisch nicht erhöht, aber alle 4 Jahre ein einmonatiger Bildungsurlaub gewährt wird (vgl. auch Abschnitt 2.85).
Man geht sicherlich nicht fehl, wenn man annimmt, daß auch in Zukunft das einzelne Unternehmen einen gewissen Spielraum für betriebsinterne Urlaubsregelungen haben wird oder sich schaffen sollte. Wir haben Fälle erlebt, in denen Arbeitsverträge wegen ein oder zwei nicht gewährten Urlaubstagen »geplatzt« sind. Nicht nur diese Extremfälle unterstreichen, daß der Urlaub einen hohen Stellenwert im Bewußtsein des Arbeitnehmers hat, und einige Tage übertariflicher Urlaub häufig als wichtiger angesehen werden als ein höheres Gehalt oder andere Zusatzleistungen. Ohne daß ausreichend fundierte Untersuchungsergebnisse zur Verfügung stehen, kann auch angenommen werden, daß mehr Urlaub zugleich auch weniger Krankheitstage bedeutet. Einige Unternehmen gewähren mit gutem Erfolg auf der anderen Seite sogar Zusatzurlaub, wenn Beschäftigte nicht oder nur wenig gefehlt haben. Wir glauben, daß das günstiger ist als eine Anwesenheitsprämie in Geldform zu gewähren (vgl. Abschnitt 2.86).
Das Unternehmen muß einschätzen, wieviel Urlaub für seine Belegschaft es sich »leisten« kann, wobei sicherlich eine betriebswirtschaftlich genaue Prüfung des Problems recht schwierig zu realisieren ist.
Ein anderes Problem ist, nach welchen Kriterien »Zusatzurlaub« gewährt werden sollte (28). Es bietet sich an wahlweise eine Staffelung nach dem Lebensalter, dem Dienstalter oder der Position. Eine Ideallösung ist sicher nicht möglich. In einer betrieblichen Urlaubsordnung sollten genaue Festlegungen getroffen und zu starke individuelle Regelungen vermieden werden.
Zusätzliche Urlaubstage als Belohnung für Betriebstreue, außergewöhnliche Leistungen und Anspannungen können sicherlich günstig auf die Einstellung des Arbeitnehmers zum Unternehmen wirken. Die Fluktuation können sie jedoch kaum reduzieren, weil die besonders fluktuationsgefährdeten neuen Mitarbeiter meist nur den Mindesturlaub haben.
Ein nach dem Lebensalter gestaffelter Urlaub entspricht dagegen im wesentlichen den arbeitsmedizinischen Anforderungen und trägt dem längeren Erholungsbedürfnis älterer Mitarbeiter Rechnung.
Eine zu starke Staffelung des Urlaubs nach der Position erscheint nicht zeitgemäß. Trotzdem sollten Unterschiede aus sachlichen Gründen gemacht werden. Zum Beispiel erscheint es sinnvoll, Leitenden Angestellten, die nach verschiedenen soziologischen Untersuchungen im Wochendurchschnitt fast immer länger als 55 Stunden arbeiten und dafür keine Mehrbezahlung erhalten, einen gewissen Ausgleich durch Mehrurlaub zu geben.
Die bisherigen Effektivurlaubszeiten dieser Gruppen erscheinen in diesem Zusammenhang recht knapp bemessen (vgl. Abschnitt 2.74).
Betriebswirtschaftlich fast immer günstig wird es sein, wenn für das Urlaubnehmen in Monaten, die als ungünstige Zeiträume gelten, Zusatzurlaub gewährt wird. Die Bedeu-

28 Unberücksichtigt bleibt bei unseren Überlegungen der Zusatzurlaub, der gesetzlich geregelt ist – zum Beispiel für Schwerbeschädigte, Jugendliche usw.

tung dieser Maßnahme wird deutlich, wenn man sich die typische Urlaubskonzentration in einem durchschnittlichen Unternehmen anschaut:

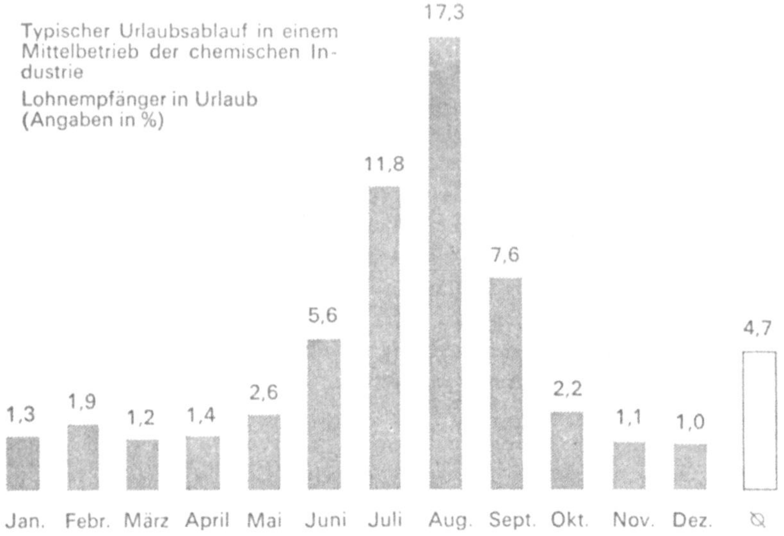

Die extreme Alternative zu ungünstigen Urlaubskonzentrierungen bietet der geschlossene Urlaub ganzer Unternehmen, das heißt Betriebsferien. Fast ein Drittel aller Beschäftigten kommt in den Genuß dieser Form des Kollektivurlaubs, wobei technologische Argumente bei der Einführung fast immer entscheidend gewesen sind. Über die komplizierte (auch psychologisch-soziologische) Problematik soll hier nichts gesagt werden (29).

Letztendlich wird bei einer betrieblichen Urlaubsordnung entscheidend sein, daß der Arbeitnehmer merkt, daß es sich um eine echte Zusatzleistung handelt, die großzügig und gerecht gehandhabt wird. Dabei spielt wiederum die Konkurrenzsituation auf dem Arbeitsmarkt eine Rolle. Die Anregung, immer etwas mehr Urlaub zu gewähren als der Nachbarbetrieb, wie sie manchmal gegeben wird, erscheint dagegen demagogisch und sicher auch im Endeffekt ungünstig für alle Beteiligten.

2.42 Jubiläen

Im Ablauf menschlichen Lebens spielen Intervalle und Rhythmen, die mit Terminen versehen und gefeiert werden, eine nicht unwesentliche Rolle. Dabei dürfte es nicht ganz leicht sein, eine exakte Begründung dafür zu geben, warum nun gerade bestimmte Lebensdaten wie 25, 40 oder 50 bzw. 65 besonders herausgehoben werden. Es geht in hohem Maße um emotionelle Fragen, die weltweit ohne Abhängigkeit von gesellschaftlichen Systemen zumindest für einen Teil dieser Rhythmuszahlen feststellbar sind.

29 Vgl. aber *Messedat*, Betriebsferien: Vor- und Nachteile in Der Arbeitgeber 4/1966, S. 89 f. und Schmelzer, Zur Rechtslage bei Betriebsferien, in Der Betriebs-Berater 24/1968, S. 998 ff.

Daß sich diese Mythik und Mystik der »Dekadenzahlen« auch im Sozialgebilde Unternehmen fortsetzt, erscheint selbstverständlich. Es ist deshalb ein Verstoß gegen »die allgemeine Erwartung«, wenn ein solcher Tag nicht beachtet und beispielsweise ein Arbeitsplatz zum 25-, 40- oder 50jährigen »Arbeitsjubiläum« oder zum 50., 60. oder 65. Geburtstag nicht geschmückt wird.
Auf diesem Hintergrund muß man die Erwartungen und Wünsche sehen, die von seiten der Arbeitnehmer an die Arbeitgeber gestellt werden. Die Erfüllung des Wunsches nach persönlicher Anerkennung und Erwiderung erwartet der Arbeitnehmer vom Unternehmen. Dabei kommt es nicht immer auf die absolute Höhe des »Jubiläumsgeschenkes« an als vielmehr darauf, daß aus ihm echt zu erkennen ist, daß die Firma oder seine unmittelbaren Vorgesetzten sich mit ihm als Person und seinen Erwartungen befaßt haben und er im Vergleich zu anderen nicht schlechter behandelt wird.
Die Jubiläumsgabe, gleich aus welchem Anlaß sie gewährt wird, ob wegen eines sogenannten »runden« Geburtstages oder einer 10-, 25-, 40- oder 50jährigen Betriebszugehörigkeit, wird damit zum Anlaß und Ausdruck eines persönlichen Verhältnisses in dieser sonst so nüchternen und sachlichen Welt. Weil dies der Fall ist, werden solche Ereignisse einerseits, die Art der Handhabung und Durchführung ihrer äußeren Bestätigung andererseits nicht selten auch zum Angriffspunkt, wenn die Gegensätzlichkeit zwischen Arbeitnehmer und Arbeitgeber betont werden soll.
Wesentlich ist im Rahmen der Behandlung von Jubiläen eine weitgehende Gleichstellung der Mitarbeiter. Hier geht es vor allem darum, den Menschen als Persönlichkeit anzusprechen und anzuerkennen, und nicht vorrangig um die von ihm für das Unternehmen erbrachte Leistung. Dies gilt ganz besonders für alle Jubiläen, die zum persönlichen Lebensbereich gehören, also beispielsweise Geburtstage, Silberhochzeiten u. ä.
Bei den Jubiläen anläßlich einer bestimmten Dauer der Betriebszugehörigkeit handelt es sich ausgesprochen oder unausgesprochen um ein Doppeltes. Es ist einmal die Tatsache der Betriebstreue von seiten des Mitarbeiters. Sicherlich kann man in manchen Fällen auch von der Betriebstreue des Unternehmens sprechen, das sich von dem Mitarbeiter nicht getrennt hat, bevor der Jubiläumszeitpunkt eintrat. Neben der Betriebstreue von seiten des Arbeitnehmers wird im Rahmen des Jubiläumsgedenkens der Nutzen zu kennzeichnen sein, den zwar beide Partner, insbesondere aber das Unternehmen aus der langjährigen Verbindung gezogen hat und zieht, wobei sicherlich das spezielle Können und Wissen des Mitarbeiters für das Unternehmen zu werten ist. Den Nutzen für den Mitarbeiter wird man nicht nur auf das Jubiläum beziehen; er findet in der möglichen späteren Altersversorgung einen über das Jubiläum hinausgehenden Nutzen (siehe Abschnitt 2.31, Altersversorgung).
Die möglichen Formen und Arten der Jubiläumsauszeichnung sind außerordentlich unterschiedlich und hängen unter anderem ab von landschaftlichen Sitten und Gebräuchen, von zufällig einmal eingeführten und dann beibehaltenen Formen bis zu echtem Bemühen, dem besonderen Fall auch mit besonderen Formen zu entsprechen. Dabei haben es große Betriebe sicherlich sehr viel schwerer, diesen betont persönlichen Engagements zu entsprechen als kleinere und mittlere. Die Großen können auch hier auf ein gewisses allgemeines Reglement nicht verzichten, und es kommt dann sehr darauf an, was, wenn ihnen dazu im Rahmen der allgemeinen Regeln wenigstens die Möglichkeit dazu eingeräumt wird, die unmittelbar mit der Abwicklung befaßten Vorgesetzten und Stellen daraus machen.

Die einfachste Form des Jubiläumsgedenkens ist der schriftliche, aber persönlich gehaltene Glückwunsch. Er hat sich im allgemeinen jedoch nicht bewährt und schadet in dieser Form eher als er nützt, wenn er lediglich als gedruckte Karte mit faksimilierter Unterschrift zum Versand kommt. Nach dem Motto »Kleine Geschenke erhalten die Freundschaft« werden manche Gegenstände zu Jubiläen kleinerer Art ausgegeben wie Pralinen, Cognac, Bücher, Firmenprodukte u. ä. Sie haben mehr Symbolcharakter und kommen nur dann zur Wirkung, wenn die Art und Form der Übergabe der Bedeutung des Ereignisses entspricht.

Der Staat selbst hat in seiner Steuergesetzgebung sowohl den Grundsatz der Gleichbehandlung wie den der angemessenen Höhe fixiert, wobei man sicherlich erwarten darf, daß über kurz oder lang im Rahmen der allgemeinen Entwicklung eine Überprüfung der heute gültigen Höchstsätze für Jubiläumsgeschenke erfolgt.

Nach § 5 LStDv (§ 3 Ziff. 52 EStG), Abschn. 10a LStR sind Jubiläumsgeschenke des Arbeitgebers an seine Arbeitnehmer in Geld- oder Sachwerten aus Anlaß eines Arbeitnehmer-Jubiläums unter der Voraussetzung steuerfrei, daß sie folgende Beträge im einzelnen nicht übersteigen:

Bei einem 10jährigen Jubiläum	bis DM 600,–
Bei einem 25jährigen Jubiläum	bis DM 1200,–
Bei einem 40jährigen Jubiläum	bis DM 1800,–
Bei einem 50- oder 60jährigen Jubiläum	bis DM 2400,–

Ferner muß der Arbeitgeber bei der Berechnung der Dienstzeit oder der Vergabe aus sonstigem Jubiläumsanlaß nach einheitlichen Grundsätzen verfahren und die Vergabe in einem zeitlichen Zusammenhang mit dem Ereignis stehen (30).

Selbstverständlich kann das Unternehmen auch höhere Zuwendungen anläßlich von Jubiläen zukommen lassen. Diese sind dann aber, soweit sie obige Beträge übersteigen, zu versteuern. Ob der Beschenkte darüber immer sehr glücklich ist, insbesondere wenn vorher nicht mit ihm darüber gesprochen wurde, muß bezweifelt werden. Dies gilt insbesondere für Sachgeschenke, während bei Gelddotationen die nominelle Summe dann so hoch angesetzt werden muß, daß nach Abzug der Steuern noch die beabsichtigte Nettozahlung übrig bleibt. Insgesamt bestimmt also das Finanzamt in hohem Maße, was gemacht werden darf oder soll, ohne daß hier darauf eingegangen wird, inwieweit dies berechtigt ist oder nicht.

Neben der individuellen Auszeichnung und der Einzelfeier spielen vor allem in Unternehmen mit langer Geschichte und hohem Traditionsbewußtsein Jubiläumsfeiern eine große Rolle. Sie sind sicherlich ursprünglich aus in bestem Sinne patriarchalischen Vorstellungen gewachsen, haben aber im Laufe der Jahrzehnte auch einen so festen Platz im Rhythmus der Unternehmen gefunden, daß man auf sie einfach nicht verzichten kann, wenn man nicht einen schweren Stilbruch im Image der Firma begehen will.

Man sollte natürlich nicht übersehen, daß bei bestimmten Größenordnungen der Unternehmen und über 50jährigem Bestehen die Zahl der Jubilare und der Anlässe zur Jubilarehrung so groß wird, daß die zeitliche Beanspruchung der oberen Führungskräfte, die in solchen Fällen in Aktion treten müssen oder müßten, nicht mehr vertret-

30 Vgl. *Reyer, R.*, »Gratifikationen, Tantiemen, Sonderzulagen, Neuwied–Berlin 1972, S. 59.

bar ist. So erscheint die ein- oder zweimalige Jubilarsehrung ein unvermeidbarer Kompromiß. Selbst der Gesetzgeber hat darauf Rücksicht genommen, indem er festlegte, daß die bei solchen Anlässen auszugebenden Geschenke – deren steuerfreie Höhe oben angegeben wurde – auch dann steuerfrei bleiben, wenn sie bei den Arbeitnehmerjubiläen anläßlich einer Betriebsfeier zu Ehren aller Jubilare innerhalb von 12 Monaten nach dem Jubiläum ausgegeben werden.
Die Aufwendungen für solche Feiern, wenn sie einen vertretbaren Rahmen nicht überschreiten, sind Betriebsausgaben des Unternehmens. Das gleiche gilt umgekehrt, wenn das Unternehmen sein eigenes Jubiläum feiert und dazu Mitarbeiter und Gäste einlädt. Daß bei einem solchen Anlaß außer der Feier auch Geld- und Sachzuwendungen gewährt werden, ist nicht unüblich, vielmehr erwarten die Mitarbeiter es.
Inhalt und Ablauf solcher Feiern sind außerordentlich unterschiedlich und manchmal umstritten. Je größer der Kreis der Teilnehmer wird, um so neutraler und unpersönlicher wird im allgemeinen Rahmen und Ablauf der Veranstaltung. Es bedarf damit schon sehr eingehender und einfühlender Überlegungen, mit welchen Mitteln die mit Jubiläumsfeiern, seien es nun solche für den Kreis der Jubilare oder für das Unternehmen als Jubilar, erreichbaren sozialen Annäherungs- und Anpassungsphasen tatsächlich erreicht werden. Es scheint aber sinnvoll, wegen der möglichen negativen Auswirkungen schlecht gelungener Jubiläumsfeiern, sich intensiv damit zu befassen, wie sie so gestaltet werden können, daß sie voraussichtlich positiv verlaufen. Sowohl bei der Berechnung von »Dienstjahren« als auch des »Firmenalters« ergeben sich immer wieder Zweifelsfragen. Bei dem »Firmenalter« besteht sicherlich eine gewisse Tendenz, so alt wie möglich sein zu wollen. Obwohl es sich hierbei in sehr vielen Fällen um vielschichtige emotionale Fragen handelt, der Stolz auf die Tradition über Generationen hinweg ist unverkennbar und sollte auch ideell und materiell auf die diese Tradition jetzt tragende Generation entsprechend ausstrahlen.
Anders die Dienstzeitberechnung für Mitarbeiter. Gesetzgebung und Rechtsprechung legen die anrechenbaren Zeiten zwar relativ großzügig aus, erkennen andererseits effektive Dienstzeitunterbrechungen von mehreren Jahren nicht ohne weiteres an. Dies gilt nicht für Unterbrechungen durch Wehrdienst oder vorübergehende betriebsbedingte Arbeitslosigkeit. Damit hat also im Falle des erreichten und vom Unternehmen im allgemeinen als üblich gefeierten Jubiläums der Mitarbeiter dadurch, daß Zeiten, die nicht im Unternehmen verbracht wurden, doch noch nachträglich angerechnet werden, einen bescheidenen Vorteil.
Eine nicht ganz logische Handhabung der Dienstzeitberechnung scheint es zu sein, deren Zustandekommen hier nicht nachgegangen werden soll, wenn BAT-Angestellte der Sparkassen und ihrer Verbände sowie Angestellte der EDEKA-Handelsbetriebe sich ihre Dienstzeiten zusammenrechnen können, während dies bei den im Zentralverband der Deutschen Konsumgenossenschaften nicht möglich ist.

2.43 Abfindungen

Abfindungen sind oft ein besonderes Problem der Leitenden Angestellten. Da man davon ausgehen kann, daß zwischen der Unternehmensführung und dem einzelnen Leitenden Angestellten ein enges Vertrauensverhältnis besteht, ist beim Wegfall dieser Zusammenarbeitsvoraussetzung oft eine kurzfristige Trennung notwendig und im

beiderseitigen Interesse auch sinnvoll. Es gibt natürlich noch viele andere Gründe einer kurzfristigen Trennung – Umorganisationen, Besitzerwechsel und Fusionen sind bei Führungskräften heute mit die häufigsten Gründe. Mit Ausnahme der fristlosen Kündigung ist dann fast immer die Zahlung eines Ausgleichs, sprich Abfindung, notwendig. Diese Abfindung wird in der Höhe bestimmt durch die Länge des Arbeitsverhältnisses, das Alter der Führungskraft, den Grund der Trennung und einige andere Faktoren. Abfindungen bis zur Millionenhöhe sind früher speziell bei vorfristig gelösten langfristigen Verträgen für Topmanager möglich gewesen. In der Gegenwart werden solche Summen nur noch selten gezahlt. Meist werden die Abfindungen nur noch in Höhe der Gehälter bzw. der umgerechneten Monatsgesamteinkommen bezahlt für die Zeit, in der die betreffende Führungskraft noch keine neue Stelle gefunden hat. Oder die Höhe wird festgelegt auf Grund der Grenzwerte, die eine steuerfreie Zahlung der Abfindung erlauben.
Die Steuerfreiheit ist gebunden an die Voraussetzung, daß eine durch das Unternehmen ausgesprochene Kündigung »sozial ungerechtfertigt« ist. Der Abfindungsbetrag kann entweder durch ein Arbeitsgericht festgelegt oder durch gerichtlichen bzw. außergerichtlichen Vergleich bestimmt werden. Es gelten dann folgende Höchstsummen:

Alter:
55 Lebensjahre mit 20jährigem Bestand des Arbeitsverhältnisses = 18 Monatsbezüge

Alter:
50 Lebensjahre mit 15jährigem Bestand des Arbeitsverhältnisses = 15 Monatsbezüge

In allen anderen Fällen können höchstens 12 Monatsbezüge als Abfindung steuerfrei gewährt werden.
In einigen Fällen verpflichtet sich der Arbeitgeber bei der Suche nach einem neuen Arbeitsplatz behilflich zu sein und übernimmt eventuell auch die Insertions- und die Vorstellkosten. Zum Teil werden auch Umzugskosten oder andere sich aus der Veränderung des Arbeitsplatzes ergebende Kosten ersetzt.
Wenn es sich um ältere Arbeitnehmer handelt, ist regelmäßig die Regelung der oft vorhandenen betrieblichen Altersversorgung (vgl. Abschnitt 2.31) Mittelpunkt des Interesses. Wenn die »Altersgrenze« kurz bevorsteht, ist auch die vorzeitige Gewährung einer Pension üblich, eventuell unter Zuschußgewährung entsprechend der Differenz aus bisherigem Gehalt und Altersruhegeld bis zum Zeitpunkt des normalen Eintritts der Pensionierung.
Alle Abfindungsregelungen sind prinzipiell auch für Tarifbeschäftigte möglich und zum Teil im Betriebsverfassungsgesetz fixiert (vgl. Abschnitt 3.3).

2.5 Allgemeine Zusatzleistungen

2.51 Weihnachtsgeld

In Theorie und Praxis ist es nicht mehr möglich, das Weihnachtsgeld von anderen Sonderzahlungen (13. und 14. Monatsgehalt, Abschlußgratifikation, Jahresbonus, Prämien usw.) genau zu unterscheiden. Auch eine starre Trennung von leistungsabhängigen und nur »anwesenheitsbedingten Leistungen« ist kaum noch möglich, da z. B. das Weih-

nachtsgeld leistungsabhängige Elemente haben kann, dagegen viele Prämien, die am Quartals- oder Jahresende gezahlt werden, ohne jede Leistungsabhängigkeit gewährt werden.
Im folgenden Abschnitt wird im wesentlichen auf das »reine« Weihnachtsgeld und alle damit verbundenen Leistungen eingegangen. Alle wesentlichen Probleme, die Sonderleistungen betreffen, die überwiegend Leistungscharakter haben, sind im Abschnitt 2.11 dargestellt.
Historisch ist das Weihnachtsgeld meist eine Umwandlung der vom Unternehmer individuell vergebenen gegenständlichen Weihnachtsgeschenke in Geldform. Oftmals waren sie auch »Dank des Chefs« für besondere Arbeitsleistungen während des vergangenen Jahres oder auch Ausgleich für viele unbezahlte Überstunden der Angestellten. Das ist auch ein Grund, daß in einigen betrieblichen Weihnachtsgeldordnungen die Angestellten reichlicher »bedacht werden« als gewerbliche Arbeitnehmer. Das ist nicht mehr zeitgemäß, wenn es sich um tarifliche Angestellte handelt, die ihre Überstunden einzeln oder in Form einer Pauschale bezahlt erhalten. Berechtigt erscheint es dagegen, bei der großen Zahl der außertariflichen Angestellten, die in ihrem Grundgehalt zum Teil nur knapp über der höchsten Tarifstufe liegen, aber keine angemessene Tantieme oder sonstige Sondervergütung erhalten.
Immer mehr wandelte sich der Charakter des Weihnachtsgeldes; aus der individuellen Belobigung wurde ein Teil einer Vergütungskonzeption, die einerseits darauf bedacht ist, durch Art, Zeitpunkt und Höhe der Zahlung die Fluktuation zu reduzieren und andererseits zum Firmenimage beitragen soll und in dieser Hinsicht auch legitimes Mittel zur Personalanwerbung ist. Hintergedanke war und ist sicherlich auch oft, daß das Unternehmen eine nicht tariflich gebundene Möglichkeit hat, sich einen Freiheitsspielraum zu verschaffen. Allerdings sind in den letzten Jahren Tarifverträge über die Sicherung von Weihnachtsgeld und anderen einmaligen Leistungen entstanden. Auch die Festlegung, daß 100 DM des Weihnachtsgeldes steuerfrei bleiben, führt dazu, daß das Weihnachtsgeld immer häufiger nicht als Ausdruck besonderer weihnachtlicher Dankbarkeit des Unternehmers, sondern zu einer Form des Arbeitsentgelts wurde, die aber, wie oben beschrieben, doch noch spezifische Funktionen im Rahmen der Unternehmenspolitik hat.
Auch für den Arbeitnehmer ist das Weihnachtsgeld nicht nur einfach Teil des Entgelts, sondern eine Möglichkeit, seinen Konsum, der meist durch feste Wochen- bzw. Monatsbudgets fixiert ist, durch eine einmalige größere Geldsumme zu erweitern. Dabei ist sicherlich die Frage, ob der mündige Staatsbürger und Arbeitnehmer noch einer solchen Reglementierung seiner Einkünfte bedarf, nicht eindeutig zu beantworten.
Die Massierung der Zahlung des Weihnachtsgeldes im 4. Quartal (99 % werden zwischen dem 15. November und dem 15. Dezember ausgezahlt) hat jedenfalls alljährlich einen recht großen konjunkturell-saisonalen Effekt und wird besonders vom Handel und der Konsumgüterindustrie als fester Posten im Jahresumsatz bewertet.
Die Höhe des Weihnachtsgeldes für den Einzelnen ist fast immer von mehreren Faktoren abhängig.

Die häufigsten Einflußgrößen sind:

- Dauer der Betriebszugehörigkeit
- Höhe des Arbeitsentgelts

- Zugehörigkeit zu einer bestimmten Lohn- und Gehaltsgruppe oder einer speziellen Positionsgruppe
- Familienstand und Kinderzahl
- Dauer der Anwesenheit im Jahr (bzw. Zahl der Krankheits- und Fehltage, die u. U. in Abzug kommen)
- Leistung des Einzelnen
- Ertragslage des Unternehmens.

Im Laufe der Entwicklung hat, wie auch bei anderen Zusatzleistungen festzustellen ist, der Einfluß des Familienstandes auf die Leistungshöhe abgenommen. Auch die Betriebszugehörigkeitsdauer ist nicht mehr so entscheidend für die Höhe der Zuwendung, da es sehr darauf ankommen muß, Betriebsangehörige, die noch nicht so lange im Unternehmen tätig sind, schnell zu integrieren u. a. auch durch Gleichbehandlung bei der Vergütung. Vielfach ist festzustellen, daß sich diese Entwicklung nur langsam und vorsichtig im Unternehmen durchsetzen wird, um die älteren Betriebsangehörigen nicht zu verärgern. So ist z. B. sehr oft die betriebliche Altersversorgung noch stark nach der Zugehörigkeitsdauer im Unternehmen gestaffelt, bei der Urlaubsgestaltung ist die Differenzierung nach »Betriebsalter« und Lebensalter entscheidend und nur bei dem Weihnachtsgeld gibt es gar keine Abhängigkeit vom Betriebsalter. In vielen, vor allem mittleren und kleineren Unternehmen ist die »Treue« aber immer noch bei der Bemessung recht bedeutsam.
Problematisch ist es auch, das zeigten besonders extrem die wilden Streiks bei Klöckner-Humboldt-Deutz vor Weihnachten 1972, die Höhe des Weihnachtsgeldes abstrakt nach dem Unternehmenserfolg zu messen.
Viele Unternehmen haben versucht, durch die konsequente Festlegung des Weihnachtsgeldes nach dem jeweiligen Ertrag der »Gewohnheitsideologie« entgegenzutreten. Die meisten, vor allem große Unternehmen, haben das zumindest bei Sonderzahlungen, die unter dem Begriff Weihnachtsgeld firmieren, nicht verwirklichen können. Der Arbeitnehmer orientiert sich bei der Einschätzung der Angemessenheit der Höhe des Weihnachtsgeldes vor allem an dem Vorjahresbetrag, an der Höhe des Weihnachtsgeldes in benachbarten Großunternehmen und an seiner individuellen Leistung. Die Ertragslage des Unternehmens ist für den Einzelnen oftmals kein Begriff.
Es ist auch die Tendenz von der Rechtsprechung her zu erkennen, das Recht auf eine einmal gezahlte Weihnachtsgratifikation auf die Dauer zu sichern.
Ein klagbarer Rechtsanspruch besteht bereits immer, wenn

- ein Tarifvertrag dies vorsieht
- eine entsprechende Betriebsvereinbarung besteht
- eine einzelvertragliche Regelung vorhanden ist.

Aber auch wenn alle diese Bedingungen nicht vorhanden sind, aber der Arbeitgeber mehrere (mindestens drei Jahre) eine freiwillige Gratifikation gezahlt hat, entsteht ein Gewohnheitsrecht, wenn die Leistung vorbehaltlos erfolgt ist. Auch an die evtl. Rückzahlungsverpflichtungen des Arbeitgebers bei Kündigung des Arbeitnehmers werden inzwischen gewisse Maßstäbe von seiten der Arbeitsgerichte angelegt:
»Erhält der Arbeitnehmer einen Monatsbetrag und hat er bis zum 31. 3. des darauffolgenden Jahres nur eine Kündigungsmöglichkeit, wie das z. B. nach § 66 HGB in der

Regel für Handlungsgehilfen der Fall ist, dann ist ihm in der Regel zuzumuten, diese eine Kündigungsmöglichkeit auszulassen, wenn er die Gratifikation behalten will; erhält er einen Monatsbezug und hat er bis zum 31. 3. des darauffolgenden Jahres mehrere Kündigungsmöglichkeiten, dann ist ihm wegen der Höhe der ihm gewährten Weihnachtsgratifikation zuzumuten, den Betrieb erst nach dem 31. 3. zum nächstmöglichen Kündigungstermin zu verlassen, wenn er die Gratifikation behalten will; erhält der Arbeitnehmer einen Betrag, der 100 DM übersteigt, jedoch nicht einen Monatsbezug erreicht, so ist ihm regelmäßig zuzumuten, eine Rückzahlungsklausel einzuhalten, die bis zum 31. 3. des darauffolgenden Jahres reicht; erhält ein Arbeitnehmer als Weihnachtsgratifikation nur einen Betrag, der 100 DM nicht übersteigt, dann kann damit regelmäßig überhaupt keine Rückzahlungsklausel verbunden werden (5 AZR 452/61).«

Die Arbeitsgerichte haben ausdrücklich mehrmals betont, daß die Höhe der Weihnachtsgratifikation nach der Betriebsanwesenheitsdauer gestaffelt sein kann. Eine entsprechende Staffelung ist sicherlich vernünftiger als eine direkte Anwesenheitsprämie (vgl. Abschnitt 2.86). Es bleibt aber zu überlegen, ob bei unverschuldeter Krankheit oder gar bei Unfall eine Reduzierung des Weihnachtsgeldes gerechtfertigt ist, denn beides bedeutet bei dem Betroffenen meist schon eine stärkere Belastung, zu der dann nicht noch ein reduziertes Weihnachtsgeld hinzukommen sollte.

Auch auf den Grundsatz der Gleichbehandlung sollte geachtet werden. Zwar sind alle auf S. 71 f. genannten Differenzierungsmöglichkeiten erlaubt, aber bereits die Leistungsabhängigkeit führt evtl. zu Problemen. Es sollte deutlich werden, daß eine Gratifikation, die unter der Bezeichnung »Weihnachtsgeld« läuft, schon begrifflich niemals im wesentlichen eine Leistungsprämie sein kann (31).

Als Abschluß dieses Abschnitts seien einige Firmenregeln wiedergegeben, die gleichzeitig beweisen, daß auch tarifliche Festlegungen dem einzelnen Unternehmen noch einen recht großen Spielraum lassen. Die Beispiele sind nach ihrer Vielfalt ausgesucht, Zitat und Reihenfolge der Darstellung stellen keine Wertung dar:

- Gehaltsempfänger erhalten ein 13. Gehalt. Lohnempfänger bekommen einen Grundbetrag von 50 DM und für jedes Kind, die Ehefrau und je Jahr der Betriebszugehörigkeit weitere 30 DM
- Gehaltsempfänger und Lohnempfänger bekommen ein Monatseinkommen ohne Anrechnung von Prämien oder sonstigen Leistungsentgelten.
- Gehaltsempfänger und Lohnempfänger bekommen bei einer Betriebszugehörigkeit von mehr als drei Jahren den vollen, bei mehr als zweijähriger Betriebszugehörigkeit zwei Drittel, bei einer mehr als einjährigen Betriebszugehörigkeit die Hälfte und bei einer einjährigen Betriebszugehörigkeit ein Drittel des durchschnittlichen Monatsverdienstes des Vorjahres
- Gehaltsempfänger erhalten bei einer Betriebszugehörigkeit bis zum vollendeten 14. Jahr 50 % eines Monatsgehaltes zuzüglich 30 DM Familienzulage und 5 DM pro Jahr der Betriebszugehörigkeit. Bei einer Betriebszugehörigkeit vom vollendeten 15. bis 19. Jahr erhalten sie 60 % eines Monatsgehaltes ohne Familienzulage und ohne Zulage für die Jahre der Betriebszugehörigkeit; bei einer Betriebszugehörig-

31 Zum umfangreichen Recht des Weihnachtsgeldes vgl. *Reyer*, a.a.O., S. 4 ff.

keit vom vollendeten 20. bis 24. Jahr 60 % eines Monatslohnes ohne Zulagen; bei einer Betriebszugehörigkeit vom vollendeten 25. bis 29. Jahr 80 % eines Monatslohnes ohne Zulagen; bei einer Betriebszugehörigkeit vom vollendeten 30. bis 34. Jahr 90 % eines Monatslohnes; und bei einer Betriebszugehörigkeit ab dem vollendeten 35. Jahr 100 % eines Monatslohnes ohne Zulagen

- Normal beschäftigte Betriebsangehörige, die über 1 Jahr im Betrieb sind, erhalten einen Grundbetrag von 100 DM. Dazu wird ein Familienzuschlag von 5 DM pro Person und ein Zuschlag von 5 DM pro Jahr der Betriebszugehörigkeit gewährt
- Gehaltsempfänger und Lohnempfänger erhalten bei einer Betriebszugehörigkeit von mehr als 3 Jahren ein Monatseinkommen brutto zuzüglich 20 %, bei einer Betriebszugehörigkeit von 1 bis 3 Jahren 75 % des Brutto-Monatsgehaltes zuzüglich 20 %, bei einer Betriebszugehörigkeit von 1 bis 2 Jahren 50 % des Brutto-Monatseinkommens zuzüglich 20 % und bei einer Betriebszugehörigkeit von weniger als einem Jahr 25 % des Brutto-Monatseinkommens zuzüglich 20 % (aber nicht weniger als 50 DM). Belegschaftsangehörige, die in der Zeit vom 1. 7. bis 30. 9. neu eingetreten sind, erhalten 50 DM
- Für Lohnempfänger wird der effektiv monatliche Durchschnittsverdienst ermittelt. Je nach der Höhe des Geschäftsergebnisses wird ein bestimmter Prozentsatz ermittelt, der bezogen auf den Durchschnittsverdienst als Weihnachtsgratifikation ausgezahlt wird.
- Angestellte erhalten eine Weihnachtsgratifikation von 1 bis 2 Monatsgehältern. Im Durchschnitt aller Angestellten beträgt die Höhe der Gratifikation 140–145 % eines Monatsgehaltes.
  Regelung für Lohnempfänger:

Der Grundbetrag für jeden Mitarbeiter beträgt		DM 100,–
Steigerungsbeträge	für die Ehefrau	DM 40,–
	für das erste Kind	DM 50,–
	für das zweite Kind	DM 60,–
	für das dritte Kind	DM 70,–
	pro Dienstjahr	DM 8,–

- Die Angestellten erhalten nach 5jähriger Betriebszugehörigkeit ein volles Monatsgehalt; die Lohnempfänger erreichen diese Höchstgrenze erst nach 8 Jahren
- Der Anspruch auf die Weihnachtsgratifikation ist tarifvertraglich verankert.

2.52 Urlaubsgeld

Der Charakter des Urlaubsgeldes entspricht im wesentlichen dem des Weihnachtsgeldes. Wobei diese Sonderleistung wesentlich von einem erst in den 50er Jahren bedeutsamer werdenden Phänomen profitierte, daß auch der »normale« Arbeitnehmer in seinem Urlaub mit der Bundesbahn, dem Flugzeug und dem eigenen Auto wegfährt und dadurch einen Zusatzfinanzbedarf hat. Bei der Abschaffung oder der Reduzierung der betrieblichen Urlaubseinrichtungen gingen viele Unternehmungen dazu über, Urlaubgeld zu zahlen. Diese Unternehmen nehmen, oft zu Recht, an, daß ihre Beleg-

schaftsangehörigen nur mit einer zusätzlichen Finanzhilfe einen Urlaub fern von der eigenen Wohnung finanzieren können. Damit hat das Urlaubsgeld mitgeholfen, eine recht große kulturelle Aufgabe zu erfüllen, obwohl kaum ein Urlaubsgeld je den vollständigen zusätzlichen Geldbedarf einer gemeinsam in den Urlaub fahrenden Arbeitnehmerfamilie gedeckt hat.
Die Höhe des Urlaubsgeldes ist meist von den gleichen Kriterien abhängig wie das Weihnachtsgeld. Als einziger zusätzlicher Faktor bestimmt meist die Länge des Urlaubs die Höhe des »dazu« gehörigen Urlaubsgeldes, z. B. werden pro tariflich festgelegten Urlaubstag 15 oder 30 DM gezahlt. Diese Fixierung ist besonders oft tariflich abgesichert, so daß für die freie Entscheidung des Unternehmens nur ein relativ geringer Spielraum übrig bleibt. Im Unterschied zum Weihnachtsgeld, das historisch eine viel längere Tradition hat als das Urlaubsgeld, wird das letztere ohne Diskriminierung der Arbeiter an beide Arbeitnehmergruppen fast immer gleichmäßig hoch oder doch zumindest nach gleichen Kriterien bezahlt. Dagegen werden Leitende Angestellte oftmals ganz oder ab einer bestimmten Gehaltshöhe mit Hinweis auf gezahlte Tantiemen, Prämien und andere Zusatzeinkommen von der Urlaubsgeldregelung ausgenommen. Trotzdem erhalten immerhin mehr als 50 % der Leitenden Angestellten ein Urlaubsgeld, dagegen aber mehr als 3/4 aller Arbeiter und Tarifangestellten (32).
In den meisten Fällen ist das Urlaubsgeld geringer als das Weihnachtsgeld.
Typische Urlaubsgeldregelungen sind z. B.:

- Zahlung eines Urlaubsgeldes von 25 % eines Monatsgehaltes zuzüglich 1,25 % für jedes Dienstjahr (Zahlung bis zum Abteilungsleiter)
- Zahlung eines Drittels eines Monatsgehaltes an Mitarbeiter bis zu 6 Jahren Betriebszugehörigkeit, ab 7 Jahren Betriebszugehörigkeit Zahlung der Hälfte eines Monatsgehalts bis einschließlich der Prokuristenebene
- Zahlung von 450 DM an alle Mitarbeiter
- Zahlung von 20 DM Urlaubsgeld pro Tarifurlaubstag
- Je Urlaubstag Zahlung von 1,44 % des regelmäßigen Monatseinkommens.

Die arbeits- und steuerliche Fixierung des Urlaubsgeldes ist ähnlich wie beim Weihnachtsgeld. Ein Steuerfreibetrag wie beim Weihnachtsgeld wird allerdings nicht gewährt und die Rückzahlungsfristen bei Auflösung des Arbeitsverhältnisses sind etwas im Vergleich zum Weihnachtsgeld verschoben.

2.53 13. und weitere Gehaltszahlungen

Die Bundesbürger haben zwar Brutto- und auch Reallöhne, die sich sehen lassen können, aber in der Zahl der Monatsgehälter bzw. -löhne sind sie im Vergleich zu einigen anderen Staaten weit abgeschlagen. Österreichische Angestellte erhalten nach Gesetz 14 Monatsgehälter und die Führungskräfte Italiens können sich sogar über bis zu 23 Monatsgehälter pro Jahr freuen.
Eine Befragung von mehr als 5000 westdeutschen Schreib- und Bürokräften im Februar 1973 ergab folgende Verteilung der Gehaltszahlung pro Jahr:

32 Vgl. *Reyer*, a.a.O., S. 40 ff.

Anzahl der Gehälter pro Jahr (in %) [1]

12mal	mehr als 12 bis 12,7	13 bis 13,7	14 und mehr
56	6	36	2

1 Quelle: Gehaltsreport Schreib- und Bürokräfte, Bundesrepublik Deutschland 1973. Kienbaum Unternehmensberatung, Gummersbach.

Im Durchschnitt erhielten die befragten Sekretärinnen und Stenotypistinnen 12,5 Gehälter pro Jahr und dazu noch zusätzlich Sonderleistungen aller Art (Weihnachtsgeld, Urlaubsgeld u. ä.) in der Höhe eines weiteren halben Durchschnittsgehaltes.
Man kann also davon ausgehen, daß das Monatsgrundgehalt mit 13 multipliziert das Jahresgesamtgehalt ergibt. Diese »Faustregel« trifft gegenwärtig auch für den Durchschnitt aller Tarifangestellten zu, obwohl die Abweichung von Branche zu Branche und von Unternehmen zu Unternehmen recht groß ist.
Für Führungskräfte gelten normalerweise andere Maßstäbe. Sie erhalten weniger häufig ein 13. Monatsgehalt, dafür aber meist Tantiemen oder Erfolgs- bzw. Leistungsprämie.
Besonders von den Gewerkschaften wird immer energischer gefordert, für alle Arbeitnehmer ein 13. Monatsgehalt, oder sinngemäß einen 13. Monatslohn zu gewähren. Die Tendenz geht oft dahin, daß das Weihnachts- und Urlaubsgeld zusammen ein 13. Monatsgehalt wird oder es werden traditionell variabel gezahlte Gratifikationen und Prämien in ein 13. Monatsgehalt umgewandelt werden. Die Zahlung erfolgt dann meist zweimal pro Jahr zu ähnlichen Terminen wie das Weihnachts- und Urlaubsgeld.
Man sollte sich darüber im klaren sein, daß ein 13. Monatsgehalt im Normalfall zwar nie einen direkten Leistungscharakter haben kann, aber über die Betriebsverbundenheit oder ein gutes Betriebsklima indirekt auf das Leistungsergebnis einwirken kann.

2.54 Fahrtkostenzuschuß

Für die frühindustrielle Etappe war es noch typisch, daß der Arbeitnehmer unmittelbar neben und z. T. im Betriebsgelände wohnte, so daß sein Arbeitsweg praktisch nicht ins Gewicht fiel. Mit der Industrialisierungswelle der Gründerjahre veränderte sich das weitgehend. Oft mußte der Proletarier stundenlang laufen, um seine Arbeitsstelle zu erreichen. Durch den Bau von Betriebswohnungen wurde versucht, den extremsten Auswirkungen zu begegnen. Die Verbesserungen des Eisenbahnverkehrs und die Einführung des Fahrrades als erstes individuelles Massenverkehrsmittel verbesserte die Situation. Das Problem ist aber bis heute nicht zufriedenstellend gelöst. Zur mangelhaften Transporttechnologie kommt noch das Kostenproblem. Die Unternehmen, die darauf angewiesen waren, Arbeitskräfte von weither zu mobilisieren, mußten schon aus Werbegründen und um bei sonst gleichen Löhnen konkurrieren zu können, die Kosten speziell für öffentliche Verkehrsmittel ihren Beschäftigten ganz oder teilweise ersetzen. Hier handelt es sich also eindeutig um eine Zusatzleistung, die durch den Arbeitsmarkt angeregt wurde. Zum Teil wurde diese Leistung auch dadurch als gerecht empfunden, weil man die Arbeitnehmer, die durch lange Arbeitswege schon viel Freizeit verloren, nicht auch noch finanziell schlechter stellen wollte.

In der Praxis wird am häufigsten so verfahren, daß das Unternehmen die Monats- oder Wochenkartenkosten öffentlicher Verkehrsmittel voll oder anteilig übernimmt. Auch die Beschäftigten, die mit einem Auto oder einem anderen individuellen Verkehrsmittel fahren, erhalten in diesen Fällen die gleiche Summe. Die Erstattung der Gesamtkosten ist schon aus steuerlichen Gründen nicht sinnvoll (33).
Mitarbeiter, die Dienstwagen haben, dürfen in aller Regel diesen Wagen auch für die Fahrten zum und vom Arbeitsort nutzen, müssen dann aber einen höheren »geldwerten Vorteil« beim Finanzamt angeben (34).
Als rationell hat sich besonders bei Großunternehmen erwiesen, firmenintern oder in Kooperation mit anderen Werken einen Berufsverkehr mit Autobussen einzurichten, der meist recht rationell auf die Wohnschwerpunkte und den Arbeitszeitrhythmus des Unternehmens ausgerichtet ist.
Dadurch kann meist auch die gesamte Fahr- und Wartezeit minimiert werden, wodurch die Hilfe der Unternehmen nicht nur geldsparend, sondern vor allem auch freizeitverlängernd wirkt.
Gleichzeitig ist der »Werkverkehr« auch meist gesamtgesellschaftlich günstig zu bewerten, weil mehr Arbeitnehmer als beim oftmals unattraktiven öffentlichen Nahverkehr von der Benutzung ihres Autos abgehalten werden.
Mit der Veränderung der sozialen Umwelt und vor allem mit der Erhöhung des Lebensstandards ergeben sich z. T. noch ganz neue Probleme. Meist ist es nicht die vom Arbeitgeber übernommene Wochenkarte der öffentlichen Verkehrsmittel, die begehrt ist, sondern der Parkplatz in möglicher Nähe des Arbeitsplatzes. Das ist bei vielen Unternehmen, speziell bei Großbetrieben und Unternehmen in den Innenstädten, ein großes Problem. Im Umkreis von Frankfurt gibt es beispielsweise viele Unternehmen, die ihren Arbeitnehmern zwar sofort eine Werkswohnung zur Verfügung stellen können, bei denen man aber z. T. jahrelang auf einen »Stammparkplatz« warten muß. Dabei ist der standortgünstige Parkplatz teilweise sogar ein Statussymbol (z. B. nach dem Vorbild eines Chemieunternehmens: »Vorstandswagen« dürfen im Werk parken, »Prokuristenwagen« direkt vor dem Werktor, Angestellte auf dem günstigen Parkplatz 1 und gewerbliche Arbeitnehmer auf dem entfernten Parkplatz 2.
Andere Unternehmen haben mit ihrem Betriebsrat Vereinbarungen abgeschlossen, um gerechte und zugleich auch betriebswirtschaftlich günstige Lösungen zu erreichen.
Das Bundesarbeitsgericht hat 1969 festgelegt, daß das Unternehmen nur in zwei Fällen verpflichtet ist, für Parkplätze zu sorgen: Erstens für Schwerbeschädigte und zweitens wenn das Betriebsgelände mit öffentlichen Verkehrsmitteln nicht oder nur sehr schwierig erreichbar ist.
Im Normalfall wird der Arbeitgeber, auch wenn damit erhebliche finanzielle Aufwendungen (Ankauf oder Pacht geeigneten Geländes, Einsatz von Ordnungskräften usw.) verbunden ist, im eigenen Interesse dafür sorgen, daß genügend und schnell zu erreichende Parkgelegenheiten vorhanden sind. Der Einfluß einer planmäßigen und kurzen An- und Abfahrt auf die Stimmung und Arbeitsfreude ist bekannt.

33 Zur steuerlichen Behandlung vgl. im einzelnen *Reyer*, a.a.O., S. 64 ff.
34 Vgl. Abschnitt 2.61.

2.55 Arbeitgeberkredite und Bürgschaften

Zinslose oder zinsverbilligte Kreditgewährung hat für den Arbeitnehmer zum Teil beträchtliche Vorteile.

Da Arbeitgeberdarlehen bis 5000 DM steuerfrei sind, auch wenn sie zinslos gewährt werden, bestünde die Möglichkeit, daß sich Arbeitnehmer und Arbeitgeber zum Beispiel darauf einigen, daß bis zu dieser Höhe ein Dauerkredit während des gesamten Arbeitsverhältnisses gewährt wird. Bei einem angenommenen Zinssatz von 10 % würde das praktisch einen steuerfreien Zusatzverdienst von bis zu 500 DM pro Jahr bedeuten. Der Arbeitgeber hat dabei einen relativ hohen Liquiditätsverlust, weshalb solche Regelungen nur in Einzelfällen möglich sein dürften.

Im Normalfall werden Arbeitgeberkredite nur zweckbestimmt in bestimmten Notfällen oder auch bei Anschaffungen im Unternehmensinteresse gewährt. Typisch ist dabei die Kreditunterstützung beim Kauf von PKW, die vom Mitarbeiter auch dienstlich genutzt werden, oder Hilfe bei der Finanzierung von Eigenheimen. Im letzteren Fall ist dies sogar eine zusätzliche Möglichkeit, Alterssicherung für den Arbeitnehmer

Arbeitgeberdarlehen

Firma	Betriebszugehörigkeit (Mindestzeit) in Jahren	Höchstbetrag in DM	Zins in %	Längste Laufzeit in Jahren
Agfa-Gevaert, Leverkusen	3	15 000	0	12,5
Audi NSU, Ingolstadt	1	10 000	4	10
BASF, Ludwigshafen	5	30% der Baukosten	6	24
Bayer, Leverkusen	3	15 000	0	12,5
Berliner Verein, Köln	–	25 000	4	20
Bosch, Stuttgart	4	10 000	0	10
Daimler-Benz, Stuttgart	3	individuell	0	10
Degussa, Frankfurt	–	30 000	0–5	15
Dresdner Bank, Frankfurt	–	20 000	5	10
Dunlop, Hanau	3	35 000	5	16
Farbwerke Hoechst, Höchst	3	25 000	0–4,5	15
Ford, Köln	–	individuell	0	10
IBM, Stuttgart	–	35 000	Diskontsatz	11
Klöckner-Humboldt-Deutz, Köln	5	5 000	0	– (1)
Kodak, Stuttgart	1	30 000	4	10
MAN, Augsburg	–	individuell	4	10
Neue Heimat, Hamburg	–	individuell	4	28
Osram, München	–	individuell	4–6	10
Rheinische Braunkohle, Köln	3	20 000	0	10 (2)
Schering, Berlin	5	50 000	5	10
Siemens, München	10	individuell	4	10
VW, Wolfsburg	1	10 000	0	10

1 Tilgung: ein Zehntel des monatlichen Nettoeinkommens.
2 Tilgung: über Bausparvertrag.

zu schaffen. In vielen Fällen ist das sicherlich zumindest zur Zeit noch steuerlich günstiger als der Abschluß einer Direktlebensversicherung (vgl. Abschnitt 2.31). Mit welchen Konditionen einige Großbetriebe ihre Mitarbeiter beim Hausbau unterstützen, zeigt die Tabelle auf S. 78, die der Zeitschrift »Capital« 5/1973 entnommen wurde.
Diese Liste der großen Firmen darf nicht darüber hinwegtäuschen, daß gerade auch kleinere und mittlere Unternehmen nicht unerhebliche Beiträge zu der Wohnungs- und Baufinanzierung ihrer Mitarbeiter leisten. Dabei kann, was leider durch exaktes Zahlenmaterial nicht zu belegen ist, davon ausgegangen werden, daß dies in kleineren Städten und auf dem flachen Lande in noch höherem Maße der Fall ist als in Großstädten. Oft hat das Arbeitgeberdarlehen auch den Zweck, die Betriebsbindung zu erhöhen. Deshalb werden Darlehensverträge häufig so abgeschlossen, daß eine sofortige oder kurzfristige Rückzahlung erfolgen muß, wenn das Arbeitsverhältnis aufgelöst wird. Durch Gesetz (z. B. §§ 134, 138 und BGB) wird vermieden, daß eventuell Knebelungsverträge oder wucherische Rückzahlungsbedingungen entstehen können.
Dabei müssen bei Krediten von über 5000 DM die Zinsvorteile versteuert werden, wobei erst bei Zinssätzen von unter 4 % angenommen wird, daß wirkliche Zinsersparnisse vorliegen. Es gibt also auch in dieser Hinsicht gute Möglichkeiten, dem Arbeitnehmer echte Vorteile zukommen zu lassen.
Eine realistische betriebliche Ordnung für die Gewährung von Vorschüssen und Darlehen zeigt die Übersicht auf Seite 80.
In vielen Fällen wird der Arbeitgeber selbst keinen Kredit gewähren, sondern durch eine Bürgschaft die Kreditaufnahme ermöglichen oder dem Arbeitnehmer dadurch zu einem zinsgünstigen Darlehen verhelfen.

2.6 *Sachleistungen*

2.61 Dienstwagen

In der Kienbaum-Gehaltsstrukturuntersuchung »Leitende Angestellte« von 1973 sind es 26 Prozent der Führungskräfte der ersten, und 12 Prozent der zweiten Ebene (Mittelmanagement), die ein Auto zur alleinigen – auch privaten – Benutzung erhalten. An der Spitze stehen zur Zeit Verkaufsleiter, Niederlassungsleiter, Kaufmännischer Leiter, Leiter Allgemeine Verwaltung, Technischer Leiter und an letzter Stelle der Leiter der Qualitätskontrolle. Diese Zahlen lassen den Schluß zu, daß der Dienstwagen doch mehr als bisher angenommen eine funktionsabhängige Beigabe ist und nicht so sehr ein Statussymbol. Die Bedeutung als Statussymbol wird nur bei der Wahl des Wagentyps mit entscheidend sein.
In Konzernen und anderen Großunternehmen gibt es meist Vergabeordnungen für Firmenautos. Ein Dienstwagen zum alleinigen Gebrauch wird erst ab Vorstands- oder Geschäftsführerebene zum normalen Requisit. 1972 hatten zum Beispiel 80 Prozent aller Geschäftsführer von GmbH einen Dienstwagen, den sie auch privat benutzen konnten. Von einem Jahresgehalt über 120 000 DM an kann dann auch ein Chauffeur vorhanden sein. Den gleichen Vorzug genießen Bundesminister und Staatssekretäre. Die Bonner Prominenten unter der Staatssekretärebene fahren entweder allein oder bekommen nur für bestimmte Gelegenheiten einen Fahrer gestellt. Auch bei der Hub-

Beispiele für eine betriebliche Darlehnsordnung

Gewährung von Gehalts-/Lohnvorschüssen bzw. Darlehen an Betriebsangehörige	Möglicher Höchstbetrag des Vorschusses/Darlehens	Genehmigung erfolgt
1. *Gehalts-/Lohnvorschuß:*		
1.1 *der im laufenden Abrechnungszeitraum mit der nächsten Gehalts-/Lohnabrechnung wieder einbehalten wird.*	Die Höhe des Gehalts-/Lohnvorschusses ist auf die Höhe der Nettoverdienstermittlung bis zum Auszahlungstage begrenzt.	durch den Leiter der Gruppe Personalverwaltung für Gehaltsempfänger und den Leiter der Gruppe Lohnbüro für Lohnempfänger
1.2 *vor Urlaubsantritt*	Die Höhe des Urlaubsgeld-/Urlaubsentgeltvorschusses ist auf die Höhe der Nettoverdienstermittlung für die Laufzeit des Urlaubs plus Urlaubsgeld begrenzt.	
1.3 *mit einer Laufzeit bis zu 12 Monaten* Die Gewährung erfolgt zinslos und ohne Sicherheiten.	2000 DM	durch den Leiter der Abteilung Personalwesen
1.4 *mit einer Laufzeit von über 12 Monaten* Er gilt als Darlehen und wird mit 4½% verzinst. Eine Sicherheitsgestellung wird im Einzelfall je nach Zweckbestimmung vorgenommen.	2000 DM	
2. *Darlehen zur Finanzierung von Eigenheim oder Eigentumswohnung* (Eigennutzung ist Voraussetzung): Das Darlehen wird gegen ausreichende Sicherheiten gewährt, Laufzeit 16 bis 17 Jahre. 4½% Zinsen und 3½% Tilgung (Annuität 8%)	Über die Höhe der Darlehensvergabe wird heute im Einzelfall entschieden. Die Vielzahl der zu berücksichtigenden Kriterien (z. B. Stellung und Betriebszugehörigkeit des Antragstellers, Bau einer Eigentumswohnung oder eines Eigenheims, Finanzierungsplan des Einreichers usw.) verhindern eine Gleichbehandlung aller Darlehensanträge und bewirken unterschiedliche Darlehenshöhen.	bis 20 000 DM durch die Geschäftsführung über 20 000 DM durch den Beirat

raumgröße der Dienstwagen ist der Bund am strengsten. Der Kanzler fährt einen Mercedes 300 SEL. Er hat keinen Anspruch auf einen Mercedes 600, ein Vorrecht, das sich recht viele Staatsoberhäupter und Monarchen zugestehen, die von Bonn Entwicklungshilfe bekommen.

Minister fahren normalerweise einen Mercedes 280, Ausnahme: der Bayer Franz Josef Strauß hat in seiner aktiven Zeit als Bundesminister bayerisch-standesgemäß einen BMW benutzt.

Die deutsche Wirtschaft ist meist großzügiger. Die Vorstandsmitglieder der Deutschen Bank erhalten, wie der Bundeskanzler, einen 300er Mercedes als Dienstwagen, und der Vorstand von Mercedes kann sich einen Wagen bis zur 6,3-Liter-Klasse aussuchen.

Dafür sind die Automobilunternehmen verständlicherweise auf eine andere Art recht streng. Ihre Führungskräfte dürfen fremde Typen nicht fahren. Das erstreckt sich sogar zum Teil auf die Zulieferindustrie. Als bei einer großen Zulieferfirma von VW ein neuer Personalleiter eingestellt wurde, mußte er trotz persönlichem Protest seinen Mercedes verkaufen und mit seiner großen Familie auf einen wesentlich kleineren Volkswagen umsteigen.

Die Benutzung eines Dienstwagens, auch für Privatzwecke, stellt sicher einen zusätzlichen Nutzen für Führungskräfte dar, besonders wenn man an die ständig steigenden Unterhaltskosten für Autos denkt. An dieser Feststellung ändert sich auch nichts, nachdem die Oberfinanzdirektionen ab 1. 1. 1973 eine einheitliche Versteuerung des geldwerten Vorteils festgelegt haben. Danach muß – wenn es durch Fahrtenbuchbelegung nicht möglich ist, eine geringere private Nutzung nachzuweisen – der monatliche geldwerte Nutzen mit 1 % des Kaufpreises angesetzt werden.

Das bedeutet bei einem Mercedes 280 dann noch ca. 200–250 DM mehr an steuerpflichtigem Einkommen. Zusätzlich muß freilich ein Chauffeur versteuert werden und nach wie vor muß der Begünstigte 0,14 DM pro Entfernungskilometer für Fahrten zwischen Wohnung und Arbeitsstätte versteuern. Insgesamt ist aber sicher auch der Prestigegewinn, einen Firmenwagen zu bekommen und frei darüber verfügen zu können, recht hoch.

Es gibt aber auch eine starke Tendenz, das Autoproblem in den Unternehmen perfekter zu lösen: mit der Rationalisierung und Demokratisierung wurde von vielen Firmen der gesamte Autopark abgeschafft. Alle Angestellten und Führungskräfte wurden auf ihre eigenen Autos verwiesen. Auch das ist sicher ein gangbarer Weg.

In eine andere Richtung geht die Entscheidung eines Bauunternehmers, jedem seiner Angestellten und Arbeiter einen Wagen zur Verfügung zu stellen. Das ist natürlich eine recht werbekräftige Zusatzleistung, die vor allem unter den Bedingungen der Enge des Arbeitskräftemarktes entstanden ist.

Abschließend kann nicht allgemein beantwortet werden, ob und wann die Zusatzleistung »Auto« für das Unternehmen sinnvoll ist. Die Steuerersparnis und in vielen Fällen sicherlich auch noch der Prestigewert sprechen dafür, wobei im allgemeinen diese Zusatzleistung schon aus Kostengründen nur für Führungskräfte infrage kommt.

Die Tendenzen zur Demokratisierung und zur Vereinfachung sowie Kostensenkung des allgemeinen Verwaltungsaufwandes sind sicherlich Gegenargumente.

2.62 Dienstwohnungen und andere Hilfen beim Wohnen

Das Bemühen der Unternehmen, dem Arbeitnehmer »beim Wohnen« behilflich zu sein, kann in recht verschiedener Form erfolgen:

1. Bereitstellung von Wohnraum in Form von Internaten, Arbeiterunterkünften; unter anderem für das zeitweise Wohnen in der Nähe des Arbeitsortes speziell für Lehrlinge, Ledige, Gastarbeiter und Bauarbeiter
2. Förderung des individuellen oder genossenschaftlichen Hausbaues oder Wohnungskaufes durch Bereitstellung von zinsverbilligten Darlehen, Bürgschaften, Bauland, Material, Maschinen, Geräten und eventuell Arbeitskräften
3. Hilfe bei der Suche nach Wohnraum durch werbliche Einschaltung des Arbeitgebers, Übernahme von Maklergebühren, Kautionen und Umzugskosten
4. Gewährung von Mietzuschüssen
5. Vergabe von Werks- bzw. Dienstwohnungen

Die letztere Leistung hat dabei die größte Bedeutung, und die Dienstwohnung spielt auch eine recht große Rolle im Gesamtsystem der Zusatz- und Sozialleistungen. Bei Befragungen ergab sich zum Beispiel, daß 12 % der weiblichen Schreib- und Bürokräfte und immerhin 5 % der Leitenden Angestellten eine Dienstwohnung haben (35). Bereits vor mehr als 100 Jahren entstanden in der Nähe schnell wachsender Unternehmen der Gründerzeit Siedlungen mit Werkswohnungen, ohne die eine Expansion der arbeitskräfteintensiven Unternehmen gar nicht möglich gewesen wäre.
Sie sind eine Sozialleistung, die den Arbeitnehmer sehr eng an das Unternehmen bindet. Die Fluktuationsrate von Werkswohnungsmietern ist traditionell besonders niedrig. Nicht ermittelt wurde, wieviel Arbeiter und Angestellte nur wegen ihrer Werkswohnung nicht kündigen oder ob – was anzunehmen ist – das Zugehörigkeitsgefühl zum Unternehmen durch diese Werkswohnung mit »verinnerlicht« wurde.
Die Verlockung, mit preisgünstigen Werkswohnungen neue Arbeitskräfte anzuwerben, ist groß, die Gefahr dann die falschen zu bekommen ebenso. Aber auch für den Arbeitnehmer ist eine Werkswohnung nicht immer nur günstig. Er ist gleichzeitig moralisch und auch materiell sehr stark an das Unternehmen gebunden. Die Vorteile der Werkswohnung sind dadurch groß, daß für den Arbeitnehmer die Wohnungssuche verkürzt wird, er im Normalfall einen kürzeren Weg zum Arbeitsplatz hat und eine meist in der Größe angemessene preiswerte Wohnung bekommt. Der Wert einer Dienstwohnung wird zum Teil dadurch erhöht, daß bei vielen Dienstwohnungen ein Teil der Renovierungen vom Unternehmen durchgeführt wird und auch ein Teil der Nebenkosten stillschweigend übernommen oder billigst berechnet wird.
Der Bezug einer Werkswohnung hat in aller Regel eine Konsequenz auf die Höhe der Lohn- bzw. Einkommensteuer. Die Differenz zwischen ortsüblicher Miete und Mietzins der Werkswohnung muß versteuert werden. Dabei bleiben Differenzen bis zu 40 DM als Freigrenze steuerunschädlich (36).
Das Finanzgericht Berlin hat diesen Steuergrundsatz angezweifelt: »Der Wert einer

35 Vgl. Gehaltsreport Schreib- und Bürokräfte a.a.O., S. 12 und Kienbaum Gehaltsstrukturuntersuchung Leitende Angestellte 1973.

36 Abschnitt 2, Abs. 2, Ziffer 3 der Lohnsteuerrichtlinien.

Dienstwohnung (eines Hauswarts) wird dadurch gemindert, daß er bei Beendigung des Dienstverhältnisses keinen Schutz vor Kündigung des Mietverhältnisses ... beanspruchen kann.« (37)
Man muß diesem Spruch zustimmen, auch wenn der Bundesfinanzhof noch keine endgültige Entscheidung getroffen hat. Nach der neuesten Rechtsprechung ist der Einfluß des Betriebsrates auf das betriebliche Wohnungswesen verstärkt worden. Der § 87 I 9 des Betriebsverfassungsgesetzes wurde zum Beispiel vom Landesarbeitsgericht Hamm (8 Br Ta 25/72) so ausgelegt, daß außer der Mitbestimmung über Zuweisung und Kündigung von Werkswohnungen, Gestaltung der Mietverträge und ähnlichem auch die Festlegung des Mietzinses vom Betriebsrat mitgeregelt werden kann.
Der Bau von Dienstwohnungen wird durch verschiedene Förderungsmittel und steuerliche Vorteile angeregt. In vielen Fällen können kommunale Landes- oder Bundesmittel in Anspruch genommen werden. Die Bundesanstalt für Arbeit gewährt recht beachtliche Förderungsmittel für den Werkswohnungsbau, spezielle Förderungsmittel stehen für den Wohnungsbau, zum Beispiel für Gastarbeiter und Schwerbeschädigte, bereit.
Die Finanzierung erfolgt zum Teil auch über betriebliche Kassen, speziell sind dazu Betriebskrankenkassen und Pensions- und Unterstützungskassen geeignet, die hypothekarisch gesicherte Darlehen zur Verfügung stellen, soweit es nach den Vorschriften möglich ist. Viele Unternehmen haben in den letzten Jahren ihre Werkswohnungen verkauft oder haben zumindest keine neuen Wohnungen mehr gebaut. Das hat verschiedene Gründe, die von Unternehmen zu Unternehmen verschieden sind; nur einige typische seien genannt:

- Der Verwaltungsaufwand ist relativ hoch
- Die Kosten der Werterhaltung bzw. beim Neubau steigen überproportional, ein Teil der Steuervorteile ist entfallen
- Durch Werksverlegungen oder Betriebseinstellungen entfällt der Standortvorteil der Werkswohnungen
- Die Werkswohnung ist durch den Bau von Sozialwohnungen, das staatliche Wohngeld und die Einengung des Werkswohnungsmieters in seiner »Bewegungsfreiheit« nicht mehr so attraktiv
- Die verstärkte Einflußnahme der Betriebsräte macht auch für den Unternehmer die Errichtung und Verwaltung von Werkswohnungen zunehmend weniger sinnvoll.

Unter diesen Vorausssetzungen sollte sich möglichst jedes Unternehmen die Vor- und Nachteile der Werkswohnung als Zusatzleistung genau überlegen. Wir glauben, daß es in Zukunft nur noch in Einzelfällen sinnvoll sein wird, neue Werkswohnungen zu errichten. Das gilt zum Beispiel für Unternehmen mit hohem Gastarbeiteranteil oder für Unternehmen, die auf der »grünen Wiese« entstehen, und in deren Nähe keine ausreichende Zahl von Wohnungen vorhanden ist oder von anderer Seite gebaut wird.

2.63 Werksverpflegung

Auch die Werksverpflegung bzw. das betriebliche Kantinenwesen hat in Deutschland eine lange Tradition. Bereits 1867 richteten die jetzigen Farbwerke AG eine Werksverpflegung ein.

37 Zitiert nach Capital Nr. 4/1973, Beim Chef zur Miete.

Die Vorteile und gesundheitlichen Notwendigkeiten der Werksverpflegung sind heute für Arbeitnehmer und Arbeitgeber bekannt und ergeben sich wie folgt:

»A) Für die Mitarbeiter:

1.
Viele Mitarbeiter haben nicht die Möglichkeit, in einer höchstens einstündigen Mittagspause die Mahlzeit zu Hause einzunehmen; insbesondere sind Auswärtige und Alleinstehende auf die Mittagsverpflegung im Betrieb oder in Betriebsnähe angewiesen.
2.
Für weibliche Betriebsangehörige reicht die betrieblich vertretbare Mittagspause nicht zur häuslichen Zubereitung des Essens aus. Darüber hinaus braucht sich die mitverdienende Ehefrau nach Arbeitsschluß nicht noch mit ausgiebigem Kochen zu befassen.
3.
Auch durch einen überhasteten Nachhauseweg wird die Mittagspause erheblich verkürzt. Der durch die Werksverpflegung erreichte Zeitgewinn kommt der Entspannung und Erholung der Mitarbeiter zugute.
4.
Das Realeinkommen der Verpflegungsteilnehmer wird
a) durch die preisgünstige Betriebsbeköstigung
b) durch die geringeren Beförderungskosten (nur einmalige Fahrt von der Wohnung in den Betrieb) mittelbar erhöht.

B) Für die Unternehmensleitung:

1.
Die Einnahmen des Mittagbrotes am Arbeitsplatz ist unerwünscht.
2.
Arbeitspsychologische Studien haben ergeben, daß sich die Arbeitsintensivität und damit die Betriebsproduktivität durch den Wegfall der mehr oder weniger großen Anmarschwege zum häuslichen Mittagstisch erheblich gesteigert hat, unter gleichzeitigem Absinken der Unfallkurve.
3.
Die Hebung der Arbeitsfreude der Belegschaft durch eine gute, auskömmliche und preiswerte Mittagsmahlzeit ist ein im allgemeinen noch wenig bekanntes Mittel zur Leistungsverbesserung des einzelnen, wenn auch dieser Gesichtspunkt von der Unternehmensleitung nicht in den Vordergrund gestellt werden sollte.
4.
Durch die Teilnahme der Geschäftsleitung und der übrigen Führungskräfte am gemeinsamen Mittagstisch im Werk wird die Verbundenheit zur Belegschaft zum Ausdruck gebracht und damit eine günstige Beeinflussung des Betriebsklimas erreicht.
5.
Die öffentlichen Verkehrsmittel sind einer täglich zweimaligen Beförderung großer Massen von Beschäftigten innerhalb kürzester Frist oft nicht gewachsen. Der dadurch an sich notwendige Einsatz betriebseigener Fahrzeuge erübrigt sich bei einer Mittagsverpflegung im Betrieb«. (38)

38 Soziale Betriebspraxis 103 vom 6. 8. 1971.

Die wesentliche Entscheidung, die getroffen werden muß ist, ob eine eigene Werksküche geschaffen oder beibehalten werden soll oder ob das Essen durch Gemeinschafts- oder fremde Küchen gekocht werden muß. Entscheidend bei dieser Überlegung ist die Zahl der voraussichtlichen Essenteilnehmer, die evtl. Transportwege haben, aber auch die Möglichkeit schmackhaftes und preiswertes Essen von außerhalb zu bekommen. Immer häufiger wird durch Tiefkühlkost eine sinnvolle Alternative geboten, weil die Variationsbreite bei einer Mahlzeit erheblich vergrößert werden kann und ernährungswissenschaftliche Erkenntnisse bei dieser Form der Verpflegung noch besser berücksichtigt werden können. In Großbetrieben ermöglicht die Menge der zubereiteten Essen mit Hilfe des möglichen steuerfreien Essenszuschusses von z. Z. 1,50 DM pro Tag, ein oder mehrere schmackhafte und nach modernen ernährungswissenschaftlichen Gesichtspunkten gekochte preiswerte Gerichte herzustellen. In Klein- und Mittelbetrieben, die sich keine eigene Küche leisten können, wird diese 1,50 DM Zuschuß des Unternehmens sehr oft nicht ausreichen, um die Ansprüche der Belegschaft zu erfüllen, vor allem, weil aus Gründen der Optik kein Essenpreis verlangt werden kann, der wesentlich über dem der Konkurrenz liegt.
Der Essenszuschuß und die Organisation der Werksverpflegung gehören in der Gegenwart zu den häufigsten und selbstverständlich gewordenen freiwilligen Zusatzleistungen. Leider sind es zugleich die Leistungen, die nur selten besonders positiv beurteilt werden, sondern häufiger bei negativen Tendenzen für Aufsehen sorgen.
Häufigste Ursachen für Kritik sind:

- Schlechte Qualität des Essens
- Eintönige Kost mit kurzfristig wiederkehrendem Speisezyklus
- Unhygienische Arbeitsweise des Küchen- und Ausgabepersonals
- Unpersönliche Essenausgabe
- Unpraktische, bürokratische Ausgabe der Essenmarken
- Lange Lauf- oder gar Fahrzeit zur Kantine
- Unschöne Kantinenräume
- Getrennte Esseneinnahme nach Arbeitnehmergruppen (z. B. Arbeiter, Angestellte, Führungskräfte)
- Aufhebung der Trennung der Essen nach verschiedenen Arbeitnehmergruppen
- Fehlen von Getränkeautomaten bzw. die Unmöglichkeit, Zwischenverpflegung im Betrieb zu bekommen.

Da die »Liebe« auch im Unternehmen durch den Magen geht, ist jede Unternehmensleitung gut beraten, wenn sie kritischen Bemerkungen aufmerksam nachgeht (39).

39 Da hier nur auf einige Aspekte der Werksverpflegung eingegangen wird, seien einige Literaturhinweise gegeben:
- Werksverpflegung, Gestaltungsformen, Soziale Betriebspraxis 97 v. 1. 12. 1970
- Werksverpflegung, Die Werksküche, Soziale Betriebspraxis 103 vom 6. 8. 1971
- Werksverpflegung, Beispiel einer Kantinenordnung I
Beispiel einer Kantinenordnung II
Soziale Betriebspraxis 110 vom 13. 7. 1972
- Bundesfachverband Werksküchen, Kasinos (Kantinen) und sonstige Verpflegungsbe-

2.64 Berufs- und Arbeitsschutzkleidung

Die materielle Bedeutung des Komplexes Berufskleidung ist sicherlich im Rahmen der Gesamtpersonalkosten oder des materiellen Aufwandes im Rahmen der Zusatz- und Sozialleistungen nicht sehr bedeutungsvoll. Am Beispiel der Berufskleidung lassen sich aber einige Probleme sozialer Zusatzleistungen recht gut erkennen. Die Berufskleidung ist zunächst ein funktionelles Mittel, um die Aufgaben im Beruf und am Arbeitsplatz zu erfüllen. Traditionell ist es Aufgabe des Arbeitnehmers, für Anschaffung und Pflege Sorge zu tragen, wenn es sich nicht um ganz spezielle Arbeitsschutzkleidung handelt.
Darüber hinaus hat die Arbeitskleidung aber noch andere Funktionen, sie ist berufsständisches Gruppenzeichen und schafft dadurch ein soziologisches Zusammengehörigkeitsgefühl zwischen Menschen des gleichen Berufs oder signalisiert Gegensätzlichkeit (z. B. zwischen »Blau«- und »Weiß«-Kitteln). Sie schafft eventuell sogar Sozialprestige, wenn man an die Berufskleidung der Zimmerleute oder die blauen Uniformen der Flugzeugbesatzungen denkt. Schließlich hat die Berufskleidung auch für das Unternehmen Bedeutung. Oft ist sie Erkennungszeichen, Ordnungskriterium für die betriebliche Hierarchie oder für funktionelle Unterschiede. Am meisten wird dies perfektioniert bei Soldaten, Polizisten oder einigen anderen Beamtengruppen. Der Mann mit der roten Mütze zum Beispiel verkörpert Autorität und Sicherheit, er schafft ein Leitbild und ist sicher auch Symbol für die Institution Bahn. Im Zeitalter des Marketing ist hinzugekommen, daß die Berufskleidung sehr oft Werbemittel ist. Die Stewardessenuniform hat außer der Informationswirkung auf die jeweiligen Passagiere eine solche Werbewirksamkeit, daß sie bei vielen Fluggesellschaften im Mittelpunkt der Image- und Verkaufswerbung steht. Es muß zum Beispiel der Lufthansa bescheinigt werden, daß sie mit dem Bild der Stewardeß zugleich den »Duft der weiten Welt« und Sicherheit und Hilfe für den Fluggast mit Erfolg signalisiert hat. Diese Signalwirkung der Berufskleidung hat gerade im tertiären Sektor der Dienstleistungen eine immer größer werdende Bedeutung.
Der arbeitsfunktionelle Sinn der Berufskleidung ist oft kaum noch spürbar, aber dafür soll sie jetzt bewußt Qualität der Leistung, Sicherheit, Schnelligkeit, Zuverlässigkeit, Sauberkeit oder andere Eigenschaften verkörpern.
Gleichzeitig – und das gilt für alle Bereiche der Wirtschaft – verkörpert eine eventuelle einheitliche Kleidung Gemeinsamkeit des Denkens und Handelns und unterstützt da-

triebe: Handbuch der Gemeinschaftsverpflegung Agrarwerbung GmbH, Hamburg erscheint jährlich neu
– Benning, W., Werksverpflegung aus Automaten, in: der Arbeitgeber, Heft 1/2, 1966
– Endter J.-G., Beitrag zur Gestaltung der betrieblichen Zwischenverpflegung, Forschungsbericht des Landes Nordrhein-Westfalen Nr. 1872, Verlags-Nr. 011 872, 1967
– Hardenacke, H., Gemeinschaftsverpflegung – tiefgekühlt in: der Arbeitgeber, Heft 1/2, 1966
Information und Beratung:
– Bundesfachverband Werksküchen, Kasinos (Kantinen) und sonstige soziale Verpflegungsbetriebe Frankfurt/Main, Börse
– Deutsche Gesellschaft für Ernährung e. V., Frankfurt/Main, Feldbergstr. 28
– Informations- und Forschungsgemeinschaft für Automatenverpflegung GmbH, Frankfurt/Main, Bockenheimer Landstraße 104.

mit die Schaffung eines guten Betriebsklimas. Damit sind Gefahren verbunden, die sicherlich mit dem Begriff der Uniformierung nur unzureichend beschrieben sind.
Das Fehlen von Berufskleidung kann für das Unternehmen ungünstige Folgen haben. So führen zum Beispiel »unerkannte« Verkäufer, die weder eine einheitliche Kleidung noch andere Erkennungszeichen tragen, regelmäßig dazu, daß Kunden nicht schnell genug einen Verkäufer ansprechen können und dadurch unter Umständen der Umsatz sinkt. Andererseits führt jede Übertreibung dazu, den Sinn der Berufskleidung infrage zu stellen. Das Industrieunternehmen, das alle seine männlichen Angestellten zwingen wollte, im blauen Anzug zur Arbeit zu erscheinen, wird sicherlich nach 6 Monaten zwar ein deutliches äußeres Bild von sich geschaffen haben, aber nach dem 12. Monat lächerlich wirken.
Nach diesen Gesichtspunkten zur Funktion der Arbeitskleidung nun noch die Frage nach der Verantwortlichkeit und den Kosten.
Es gibt im wesentlichen zwei Gründe, warum die Firmen die Kosten des Kaufes und der Pflege übernehmen:

1. Die Arbeitskleidung hat außer der rein arbeitsfunktionellen Aufgabe noch andere Aspekte (Public-Relation, Werbung, Information), die weitgehend zugunsten des Arbeitgebers gehen.
2. Die Beschaffung und Pflege der Arbeitskleidung kann durch das Unternehmen billiger und besser erfolgen als durch den einzelnen Arbeitnehmer.

Der erste Grund ist zwingend, der zweite sicherlich nicht; er sollte aber bei der Entscheidungsfindung mit herangezogen werden. Durch Masseneinkauf oder preisgünstigen Mietservice hat das Unternehmen besonders gute Möglichkeiten einer rationellen Organisation (40).

2.65 Deputate, verbilligte Einkaufsmöglichkeiten

Deputate sind an sich nur Sachleistungen, die den in der Land- und Forstwirtschaft tätigen Arbeitnehmern üblicherweise zufließen und die einen wesentlichen Teil der Gesamtbezüge ausmachen. Im allgemeinen Sprachgebrauch werden aber alle Sachleistungen, die das produzierende Unternehmen seinen Beschäftigten unentgeltlich zukommen läßt, als Deputate bezeichnet. Sie sind prinzipiell als Arbeitslohn einzustufen und deshalb mit ihrem Geldwert zu versteuern.
Einige Ausnahmen gibt es. So brauchen zum Beispiel der »Haustrunk« in Brauereien, je nach der im jeweilig örtlichen Tarifvertrag festgelegten Menge, und die Abgabe von 150 Zigaretten an männliche und 75 Zigaretten an weibliche Arbeitnehmer (das Gleichheitsgebot des Grundgesetzes scheint auch hier kurioserweise nicht eingehalten zu sein) pro Woche nicht versteuert zu werden. »Freibrot« der Brotindustrie gilt dagegen nicht als »Annehmlichkeit« sondern als »Entgelt« und muß versteuert werden. Es erscheint absurd, daß nachweislich schädliche Genußmittel, die der Arbeitnehmer erhält, steuerfrei gewährt werden und nur Grundnahrungsmittel mit geringem Wert der Kontrolle und Versteuerung durch den Fiskus unterliegen. Das Steuerrecht ist aber auch in diesem Fall nicht logisch, denn »in erheblicher Menge abgegebene Spirituosen«

40 Vgl. Berufskleidung – gemietet, Handelsblatt v. 13. 6. 1973, S. 29 ff.

müssen nach einem Urteil des Finanzgerichts Hannover vom 17. 3. 1960 voll versteuert werden.
Die meisten Unternehmen, die ihren Arbeitnehmern Sachleistungen zukommen lassen wollen, zahlen die darauf entfallenden Steuern selbst und wenn möglich pauschal mit relativ geringen Sätzen, wie zum Beispiel die Deutsche Lufthansa bei den stark verbilligten Flügen für ihre Beschäftigten. Andere Unternehmen vermeiden eine Besteuerung ganz, indem sie Erzeugnisse des Unternehmens als Mängelware oder Sonderangebote an ihre Betriebsangehörigen billigst verkaufen.
Bei einem im Frühjahr 1973 durchgeführten Gehaltsreport für Schreib- und Bürokräfte stellte sich heraus, daß 22 % der über 5000 in der Befragung erfaßten Arbeitnehmer aller Branchen Deputate bekamen oder doch verbilligte Erzeugnisse des jeweiligen Produktions- bzw. Handelssortiments kaufen konnten (41). Der Häufigkeit nach stand der verbilligte Einkauf in Kaufhäusern und Einzelhandelsgeschäften an der Spitze. Die Preisnachlässe liegen dabei zwischen 5 und mehr als 25 %. Bedeutungsvoll ist auch der verbilligte Bezug von Elektroenergie, Gas, Kohle und Wasser bei Versorgungsunternehmen.
Die verbilligte Abgabe von Personenkraftwagen an Beschäftigte der Automobilwerke ist gleichzeitig Personal- und Produktwerbung. Die im Durchschnitt 15 bis 25 % billiger abgegebenen Fahrzeuge (Ford erhöhte kürzlich die Höchstzahl der möglichen Käufe von ein auf zwei pro Jahr – die Personalkäufe hatten schon im Jahre 1972 einen Wert von 68 Mio. DM) fördern in der Umgebung der großen Werke einen schwunghaften Gebrauchtwagenhandel.
Meistens sind diese Deputate oder verbilligten Einkaufsmöglichkeiten Zusatzleistungen, die die Unternehmen entweder nichts oder nur sehr wenig kosten, aber für das Betriebsklima eine recht große Bedeutung haben. Die Wichtigkeit dieser Leistungen stellt sich meist erst dann heraus, wenn sie abgeschafft oder eingeschränkt werden sollen. Nicht selten ist es dabei schon zu wilden Streiks gekommen, die die Zurücknahme der entsprechenden Anordnung zur Folge hatte.
Meist sind diese Leistungen stark traditionsbehaftet und deshalb emotional bedeutsam. Nicht zu unterschätzen ist dabei, daß diese Leistungen dazu beitragen, die Einstellung zum hergestellten oder verkauften Produkt intensiver zu gestalten und auch dadurch die Identifikation mit dem Unternehmen wachsen zu lassen.
Kuriosum aus einer Getränkefirma: Wenn bei der weihnachtlichen Gratisabgabe ein Angestellter mit 40 Flaschen Likör und Weinbrand den Ausgaberaum verläßt, weiß jeder, wie dieser im Vorjahr von seinen Vorgesetzten eingeschätzt wurde. Die Verteilung erfolgt steng nach dem Leistungsprinzip.

2.7 Zusatz- und Sozialleistungen für spezielle Arbeitnehmergruppen

Die Analyse der im Unternehmen bestehenden Zusatz- und Sozialleistungen zeigt immer wieder, daß einzelne Leistungen, die im Unternehmen X als veraltet und nutzlos gelten, und es objektiv auch sind, im Unternehmen Y absolut notwendig und dadurch bei Strafe schwerer Schäden für das Unternehmen unabschaffbar sind.

41 Gehaltsreport Schreib- und Bürokräfte, Bundesrepublik Deutschland 1973, Kienbaum Unternehmensberatung, Gummersbach.

Die Gründe für diese Unterschiedlichkeit sind mannigfaltig. Zum Teil sind es imaginäre oder historische Gründe, die die Wichtigkeit einer Zusatzleistung ausmachen, wie zum Beispiel der wilde Streik in einer Textilfabrik, der entstand, als mit der Einführung des 13. Monatsgehaltes das Maigeld in Höhe von 5 DM abgeschafft werden sollte. Andere Gründe sind wirklichkeitsnäher. Wir wollen uns in diesem Abschnitt jedoch nur mit den Auswirkungen der Arbeitnehmerstruktur des Unternehmens auf die Zusatz- und Sozialleistungen beschäftigen. Wesentlich sind vor allem folgende Einflußgrößen:

Altersstruktur
Geschlechtsstruktur
Anteil der Gastarbeiter
Ausbildungsstruktur

Beispielhaft sollen für die Gruppen der berufstätigen Frauen, der älteren Arbeitskräfte, der Gastarbeiter und der Leitenden Angestellten einige Probleme aufgezeigt werden:

2.71 Berufstätige Frauen

Nach den Hochrechnungen des Statistischen Bundesamtes hatten von den 9,6 Millionen Frauen, die im April 1968 erwerbstätig waren, 2,4 Millionen insgesamt 4 Millionen Kinder unter 15 Jahren zu versorgen. Das unterstreicht die Bedeutung der Frau für unsere Wirtschaft, zeigt aber auch schon die Probleme auf, die sich daraus ergeben. Die spezifische Rolle der Frau im Produktionsprozeß erfordert im Interesse der weiblichen Arbeitnehmer, aber auch der Unternehmen, besondere Förderungsmaßnahmen. Das betriebliche System der Zusatz- und Sozialleistungen muß deshalb auch daraufhin untersucht werden, inwieweit es »frauengerecht« ist, das heißt den Besonderheiten und subjektiven Wünschen der Frauen entspricht. Die nachfolgenden Punkte sind als Möglichkeiten aufzufassen, die im einzelnen durchaus nicht für jedes Unternehmen sinnvoll sind:

- Errichtung von Säuglingsheimen, Kinder- und Schülerhorts durch Unternehmen (z. T. in Kooperation mit kommunalen und konfessionellen Einrichtungen – vgl. Abschnitt 3.5)
- Verkauf von Waren des täglichen Bedarfs im Unternehmen oder Organisation eines Bestelldienstes
- Schaffung von Einrichtungen wie Wäschereien, Nähstuben und Nähschulen u. ä.
- Einrichtung der im Mutterschutzgesetz vorgesehenen Stillräume, die jedoch im Unterschied zu Frauenruheräumen wenig genutzt werden.
- Einrichtung von Halbtagsarbeit und Kurzschichten besonders für berufstätige Frauen mit Kindern
- Der Hausarbeitstag ist mit der Einführung der 5-Tage-Woche meist abgeschafft worden. In verschiedenen Betrieben erhalten aber Frauen in Abhängigkeit von der Zahl ihrer Kinder zusätzlichen Urlaub bzw. es wird bei der Genehmigung von unbezahltem Urlaub großzügig verfahren.
- Spezielle Weiterbildungsveranstaltungen für Frauen, die in der Organisation und Dauer den besonderen Bedürfnissen der Frauen Rechnung tragen

- Schaffung von Zusatzeinrichtungen an Maschinen und Apparaten, um die Bedienung durch Frauen zu erleichtern
- Einrichtung von Zubringerdiensten für die Materialbewegung
- Besondere Maßnahmen des Arbeits- und Gesundheitsschutzes für Frauen.

2.72 Ältere Arbeitnehmer

Veränderungen in der sozialen Situation der älteren Arbeitnehmer, wie auch die Veränderung der Einstellung der Gesellschaft zu dieser Gruppe, machen eine scharfe Trennung der Maßnahmen vor und nach der Pensionierung nicht mehr sinnvoll. Die Möglichkeiten einer gezielten Hilfe des Unternehmens reichen von Maßnahmen zur Erhaltung der beruflichen Leistungsfähigkeit bis hin zur sozialtherapeutischen Betreuung:

1. Gezielte und spezifische fachliche Weiterbildung oder sogar Umschulung älterer Arbeitnehmer (vgl. Abschnitt 2.86).
2. Sozialmedizinische Untersuchung und Überlegungen psychologischer, soziologischer und betriebswirtschaftlicher Art, welche Arbeitsplätze für ältere Arbeitnehmer besonders geeignet sind und ob es sinnvoll ist, spezielle Arbeitsplätze für diese Gruppe zu schaffen. Dafür gibt die Bundesanstalt für Arbeit unter Umständen zinsvergünstigte Darlehen und Zuschüsse.
   Die Schaffung von Altenwerkstätten und ähnlichen Einrichtungen kann zwar recht positiv wirken, man sollte aber daran denken, daß solche Maßnahmen nicht dazu beitragen, die soziale Isolierung vieler älterer Menschen zu verringern.
3. Schaffung eines Systems der betrieblichen Altersversorgung, das in der Höhe der Leistung, aber auch durch die Art der Gewährung, für Arbeitgeber und Arbeitnehmer einen höchstmöglichen Spielraum bei der Wahl des Pensionierungszeitpunktes oder der Möglichkeit der Teilzeitarbeit bringt (vgl. Abschnitt 2.31).
4. Einige Unternehmen sind dazu übergegangen, für ihre älteren Arbeitnehmer Alters- und zum Teil Pflegeheime zu schaffen. Dabei könnte es ein Vorteil sein, daß Werkswohnungen für noch aktiv Tätige frei werden.
5. Die soziale Betreuung der Werksangehörigen wird auch auf Pensionäre ausgedehnt.

Dabei wird nicht immer daran gedacht, »altersgerechte« Lösungen zu finden und die betrieblichen Maßnahmen ähneln dann oft allzusehr der Wohlfahrt. Jedes Unternehmen sollte darauf bedacht sein, zeitgemäße Lösungen zu schaffen. Dabei ist der sinnvolle Einsatz älterer Arbeitnehmer und ein System der betrieblichen Zusatzrente, Maßnahmen mit caritativem Charakter vorzuziehen. Leistungen solcher Art sind nicht nur sinnvoll um dem älteren Arbeitnehmer und dem Pensionär zu helfen, sondern es geht auch darum, der übrigen Belegschaft zu zeigen, daß sie im Alter nicht zum »alten Eisen« gehört (42).

2.73 Ausländische Arbeitnehmer

Die Gastarbeiter bilden – auch in bezug auf Zusatzleistungen – eine spezielle Gruppe. Für diese ist ein Teil der historisch gewachsenen Leistungen, welche für die deutsche

42 Vgl. auch *Groß, K.*, Gesucht: Erfahrung, Der Arbeitgeber 19/1972; *Wellner, W.*, Eigenschaften älterer Arbeitnehmer und Möglichkeiten ihrer Beschäftigung, Personal 6/1971.

Wirtschaft typisch sind, völlig unwichtig. Das kann nicht anders sein; denkt man zum Beispiel an die betriebliche Altersversorgung, so ist diese auf eine Beschäftigungsdauer von 15 und mehr Jahren im gleichen Betrieb zugeschnitten und nicht auf eine zeitlich begrenzte Arbeitszeit im Unternehmen und in Deutschland, soweit nicht aus dem Gastarbeiter ein Einheimischer wird. Andere Leistungen sind dagegen für den ausländischen Arbeiter besonders bedeutungsvoll oder für seinen richtigen Einsatz im Unternehmen sogar unentbehrlich. Mehr als bei anderen Arbeitnehmergruppen brauchen die Gastarbeiter Hilfe bei Problemen, die außerhalb der direkten Arbeitswelt liegen. Dabei sollten die Unternehmen nicht vergessen, daß die Gastarbeiter zwar vorrangig in die Bundesrepublik gekommen sind, um zu arbeiten und Geld zu verdienen, daß sie aber außerdem vielfältige soziale Wünsche haben, die zum Teil vom Unternehmen erfüllt werden müssen. Deshalb sind Zusatz- und Sozialleistungen für ausländische Arbeitsnehmer gesondert zu planen und immer wieder auf ihre Wirkung hin zu prüfen. Außerdem ist zu überlegen, welche Zusammenarbeit mit anderen Organisationen, zum Beispiel den Kirchen und Kommunen, sinnvoll ist. Folgende Möglichkeiten sind zu überdenken:

- Hilfe bei der Suche nach Wohnungen, auch wenn die Familie nachgeholt werden soll
- Hilfe bei Verhandlungen mit deutschen Behörden
- Informationen über das Wirtschafts- und Sozialleben in Westdeutschland
- Informationen über gesunde Lebensführung und Ernährung in Deutschland
- Betreuung durch sprachkundige Mitarbeiter bzw. Dolmetscher
- Organisation von Sprachkursen zur Erlernung der Umgangs- und Arbeitssprache
- Exaktes Anlernen und evtl. Weiterbildung
- Einführung in die Arbeitsordnung, die Arbeitsschutzbestimmungen u. a. Probleme
- Spezielles Betriebsessen für Gastarbeiter
- Einrichtung von Sprechstunden für alle persönlichen Probleme
- Organisation von Urlaubsreisen
- Freizeitgestaltung, zum Beispiel Einrichtungen auf Sportplätzen für typische Spiele der einzelnen Nationalitäten (43).

2.74 Leitende Angestellte

Schon durch das Betriebsverfassungsgesetz wird die besondere Stellung der Sozialgruppe der Leitenden Angestellten betont, und fast immer gibt es abweichende Entlohnungs- und Personalführungsrichtlinien für diese Gruppe. Das gilt auch für die Zusatz- und Sozialleistungen, wobei es nicht unbedingt so ist, daß Leitende (im Verhältnis zu ihren Gehältern) besonders viel oder besonders wenig bekommen.

43 Vgl. auch *Poldner, A.*, Gesunde Lebensweise der ausländischen Arbeitnehmer in Deutschland, München 1970; Artikelserie: Der Gastarbeiter im Betrieb, Blick durch die Wirtschaft vom 26. 10.–15. 2. 1972.
Management-Enzyklopädie, Bd. 1 Stichwort Arbeitskräfte, ausländische (Feuser, G.) München 1969.

Die Besonderheiten der Behandlung in Sachen Zusatz- und Sozialleistungen ergeben sich aus vielen Gründen:

1. Höhere Gehälter
2. Höhere Steuer- und Sozialbelastung
3. Spezifische Rolle im Führungs- und Produktionsprozeß
4. Spezifische gesellschaftliche Stellung und Prestigesituation
5. Spezifische Motivationsstruktur
6. Relativ geringerer »Schutz« durch Sozialgesetze
7. Nichteinbeziehung in die Tarifregelungen und das BVG
8. Höhere Gesundheitsgefährdung

Es ist jedoch die Tendenz festzustellen, daß die Leitenden immer mehr in die Sozialgesetzgebung einbezogen werden, obwohl durch Beitragsbemessungsgrenzen zugleich Leistungsgrenzen gesetzt sind, die gerade für diese Beschäftigtengruppe meist noch zusätzliche individuelle oder betriebliche Aufwendungen notwendig machen. Gleichzeitig ergeben sich für den Bereich der Leitenden Angestellten spezifische Notwendigkeiten für Zusatz- und Sozialleistungen, die vor allem aus der besonderen Stellung dieser Sozialgruppe entstehen.
In der Folge soll versucht werden an Beispielen darzustellen, welche Zusatzleistungen für Führungskräfte üblich sind, und welche Tendenzen sich für die Zukunft abzeichnen. Über Tantiemen wurde bereits im Abschnitt 2.14 geschrieben; sie sind zusammen mit den Prämien die wichtigsten Leistungen für Führungskräfte über ihr Grundgehalt hinaus.
Man kann im Durchschnitt annehmen, daß Tantiemen und Prämien die direkten Grundgehälter um ca. 13 % (2. Ebene unterhalb der Geschäftsführung) bis 23 % (1. Führungsebene) erhöhen (44). Auf Vorstandsebene und im Geschäftsführungsbereich betragen die ergebnisabhängigen Tantiemen sogar 40 % und mehr der Gesamteinkommen. Dabei ist dies eigentlich keine Zusatzleistung, sondern mehr oder weniger fester (und teils auch sicherer) Bestandteil der Vergütung.
Als wichtigste »echte« Zusatzleistung, die auch gleichzeitig als wichtigste Sozialleistung zu gelten hat, kann die zusätzliche betriebliche Altersversorgung angesehen werden.
Die Altersversorgung ist speziell für Führungskräfte deshalb so wichtig, weil die staatliche Angestelltenrente bei weitem nicht ausreicht, um bei Pensionierung den gewohnten Lebensstandard aufrechtzuerhalten. Die Altersversorgung wird deshalb immer mehr zum wichtigsten Kriterium bei allen Einstellungsverhandlungen, speziell von älteren Führungskräften, und die Absicht auf Wechsel der Arbeitsstelle ist oft schon deshalb gescheitert, weil die Pensionszusage im alten Betrieb bei Wechsel der Arbeitsstelle ersatzlos verlorengegangen wäre. Längst nicht alle Führungskräfte erhalten eine Altersversorgung, die man als ausreichend (ca. 75 % der Einkünfte vor der Pensionierung) bezeichnen kann.

44 Alle in diesem Abschnitt dargestellten Zahlen sind Ergebnisse der Kienbaum-Gehaltsstrukturuntersuchung Leitende Angestellte 1973.

Einmal ist die Zusagehäufigkeit abhängig vom Alter:

Eine zusätzliche betriebliche Altersversorgung erhalten (in %)

Führungskräfte	Alter bis 35	35–45	55–55	55–65	Alle
1. Ebene	62,5	77,0	86,3	86,9	79,4
2. Ebene	56,3	71,8	76,9	77,4	69,8

Ganz deutlich bestimmt also die »Wichtigkeit« der Führungskraft und das Alter die Häufigkeit dieser Zusatzleistung.

Die Konstruktion der Zusatzversorgung ist sehr unterschiedlich und beschränkt sich durchaus nicht auf die Grundformen, die im Abschnitt 2.31 behandelt wurden. Da es aber letztendlich auf die Leistung im Pensionsfall ankommt, seien hier einige typische Formen der Leistungsberechnung und ihre durchschnittliche Höhe angegeben:

Am üblichsten ist es, einen Prozentsatz des letzten Gehaltes als Pensionshöhe anzugeben. Fast ein Drittel aller Pensionsabsprachen ist so formuliert. Im Durchschnitt werden dann 38,1 % (1. Führungsebene) bzw. 33,1 % des letzten Grundgehaltes als Pension gezahlt bzw. versprochen. Das bedeutet bei Beachtung der Tatsache, daß das Grundgehalt oft wesentlich geringer ist als das Gesamteinkommen, und daß die staatliche Altersversorgung meist nur 20–30 % des letzten Einkommens erreicht, daß in keinem Falle die 75 %-Marke erreicht wird; eine beamtenähnliche Versorgung bleibt für die meisten Führungskräfte also ein unerreichbarer Traum.

Die anderen Formen liegen meist noch niedriger. Ist zum Beispiel ein jährlich fixiertes Ruhegeld vereinbart, so beträgt es p. a. durchschnittlich 9700 DM (1. Ebene) bzw. 6830 DM (2. Ebene). Weniger häufig wird eine einmalige Summe gewährt, die meist bei Ausscheiden aus dem Unternehmen gezahlt wird. Die durchschnittliche Summe beträgt 35 000 DM (1. Ebene) bzw. 31 000 DM (2. Ebene) und ist damit nicht viel höher als ein halbes Jahresgehalt. Die übrigen Probleme der betrieblichen Altersversorgung sind die gleichen wie sie im Abschnitt 2.31 beschrieben wurden, nur ist zu beachten, daß durch die überragende Bedeutung der zusätzlichen Altersversorgung für die Leitenden Angestellten und die doch recht hohen Rückstellsummen, die das Unternehmen aufwenden muß, eventuelle Konflikte schwerer zu bereinigen sind.

Die Altersversorgung wird zum Teil ergänzt durch die Weiterzahlung des Gehaltes bei längerer Krankheit. Immerhin erhält jeder zweite Leitende Angestellte diese Leistung; dabei ist die Dauer der Weiterzahlung recht unterschiedlich und orientiert sich teilweise an den Regelungen im öffentlichen Dienst. Verschiedentlich bezahlt der Arbeitgeber auch die Höherversicherung für die 2. Pflegeklasse und eine Krankentagegeldversicherung.

Über die Gewährung von Dienstwagen wurde bereits im Abschnitt 2.61 berichtet. Der Statuscharakter und der wirkliche Einsparungseffekt machen diese Leistung für viele Führungskräfte besonders wichtig.

Etwas weniger häufig als Tarifangestellte erhalten Führungskräfte Weihnachts- und

Urlaubsgeld. Das hängt wahrscheinlich damit zusammen, daß ein Teil von ihnen statt dessen eine Tantieme und Prämie erhält.
Fast alle Leitenden Angestellten erhalten darüber hinaus – soweit sie in einer »befreienden« Lebensversicherung sind – einen Zuschuß in gleicher Höhe wie die staatlich versicherten Angestellten. Sehr oft werden vom Arbeitgeber auch noch Zuschüsse zu anderen Versicherungen gegeben. Das gilt speziell für Gruppenunfallversicherungen (vgl. Abschnitt 2.33), Kfz-Versicherungen, Risiko-Lebensversicherungen u. ä. Dagegen ist es in Deutschland sehr selten, daß Beiträge für Klubs bezahlt werden; lediglich für »betriebsnahe« Verbände und Vereinigungen werden Beiträge, die einzelne Führungskräfte bezahlen müssen, übernommen oder auch die Möglichkeit gewährt, während der Arbeitszeit Tagungen zu besuchen oder Organisationsarbeit zu leisten.
Eine wichtige Zusatzleistung für Führungskräfte ist die Festlegung einer langen Kündigungsfrist. Hat der Leitende Angestellte eine kurze Kündigungsfrist, kann er bei einer drohenden Rezession Opfer der Rationalisierung werden. Bei einer längeren Kündigungsfrist kann sich sein Vorgesetzter oder der Unternehmer dagegen selbst ausrechnen, daß die Führungskraft u. U. erst dann den Betrieb verlassen würde, wenn schon der nächste Boom beginnt. Man wird deshalb vorsichtiger sein, einen solchen Arbeitnehmer »vor die Tür« zu setzen. Besonders bedeutsam ist die längere Kündigungsfrist für ältere Führungskräfte, da sie meist eine sehr lange Zeit brauchen, um einen neuen Wirkungsbereich zu finden. Die Tabelle zeigt, daß besonders größere Unternehmen längere Kündigungsfristen vorziehen.

Kündigungsfristen der Führungskräfte

	1. Ebene		2. Ebene	
Unternehmensgröße	Andere als 6wöchige Kündigungsfrist zum Quartal in %	Durchschnitts-Dauer der Frist in Monaten	Andere als 6wöchige Kündigungsfrist zum Quartal in %	Durchschnitts-Dauer der Frist in Monaten
bis 5 Mio	78,3	6,8	40,0	5,6
über 5 bis 10 Mill.	78,0	5,8	58,5	4,7
über 10 bis 30 Mill.	85,2	6,9	64,7	5,9
über 30 bis 50 Mill.	89,0	7,0	68,2	5,9
über 50 bis 100 Mill.	89,2	9,1	76,8	7,2
über 100 bis 200 Mill.	83,9	7,3	71,3	5,8
über 200 bis 500 Mill.	87,0	6,9	86,7	5,6
über 500 Mill.	90,7	8,3	83,8	7,5
Insgesamt	87,1	7,6	71,7	6,2

Das Extrem sind Verträge, die keine oder zumindest keine Kündigungsfrist bis zum 65. Lebensjahr zulassen. Die Praxis zeigt aber, daß es dann immer noch Möglichkeiten zur Lösung des Arbeitsverhältnisses infolge »untragbarer Unstimmigkeiten« gibt.

Die Führungskräfte erhalten auch mehr Urlaub als andere Arbeitnehmer. Der Durchschnittsurlaub deutscher Vorstandsmitglieder beträgt bei einem Alter von ca. 50 Jahren zwischen 33–36 Tage. Die Kienbaum Gehaltsstrukturuntersuchung Leitende Angestellte ergab in diesem Jahr einen Durchschnittsurlaub von ca. 29 Tagen pro Führungskraft. Dabei ist die individuelle Urlaubszeit weitgehend von der Betriebszugehörigkeit oder vom Alter abhängig. Leitenden ist dieses Urlaubs-Mehr nur ein bescheidener Ersatz für viele unbezahlte »Überstunden«. Soziologische Untersuchungen haben nämlich gezeigt, daß Führungskräfte üblicherweise nicht mit einer 40- oder 45-Stunden-Woche auskommen, sondern schon im Normalfall 58 Stunden pro Woche arbeiten, d. h. umgerechnet ca. 75 Arbeitstage pro Jahr länger, als die Tarifarbeitszeit ergibt.

Durchschnittsurlaub (in Arbeitstagen) nach Altersklassen

Altersklassen	1. Ebene	2. Ebene
bis unter 35 Jahre	28,0	26,5
35 bis 45 Jahre	29,4	28,1
45 bis 55 Jahre	29,8	28,8
55 bis 65 Jahre	30,3	29,4
65 und mehr Jahre	31,1	27,5
Insgesamt	29,4	28,0

Über die Krankheitsanfälligkeit und die Streßgefährdung von Führungskräften gibt es unterschiedliche Ansichten. Allgemein wird angenommen, daß Führungskräfte häufiger krankheitsgefährdet sind und eine kleinere Chance haben, ihr Pensionsalter lebend oder ohne schwere körperliche Schäden zu erreichen. In der Sowjetunion wurde festgestellt, daß die Wahrscheinlichkeit für einen Herzinfarkt bei Führungskräften zehnmal höher ist als bei Bauern, die Überlebenschance nach einem Herzinfarkt ist hingegen nur halb so groß (46). Ehefrauen sowjetischer Wirtschaftsfunktionäre klagen in Leserbriefen über die Gesundheitsgefährdung ihrer Männer.

Zu ähnlichen Ergebnissen wie in der Sowjetunion kamen amerikanische Ärzte. Sie berichten immer häufiger auch von Managern, die innerlich und äußerlich, trotz eingehender Untersuchung, keinerlei Krankheitssymptome zeigten, Sport trieben und auch sonst recht gesund lebten – und eines Tages plötzlich einem Herzinfarkt erlagen.

Die Ärzte glauben, daß es an der inneren Einstellung dieser »Typen« liegt. Bisher haben sie kein Gegenmittel und können nur den Psychiater empfehlen.

Im allgemeinen gibt es aber durchaus sichere Anzeichen für gesundheitliche Schäden. Dabei ist die Bezeichnung »Managerkrankheit« unrichtig und wird von vielen Ärzten aus zweierlei Gründen abgelehnt.

Erstens handelt es sich bei der sogenannten Managerkrankheit um keine einheitliche Krankheit, sondern um einen Komplex mit nervösen Erscheinungen, Fettsucht, Verhärtung der Herzkranzgefäße, Neigung zum Herz- und Hirnschlag.

45 *Wollenberger,* Sport rettet oft das Leben von Menschen, Neues Deutschland, Berlin (Ost) vom 27. 5. 1967, S. 8.

Zweitens ist eine Häufung dieser Krankheitssymptome nicht nur bei »Managern«, sondern auch bei anderen Berufsgruppen mit hoher Arbeitsbelastung festzustellen.
Es bleibt jedoch die Tatsache bestehen, daß besonders Führungskräfte der Wirtschaft von den obengenannten Krankheitssymptomen betroffen werden. Untersuchungen dieser Personengruppen lassen den Schluß zu, daß zum erstenmal in der Geschichte der Menschheit einige hochqualifizierte und durch besonders hohes Einkommen gekennzeichnete Berufs- und Tätigkeitsgruppen eine geringere Lebenserwartung haben als der Rest der Bevölkerung. Diese vorerst als Tendenz anzusehende Erscheinung ergibt sich aus der prinzipiellen Verbesserung des Gesundheitsniveaus und der Hygieneerkenntnisse der Gesamtbevölkerung auf der einen Seite und dem relativen Zurückbleiben der Prophylaxe und der Heilbehandlung bei Führungskräften und anderen gefährdeten Gruppen auf der anderen Seite.
Neuere Untersuchungen wollen dagegen beweisen, daß es keine spezielle Gesundheitsgefährdung von Managern gibt.
»Der Executive befindet sich nicht unter übermäßigem Druck. Seine Gesundheit ist besser als beim Durchschnitt. Seine Lebenserwartung ist günstig. Lebensversicherungsgesellschaften sind glücklich, wenn sie solche Personen versichern können.« (46)
Diese Gruppe glaubt auch – und die Wirklichkeit beweist das oft – daß ein Großteil der Führungskräfte eine recht große Resistenz gegenüber der Gefährdung durch eine hohe Arbeitsbelastung entwickelt. Alle Mediziner sind sich aber einig, daß es notwendig ist, für Führungskräfte eine besonders intensive Gesundheitsbetreuung durchzuführen.
Am wirkungsvollsten ist dabei sicherlich, alle Ursachen für eine überdurchschnittliche Gesundheitsgefährdung abzubauen. Das erfordert weitgehende Veränderungen in der Führungs- und Organisationsstruktur der Unternehmen und sicherlich auch ein starkes Umdenken bei den Betroffenen. An dieser Stelle soll nur kurz auf einige Probleme eingegangen werden, die eine Beziehung zu Zusatz- und Sozialleistungen haben.
Eine wichtige Voraussetzung für die Gesunderhaltung der Führungskräfte ist die Schaffung günstiger Arbeits- und Lebensbedingungen. Aus der durchschnittlichen wöchentliche Arbeitszeit der Führungskräfte von ca. 58 Stunden (47) ergibt sich zum Beispiel – wie bereits angedeutet – die Notwendigkeit von mehr Urlaub, aber auch günstiger Arbeitsbedingungen, zum Beispiel einwandfreier Sitzgelegenheiten.
Aus der Notwendigkeit vieler Geschäftsreisen ergibt sich auch für die Betroffenen die Notwendigkeit, nicht nur kostengünstige, sondern auch kräftesparende Verkehrsmittel zu nutzen. Andere Möglichkeiten, die Arbeitsbelastung, und damit die Gesundheitsgefährdung, zu reduzieren, lassen sich seitenlang aufzählen.
Immer bedeutungsvöller wird ein System der Vorsorgeuntersuchungen in den Unternehmen.
Die DDR verläßt sich dabei – wohl zu Recht – wenig auf Einsicht und Freiwilligkeit der Führungskader, sondern ordnete durch Ministerratsbeschluß die periodische

46 *Johnson* zitiert nach Schweisheimer, W., Die Managerkrankheit ist ein Aberglaube, Personal 1/1973.
47 Vgl. *Grätz, F.*, Probleme der Arbeitsbelastung von Führungskräften in Ost und West, Deutschland Archiv 9/1972.

Dispensaireuntersuchung aller oberen Führungskräfte an; leider gilt das System noch nicht für die gleichfalls sehr gefährdete Schicht der mittleren Führungskräfte in den Betrieben. In der Bundesrepublik gibt es bisher nur bei einer sehr kleinen Anzahl von Unternehmen eine systematische Vorsorgeuntersuchung. Der Likörproduzent Eckes schickt seine Führungsmannschaft regelmäßig zur »Durchsicht« an die Universitätsklinik Mainz. Bei der Commerzbank dürfen sich alle Direktoren, wenn sie älter als 50 Jahre sind, von einem selbstgewählten Arzt auf Kosten der Firma untersuchen lassen.

AEG-Telefunken zwingt seine Spitzenmanager jährlich zu einem Gesundheitstest.

Die Beispiele lassen sich fortsetzen, insgesamt haben aber nicht mehr als 2–4 % aller Unternehmen ein System der vorbeugenden Gesundheitsvorsorge für ihre Führungskräfte installiert. Sicherlich ist das auch ein Grund dafür, daß ein Teil der Diagnosezentren inzwischen Konkurs angemeldet haben.

Eine gezielte Gesundheitspolitik beginnt bereits mit der Einstellungsuntersuchung und sollte auch Bestandteil der Nachwuchsförderung sein. Wenn wir beim Abschluß einer Direktversicherung bei 15 von 17 Prokuristen feststellen mußten, daß sie nicht gesund waren, so ist das ein schlechtes Zeichen. Hier war z. T. schon bei der Einstellung nicht überlegt worden, daß eine betriebliche Führungskraft durchschnittlich 20–30 Jahre im Unternehmen tätig ist, und von einem schon bei der Einstellung kranken Angestellten sicherlich in der Zukunft keine Maximalleistung erwartet werden kann.

Einige Unternehmen oder deren Beauftragte stellen andererseits zum Teil überhöhte Anforderungen und schließen prinzipiell mit Rauchern und Übergewichtigen keine Arbeitsverträge ab. Dieses Vorgehen ist sicherlich günstig für den zukünftigen Krankenstand und reduziert die Wahrscheinlichkeit künftiger Ausfälle, geht aber – besonders volkswirtschaftlich betrachtet – zu weit.

Die Einstelluntersuchung kann eine Voraussetzung dafür schaffen, daß nur weitgehend gesunde Führungskräfte tätig sind. Eine weitere Voraussetzung wird durch regelmäßige Vorbeugungsuntersuchungen geschaffen. Diese relativ teuren »Check-up« sind eine echte Zusatzleistung für den Leitenden Angestellten, zugleich aber für das Unternehmen eine Ausgabe, die sich lohnt; sie schafft die Voraussetzung für eine frühe, erfolgversprechende Heilbehandlung. Als sinnvoll hat sich ein zweijähriger Turnus bei diesen Vorsorgeuntersuchungen erwiesen. Nur bei bereits gesundheitsgefährdeten Führungskräften sollte jedes Jahr eine Untersuchung erfolgen.

Manche Unternehmen haben feste Verträge mit Diagnosezentren, Universitätskliniken oder anderen medizinischen Einrichtungen, die eine kostengünstige Abwicklung ermöglichen und meist auch gewährleisten, daß die Untersuchung in Übereinstimmung mit den betrieblichen Terminvorstellungen erfolgen kann.

Unterschiedlich ist die Handhabung, ob und in welcher Form die ärztliche Schweigepflicht aufgehoben werden kann und welche Konsequenzen eventuell ernsthafte Erkrankungen für das Arbeitsverhältnis des Leitenden Angestellten haben.

Qualitativ und quantitativ an Bedeutung gewinnt, noch mehr als beim Arbeiter oder Tarifangestellten, die Weiterbildung. Bei Führungskräften wird der Zwang zum Lernen vom einzelnen subjektiv schon sehr deutlich erkannt. Auch die Unternehmen erkennen mehr und mehr, daß eine Weiterbildung ihrer Leitenden Angestellten eine meist gut verzinsliche Investition ist und fördern deshalb die Weiterbildungsinitiative ihrer Mitarbeiter oder betreiben selbst Weiterbildungsplanung.

Weiterbildungsmöglichkeit für Führungskräfte

(Angaben in %, bezogen auf teilnehmende Firma)

Weiterbildungsmöglichkeiten	Beschäftigte bis 99	100 bis 249	250 bis 499	500 bis 999	1000 bis 1999	2000 bis 4999	5000 und mehr	insgesamt
Nein	40,4	30,3	25,0	27,5	15,4	26,7	25,0	26,8
Außerhalb der Dienstzeit	25,5	19,7	22,9	27,5	26,9	13,3	37,5	23,1
Während der Dienstzeit	4,3	–	3,1	1,3	1,9	3,3	–	2,0
Während und außerhalb	27,7	47,4	46,9	43,7	53,9	56,7	37,5	45,4
Insgesamt	100,0	100,0	100,0	100,0	100,0	100,0	100,0	100,0

Anmerkung: Fehler in den Summen durch fehlende Angaben.

Quelle: Kienbaum Gehaltsstrukturuntersuchung Leitende Angestellte 1972, S. 17.

Die Tabelle zeigt, daß die Intensität der Bemühungen unterschiedlich ist.

Die überwiegende Anzahl der an der Untersuchung beteiligten Firmen gibt ihren Führungskräften die Möglichkeit zur Weiterbildung. Diese kann dann entweder inner- oder außerhalb der Dienstzeit erfolgen und fast alle Firmen, die überhaupt eine Fortbildung ihrer Führungskräfte fördern, finanzieren diese dann auch. Die Kosten, die pro Führungskraft und Lehrgang angegeben werden, lagen 1972 mit 602 DM um 15 % höher als 1971. Wie die Spitze eines Eisberges ist dies aber nur der sichtbare Teil einer insgesamt weit größeren Summe. Die wirklichen Gesamtkosten (Spesen, Arbeitszeitausfall, Kosten für Bücher und andere Lehrmittel, Tagungsgebühren usw.) sind in diesem Betrag nicht enthalten, auch wenn die durchschnittliche Lehrgangsteilnahme pro Führungskraft zur Zeit erst bei ca. 4 Tagen pro Jahr liegt.

Kosten der Weiterbildung pro Lehrgang und Führungskraft

	Beschäftigte bis 99	100 bis 249	250 bis 499	500 bis 999	1000 bis 1999	2000 bis 4999	5000 bis 9999	10 000 und mehr	insgesamt
Durchschnittsbetrag in DM	420	482	496	497	584	492	610	700	602

Quelle: Ebenda.

Die »durchschnittliche« Führungskraft besucht alle 8 Monate einen Lehrgang oder eine andere Weiterbildungsveranstaltung. Es überwiegt dabei eine sporadische Weiterbildung. Die Tabellen zeigen auch, daß das Problem der Weiterbildung besonders in Großbetrieben intensiver angepackt wird als in Klein- und Mittelbetrieben.

Regelmäßigkeit der Weiterbildung von Führungskräften

	Beschäftigte bis 99	100 bis 249	250 bis 499	500 bis 999	1000 bis 1999	2000 bis 4999	5000 und mehr	insgesamt
Unregelmäßige Weiterbildung (in % aller Firmen)	83,8	94,4	90,2	86,3	88,3	80,3	57, 5	86,7
Regelmäßige Weiterbildung (in % aller Firmen)	16,2	5,6	9,8	13,7	11,7	15,7	42,5	13,3
Bei regelmäßiger Weiterbildung: Durchschnittlicher Abstand der Lehrgänge (in Monaten)	6,0	7,0	6,0	6,4	9,5	10,8	18,0	8,4

Anmerkung: Die Prozentzahlen beziehen sich nur auf die Firmen, die überhaupt irgendeine Form der Weiterbildung bieten.

Quelle: Ebenda.

Andere Leistungen sind selten oder haben relativ wenig Bedeutung. Das trifft zum Beispiel zu auf:

- Essengeldzuschüsse
- vermögenswirksame Leistungen
- Bezahlung höherer Spesen als steuerlich absetzbar bzw. Vertrauensspesen
- Übernahme von Telefonkosten
- Urlaub auf Kosten der Firma
- Gestellung von Handwerkern, Gärtnern, Fahrern, Hausangestellten usw.
- Zinsverbilligte Kredite zum Hausbau und anderen großen Ausgaben
- Nutzung von Jagden, Segelbooten u. ä.

Wenn man über neue Tendenzen bei Zusatz- und Sozialleistungen für Führungskräfte nachdenkt, so lassen sich eindeutige Trends, die von denen der übrigen Arbeitnehmer abweichen, kaum feststellen.

Noch mehr als in der Vergangenheit wird in der Zukunft überlegt werden, welche Zusatz- und Sozialleistungen steuerfrei oder steuergünstig gewährt werden können, um damit die besonders hohe und schnell wachsende Steuerbelastung der »Leitenden« zumindest tendenziell zu bremsen.

Je nachdem, welches Mitbestimmungsmodell in Zukunft gewählt wird, ist mit einer relativ starken Veränderung der Rolle der Leitenden Angestellten zu rechnen, wodurch sich auch die Zusatzleistungen für sie verändern könnten.

2.8 *Sonstige Zusatz- und Sozialleistungen*

2.81 Soziale Raumgestaltung

Räumliche und sachliche Umwelt beeinflussen nachweisbar unser Wohlbefinden und das Zusammenleben der Menschen. Die in den letzten Jahren immer stärkere Betonung des Umweltschutzes ist eine generelle Darstellung der damit verbundenen Probleme. Der für die Menschen neben ihrer Wohnung wichtigste Umgebungsraum ist aber der Betrieb, in dem er arbeitet, und es ist keineswegs gleichgültig, wie dieser Raum als Hintergrund seiner sozialen Beziehungen beschaffen ist.

Dabei geht es nicht um philantropische Träume einer idealisierten Arbeitswelt, sondern um sehr nüchterne Fragestellungen und Aufgaben. Natürlich dienen Maschinen, Anlagen und Räume zunächst einmal dem real wirtschaftlichen Zweck möglicher Leistungserstellung. In dieser spielen aber die Menschen eine so entscheidende Rolle, daß alle technisch-wirtschaftlichen Einrichtungen auch ihren Bedürfnissen optimal entsprechen müssen. Der langjährige Kampf um das Maschinenschutzgesetz zeigt, wie schwer es war, deutlich zu machen, daß es nicht nur um ein technisches, sondern ebenso um ein soziales Problem geht. Dabei kann das erst als ein Anfang angesehen werden. Erst wenn der Gedanke zum vollen Durchbruch und Erfolg kommt, daß jeder Betriebsraum als Sozialraum gesehen und verstanden wird, besteht die Chance, ihn auch als solchen zu gestalten und zu pflegen. Daß unter diesem Gesichtspunkt, und er erscheint uns sehr real, unsere heutige Umwelt der Betriebe noch sehr viele Wünsche unerfüllt läßt, ist bekannt. Bei neuen Bauten der letzten Jahre hat sich schon viel verändert.

»Die Mehrzahl der deutschen Betriebe ist geschichtlich gewachsen, und die Arbeit des Menschen vollzieht sich in Räumen und Gebäuden, die vor Jahrzehnten vielfach unter völlig anderen Gesichtspunkten der Fertigung, des betrieblichen Ablaufs und der menschlichen Bedürfnisse gebaut wurden. Aus diesen Gegebenheiten erwachsen nicht nur Schwierigkeiten im betriebstechnischen Ablauf . . ., man kann ebenso nachweisen, daß sich daraus direkte und leistungsmindernde Einflüsse beim arbeitenden Menschen bemerkbar machen. . . . Gleichgültig, woher die Mängel kommen . . . aus dem Sachlichen kommende persönliche Reibungen sind unausbleibliche Folgen (48).

Damals wie heute gilt die Schlußfolgerung: »Die betriebliche Anlagenplanung muß also, so erschwerend das für den Planenden sein mag, aus dem Vorausdenken von Abläufen erfolgen, bei denen sowohl an die Bewegung von Material als auch von Menschen gedacht werden muß. Dabei hat sich in der praktischen Arbeit gezeigt, daß bei der Bürohausplanung das menschliche und zwischenmenschliche Problem eine noch größere Rolle spielt als in der Werkstättenplanung« (49).

In Zusammenfassung des damals Gesagten gilt auch heute noch: »Eine Bestleistung wird nur erreicht, wenn neben den soziologisch-psychologischen Führungsfragen die auch nach arbeitswissenschaftlichen Erkenntnissen erreichbare Vollkommenheit der installierten Technik erzielt wird.« (50)

Die sachliche und menschliche Gestaltung der Arbeitsplätze und Arbeitsräume spiegelt eine innere Einstellung der Unternehmen zu ihren Mitarbeitern wider und ist damit Grundlage und Bestätigung einer Sozialpolitik, in der andere Zusatz- und Sozialleistungen ebenfalls Bedeutung als Teile eines Ganzen haben.

Werkstatt und Büro sind Räume, in denen sich soziales Geschehen vollzieht, und zwar in noch viel stärkerem Umfang als in den Räumen, die sonst schlechtweg als »Sozial-

48 *Mennecke, K.*, Einfluß der Anlagenplanung auf die menschliche Betriebsleistung, Zentralblatt für Arbeitswissenschaft, Frechen, Mai 1962, S. 65.
49 *Mennecke, K.*, a.a.O., S. 66.
50 *Mennecke, K.*, a.a.O., S. 67.

räume« der Unternehmen angesehen werden. Dabei hält sich der Arbeitnehmer in diesen Sozialräumen eine nur verhältnismäßig kurze Zeit auf gegenüber der, die er an seinem Arbeitsplatz verbringt.
Trotzdem haben sich am Themenkomplex »Soziale Räume als Zusatz- und Sozialleistungen« viele Auseinandersetzungen zwischen Arbeitgeber und Arbeitnehmer entzündet. Das ist auch nicht überraschend, weil man hier unmittelbar und optisch darlegen kann, wie der Arbeitnehmer sich vom Arbeitgeber eingeschätzt fühlt. Nun steht außer Zweifel, daß sich Lebensstil und äußere Form unseres Lebens in Kleidung, Wohnung, Hygiene, Selbsteinschätzung und -darstellung in diesem Jahrhundert entscheidend geändert haben. Dies hat auch seine unmittelbaren Rückwirkungen auf die Ansprüche und Forderungen, die wir heute in Deutschland an Kantinen, Wasch- und Umkleideräume, Sanitätsräume, Toiletten und ähnliche Räume stellen. Dabei hat unsere Vorstellung von solchen Räumen einen hohen Stand erreicht, wenn man ihn mit anderen Ländern vergleicht. Doch es gibt auch in Deutschland noch erhebliche Unterschiede in Art und Umfang der Bereitstellung solcher Räume und in der an sie gestellten Anspruchshöhe. Dabei besteht ein gewisses Gefälle nach mehr städtischen oder ländlichen Vorstellungen, obwohl sich auch das, wie vieles andere, abbaut.
Auf alle Fälle ist Einrichtung, Pflege und Nutzung der Räume eine anerkannte Komponente im Bereich der freiwilligen sozialen Leistungen. Die Befriedigung des nur durch Gewerbeaufsicht und gesetzliche Vorschriften erforderlichen Mindestbedarfs genügt nicht, weder für die allgemeinen Betriebsräume noch der speziell als Sozialräume bezeichneten.
Viele Unternehmen haben das erkannt. Bei der Neueröffnung eines Betriebes in ländlicher Gegend erklärte das Unternehmen, es wolle seinen Mitarbeitern durch diese vorbildlich hellen und sauberen sowie funktional zweckmäßigen und technisch fortschrittlichen Betriebs- und Sozialräume (obwohl das örtlich noch nicht üblich sei) das Bewußtsein der Sonderstellung dieses Unternehmens in seinem näheren Gebiet ebenso nahebringen wie die Sauberkeit und Präzision seiner Produkte. Dabei soll nicht übersehen werden, daß technologische Gründe, Grad der Verschmutzung, Notwendigkeit des Auswechselns von Straßen- und Arbeitskleidung für die unterschiedlichen im Unternehmen beschäftigten Arbeitsgruppen zu unterschiedlichen Lösungen auch bei den Sozialräumen führen können.
Trotz des Vorliegens von Richtlinien und beispielhaften, guten Anlagen werden leider immer noch, auch bei Neubauten, hinsichtlich der Anordnung der Sozialräume, ihrer räumlichen Gestaltung und Einrichtung, Fehler gemacht. Wer sich mit Fragen des Um- und Neubaues von Betriebsanlagen befaßt, darf sich also nicht in erster Linie von nur bauplanerischen Architektenlösungen beeinflussen lassen, sondern muß funktionsgerechte und soziale Überlegungen anstellen, aus denen erst die Aufgabenstellung an den Architekten erwächst.

Obwohl sich die Fragen der Wasch- und Umkleideräume, Kantinen, Aufenthaltsräume u. ä. als wirksame soziale Teilleistung der Unternehmen fortsetzen ließen, verzichten wir hier darauf in der Hoffnung, daß aus diesen wenigen Anregungen in dem einen oder anderen Fall intensivere Überlegungen Platz greifen, diese Leistungen zu verbessern und wirksamer zu machen. Dabei soll nicht übersehen werden, daß die auf diesem Gebiet von den Unternehmen teils mit hohen Investitionen geschaffenen und mit laufenden Kosten unterhaltenen Einrichtungen immer wieder auch von Menschen mißbraucht werden, die Ordnung und Sauberkeit weniger achten und schätzen. Das geschieht nur zum Teil bewußt, zum größeren unbewußt. Hier besteht eine nahe Verwandtschaft zu Fragen des Umweltschutzes, oder ist gekennzeichnet durch die Aufforderung »Haltet den Parkplatz sauber«. Der eine tut es, der andere muß dazu erzogen werden, das ist schließlich eine sozialpolitische Erziehungsaufgabe.

2.82 Statussymbole und Zusatzleistungen

»Statussymbole sind wahrnehmbare Zeichen, die einander unbekannten Individuen helfen, die soziale Stellung des anderen zu ermitteln, um die Verhaltensorientierung zu erleichtern; außerdem haben sie die Aufgabe, in eingespielten sozialen Beziehungen vorhandene Rangunterschiede immer wieder bewußt zu machen, um sie dadurch zu bestätigen.
Die Stellung eines Menschen wird innerhalb eines bestimmten Rahmens menschlichen Zusammenlebens – Betrieb, Kirche, Universität – durch Zeichen von Symbolcharakter für die Umwelt erfaßbar gemacht. Da mit jeder sozialen Stelle spezifische Verhaltenserwartungen verbunden sind, ermöglichen Statussymbole die Orientierung des einzelnen, indem sie darauf hinweisen, mit ›wem man es zu tun hat‹ und ›wer man selbst ist‹. Soziale Stellungen sind jedoch nicht unabhängig von ›Wertungen‹ denkbar, die sich aus der strukturellen Verfassung der Gesellschaft ergeben und eine rangmäßige Einstufung der Stellungen bedingen. Die Menschen betrachten sich untereinander als ungleich bezüglich ihrer Rechte und Pflichten und drücken diese Tatsache im sozialen Umgang deutlich aus.« (51)
Der Begriff »Statussymbole« hat in der letzten Zeit einen immer negativeren Klang bekommen. Bezeichnet werden damit häufig Formen, bei denen das Symbol entweder keinen Zusammenhang mit der Wirklichkeit hat, oder in denen es die Wirklichkeit aufdringlich, und damit abstoßend widerspiegelt. Gleichzeitig gibt es aber noch eine ganze Reihe von Statussymbolen, die eine echte Funktion haben. Diese Funktion kann darin bestehen, daß Informationen an die Umwelt gegeben werden. Das Statussymbol »rote Mütze« des Fahrdienstleiters gibt den Fahrgästen eine bessere Information als es bei Beamten in Zivil möglich wäre. Das gleiche gilt für militärische Organisationen und andere Einrichtungen, in denen das Erkennen von Vorgesetzten und Spezialisten notwendig oder wünschenswert ist. Viele Statussymbole haben darüber hinaus Werbe- und Public-Relations-Charakter; die Probleme, die sich daraus für die Dienstkleidung ergeben, sind im Abschnitt 2.64 dargestellt. Oft bedeutet das gleichzeitig Personalwerbung und Möglichkeit der Motivation der eigenen Mitarbeiter. Es soll Bundesbahnbeamte geben, die 20 und mehr Jahre warten, damit sie einmal die rote Mütze aufsetzen können. Auch heute noch ist der Titel Direktor und Prokurist erstrebenswert, und es gibt sogar Prokuristen, die den Titel praktisch nur ehrenhalber tragen. Im Rahmen dieses Buches soll nur die Beziehung zwischen Symbol und Motivation des einzelnen, des »Statussymbolempfängers«, geprüft werden. Diese Notwendigkeit ergibt sich dadurch, daß ein Teil der Statussymbole zugleich Zusatz- oder Nebenleistungen beinhalten. Sehr häufig ist auch mit einem an sich immateriellen Statussymbol – zum Beispiel einem Titel – eine Zusatz- und Sozialleistung verbunden.

51 *Bolte, K.-M.; Recker, H.*, in Management-Enzyklopädie, Band 5, München 1972, S. 552.

Eine Grobgliederung möglicher Statussymbole, die für die industrielle Arbeitswelt Bedeutung haben, macht das deutlich:

1. Offizielle Titel
   zum Beispiel Ing. grad., Doktor, Dipl.-Ing., Professor, Magister, Konsul, Studienrat, M. d. B.
2. »Betriebstitel«
   zum Beispiel Direktor, Prokurist, Oberingenieur, Meister, Abteilungsleiter, Projektleiter
3. Statussymbole in Form von Einrichtungen
   zum Beispiel Möbel, Teppiche, Zimmergröße, Fensteranzahl, Kühlschrank im Vorzimmer
4. Benutzung von bestimmten Gegenständen und Einrichtungen
   zum Beispiel Dienstwagen, Segeljacht, Benutzung des »Direktionsfahrstuhls«, Benutzung des »Prokuristenspeiseraums«
5. Immaterielle Statussymbole
   zum Beispiel Erwähnung in Werkszeitschriften, Ehrenmitgliedschaft in Vereinen, Hinzuziehung zu wichtigen Dienstbesprechungen, bevorzugte Informierung
6. Bezüge und andere geldwerte Vorteile
   zum Beispiel Prämien für Verbesserungsvorschläge, kostenlose Teilnahme an Weiterbildungsveranstaltungen
7. Allgemeine Konsumstatussymbole
   zum Beispiel Kleidung, Haus, Wagen, Schwimmbad, Reitpferd.

Zusatzleistungen, die zugleich Statussymbole sind, bedeuten meist einen doppelten Nutzen. Sie bringen einen materiellen Vorteil und gleichzeitig eine nichtmaterielle Motivation.

Es ist nun die Frage, welchen Sinn es hat, Zusatz- und Sozialleistungen mit Statussymbolen zu verquicken. Man muß eine Wirkung regelmäßig verneinen, wenn es um reine Sozialleistungen geht. Die Gewährung von Sozialleistungen kann kaum mit der Symbolisierung eines Status verbunden werden. Anders ist es dagegen, wenn es um Jubiläumsfeiern und Geschenke geht. Hier soll unter anderem auch symbolisiert werden, daß man einen Mitarbeiter ehrt, der für den Bestand und die Leistungsfähigkeit des Unternehmens wichtig, eventuell sogar unentbehrlich ist oder war. Von der Form des Geschenkes oder der Art der Durchführung der Feier wird es abhängen, ob dieses Ziel erreicht werden kann. Beim Statussymbol kommt hinzu, daß es nicht ausreicht, eine schöne Feier zu veranstalten, und das Geschenk sorgfältig auszusuchen. Der Statushinweis muß in irgendeiner Form auch nichtbeteiligten Personen offenbart werden. Das kann unter anderem geschehen, indem das Geschenk in entsprechend repräsentativem Rahmen überreicht oder über die Jubiläumsfeier mit Fotos der Beteiligten in der Werkszeitschrift berichtet wird. An einem anderen Beispiel soll der Gesamtvorgang deutlich gemacht werden:

Grundvorgang: Der Abteilungsleiter X wird Prokurist.

Als Statussymbol wirken:

- der Titel Prokurist
- der damit verbundene Umzug in ein neues, größeres Dienstzimmer
- der ebenfalls mit der Beförderung verbundene Dienstwagen.

Die Wirkung wird unterstützt:

- durch die Bekanntgabe der Beförderung in den Dienstbesprechungen und in der Werkszeitschrift.

Eine zusätzliche materielle Motivation entsteht:

- durch den geldwerten Vorteil des Dienstwagens
- durch eine Gehaltserhöhung
- durch eine verbesserte betriebliche Altersversorgung.

Eines der Probleme der Statussymbole liegt darin, daß mit ihnen meist die Hervorhebung eines einzelnen oder zumindest einer Gruppe verbunden ist. Das schafft eventuelle Aversionen bei den nicht Ausgezeichneten, die sich dann als Benachteiligte und Unterprivilegierte fühlen könnten.
Gleichzeitig muß betont werden, daß die einzelnen Statussymbole einem relativ schnellen Prestigewandel unterworfen sind. Titel, die gestern noch Prestige verkörperten, sind eventuell morgen schon nicht mehr erstrebenswert. Einige Unternehmen haben dazu selbst beitragen, indem sie durch die großzügige Ernennung von Prokuristen, Handlungsbevollmächtigten, Titulardirektoren u. ä. eine »Titel-Inflation« geschaffen haben. Das Wirtschaftsmagazin Capital zählt Firmentitel praktisch für jeden Buchstaben des Alphabets auf (52), und in manchen Unternehmen gibt es mehr Prokuristen als Angestellte ohne Prokura. Oft entsteht dann der Eindruck, daß die Firma lieber kostenlose Titel vergeben will als echte Statusverbesserungen mit entsprechenden Dotierungsänderungen zu schaffen. Insgesamt geht die Tendenz weg vom offiziellen oder offiziösen Titel und hin zum indirekten (informellen) Statussymbol. Diese Symbole sind meist nicht mehr Selbstzweck, sondern haben auch noch einen Zusatznutzen. In diesem Zusammenhang kann man ein Großteil der »geldwerten« Zusatzleistungen als Statussymbol bezeichnen. Das Gehalt selbst signalisiert oft Ansehen und Macht.
Nicht nur der einzelne empfängt oder benutzt Statussymbole, sondern auch größere und kleine Gruppen haben einen spezifischen Status und nutzen Statussymbole. Zum Teil sind das die Produkte des Unternehmens oder Teile davon (Mercedes = Mercedesstern), Firmensymbole und Werbezeichen. Andere Unternehmen bauen sich Häuser, die durch ihre Form (BMW-Zylinderhaus) oder ihre Größe (Versicherungspaläste) zugleich Statussymbole sind. Oft ist es auch nicht deutlich, ob der Grund für manche Investition und Schaffung von Einrichtungen eine Zusatzleistung für die Belegschaft gewesen ist oder ein Statussymbol für das Unternehmen oder die Unternehmensleitung (53).

2.83 Spesen

Spesen als Zusatzleistungen anzusprechen ist an sich falsch, weil sie nur Ersatz für Aufwendungen sein sollen, die dem Empfänger aus entstehenden zusätzlichen, vom Betrieb veranlaßten Kosten erwachsen. Trotzdem geht aus mancher Debatte immer wieder

52 Vgl. Capital Nr. 10/1971, S. 191 f.

53 Zum Problem Statussymbol vgl. auch *Ponsiven, J. A.*, Symbole im sozialen Leben Köln/Opladen 1962, Die Möbelhierarchie Wirtschaftswoche vom 29. 1. 1971. *Packard, V.*, Die Pyramidenkletterer, Düsseldorf und Wien 1963.

deutlich hervor, daß sie einen gewissen Charakter eines steuerfreien Zusatzes zum normalen Einkommen haben können. Nur so sind die im Volksmund bekannten Begriffe des »Spesenritters« und des »Frühstücksdirektors« zu verstehen, deren Abrechnungen sowohl von seiten der Unternehmen als auch der Betriebsprüfer des Finanzamtes unter die Lupe genommen werden und sogar im Blickfeld des Gesetzgebers stehen.
Soweit mit den Spesen nur tatsächlich entstandene Unkosten gedeckt werden, wären sie hier nicht zu behandeln. Die zu vergütenden Kosten können nach zwei Kategorien unterschieden werden, und zwar:

- Fahrtkosten sowie
- Aufenthalts- und Übernachtungskosten, wobei unter diesen auch Einladungskosten am Arbeitsort oder dessen näherer Umgebung verstanden werden.

Wenn man von Fällen der Kombination einer Dienstfahrt mit gleichzeitiger Befriedigung persönlicher Interessen absieht, entsteht bei der Übernahme der Fahrtkosten durch das Unternehmen kein zusätzlicher Nutzen. Dies gilt eindeutig bei der Zurverfügungstellung von Fahr- bzw. Flugkarten. Anders liegt es bei den von den Finanzbehörden anerkannten Pkw-Pauschalen von DM 0,25/km. Hier setzt der Empfänger solcher Pauschalen heute eindeutig aus seinem Einkommen zu.
Nach neueren Übersichten – sie berücksichtigen allerdings noch nicht die letzten Erhöhungen der Benzin- und Versicherungskosten – sind die wirklichen Aufwendungen pro Kilometer folgende:

1300 ccm Hubraum	durchschnittlich 0,44 DM
1600 ccm Hubraum	durchschnittlich 0,50 DM
2000 ccm Hubraum	durchschnittlich 0,60 DM

(bei einer Jahreskilometerleistung von 15 000 km) (54).

Viele Arbeitnehmer weigern sich deshalb schon mit ihrem privaten Pkw Dienstfahrten durchzuführen.
Gewährt das Unternehmen höhere als die von den Finanzbehörden zugelassenen 0,25 DM an Kilometerpauschalen, ist der 0,25 DM übersteigende Betrag dem zu versteuernden Lohn bzw. Gehalt hinzuzurechnen (54 a). Dadurch wird es eine Frage des vom Empfänger zu zahlenden Steuersatzes, ob er noch auf seine Kosten kommt oder in für ihn günstigen Fällen sogar noch einen kleinen, steuerfreien Mehrbetrag erhält. Dies kann vor allem dann der Fall sein, wenn vom Empfänger jährlich hohe Kilometerleistungen (40 000 und mehr) dienstlich abgerechnet werden, weil die fixen Kosten für Versicherung, Steuer, Verzinsung sich auf mehr Kilometer verteilen.
Bei den Tages- und Übernachtungsspesen liegen die Dinge etwas anders. Man muß unterscheiden

- Abrechnung der entstandenen Kosten nach Beleg und
- Verrechnung nach Pauschalsätzen.

Bei der Abrechnung nach Belegen entsteht formal kein Zusatznutzen. Man müßte daher annehmen, daß niemand daran interessiert wäre »Spesen« in diesem Sinne zu machen.

54 Vgl. ADAC-Motorwelt, München Nr. 4/1973.
54a Nach Redaktionsschluß ist eine Veränderung auf 0,30 bzw. 0,32 geplant.

Die Wirklichkeit zeigt aber, daß es Mitarbeiter gibt, die es verstehen, beispielsweise aus der Einladung von Firmengästen einen persönlichen, wenn auch bescheidenen Nutzen zu ziehen und die Möglichkeit dazu auch suchen. In großen Unternehmen bestehen daher meist sehr genaue Regelungen, wer wen, und mit welchem Aufwand, einladen darf, sei es ins Kasino, eine Gaststätte oder sogar ein Vergnügungsetablissement, um mißbräuchlichen Nutzen zu verhindern. In mittleren und kleineren Firmen wird mehr nach persönlichem Vertrauensgrundsatz verfahren. Fest steht, daß in die Beurteilung des Unternehmens durch manchen Arbeitnehmer auch die Frage der Großzügigkeit oder der kleinlichen Behandlung der Spesenabrechnung eingeht.
Die pauschale Abrechnung der Tages- und Übernachtungsgelder mit ihren steuerlich zur Zeit unschädlichen Höchstsätzen von 30 DM Tagesspesen und 29 DM Übernachtungskosten kann bei den Preissteigerungen der letzten Jahre kaum zu einem steuerfreien – und darauf kommt es dem Empfänger an – Zusatzeinkommen führen. Insbesondere muß man bedenken, daß es sich um Höchstsätze handelt, die bei niedrigerem Gehalt oder Lohn des Empfängers noch erheblich tiefer liegen. Ferner sollte beachtet werden, daß Dienstreisen im Normalfall Zusatzanstrengungen (längere Dienstzeit, hygienische Nachteile, erhöhten Aufwand für Kleidung, psychische Belastungen u. ä.) bedeuten, die zwar nicht steuer- und arbeitsrechtlich, aber doch vom »psychologischen Erwartungswert« her eine »Zusatzbelohnung« erhoffen lassen und rechtfertigen.
Gewiß treten bei Einladungen, Dienstreisen u. ä. auch Einsparungen im eigenen Haushalt ein, sie sind aber doch so niedrig anzusetzen, daß daraus »die Freude, Spesen machen zu können« nicht abgeleitet oder beeinflußt werden kann. Unternehmen, in denen Mitarbeiter häufig dienstlich unterwegs sind, sollten eine betriebliche Reisekostenordnung haben, in die, soweit in den Branchen vorhanden, auch die tariflichen Absprachen über Montageauslösungen aufzunehmen sind. Unter voller Ausnutzung der steuerlichen Unschädlichkeit für den Empfänger soll die Reisekostenordnung dem Arbeitnehmer das Gefühl geben, daß er nicht übervorteilt werden soll, daß man ihm im Rahmen des Möglichen eine gewisse Freiheit läßt – im Gegensatz zu den strengen Reisekostenvorschriften der öffentlichen Hand – und daß alle Mitarbeiter im Unternehmen gleich behandelt werden. Wie der einzelne Mitarbeiter dann mit der ihm gewährten Pauschale umgeht, ist wirklich seine Sache und sollte ihm nicht nachgehalten werden. Erst daraus kann dann unter Umständen auch eine gewisse Befriedigung am »Zusatznutzen« erwachsen. Dabei ist es natürlich, daß das Unternehmen darauf achten wird, daß die Regelungen nicht zu attraktiv werden und Dienstreisen nicht des Zusatznutzens wegen geplant werden (55).

2.84 Vergütungen für Arbeitnehmererfindungen

Welche Stellung die Arbeitnehmererfindung in vielen Unternehmen hat, verdeutlicht die Unterüberschrift eines Artikels von A. Kuhnke: »Ein heikles, lästiges – mitunter sogar ein betriebsstörendes Thema!« (56) Erst seit 1942 gibt es in Deutschland eine,

55 Vgl. zu diesem Abschnitt u. a. *Hohn, H.*, Reisekosten und Auswärtszulagen im Arbeitsleben, Heidelberg 1968.
56 Die Arbeitnehmererfindung, Produktion Nr. 9/1968, S. 97 ff.

sehr oft gebrochene »Verordnung über die Behandlung von Erfindungen von Gefolgschaftsmitgliedern«. Eine Vergütungsfestlegung war weitgehend dem Unternehmen überlassen.

Das jetzige Recht ist in dem 1957 in Kraft getretenen »Gesetz über Arbeitnehmererfindungen« festgelegt (57). Danach muß der Arbeitgeber dem Arbeitnehmer-Erfinder eine angemessene Vergütung gewähren, wenn er diese Erfindung wirtschaftlich nutzt. Die Angemessenheit richtet sich dabei nach der Art des Zustandekommens der Erfindung (z. B. Rolle der betrieblichen Einrichtungen, Zustandekommen in oder außerhalb der regulären Dienstzeit und Dienstaufgaben usw.) und nach dem wirtschaftlichen Nutzen. Wenn sich Arbeitgeber und Arbeitnehmer nicht über die Art und Höhe der Vergütung einigen können, kann die Schiedsstelle beim Deutschen Patentamt angerufen werden, bei Nichtakzeptierung auch die ordentlichen Gerichte. Die »Richtlinie des Bundesarbeitsministers für die Vergütung von Arbeitnehmererfindungen im privaten Dienst« (58) schafft Ermittlungsmaßstäbe, die jedoch nicht immer konfliktfrei anwendbar sind. Im allgemeinen kann man annehmen, daß die Vergütung wesentlich geringer ist als der voraussichtliche Nutzen. Es handelt sich hierbei also um eine Zusatzleistung und gleichzeitig auch um ein Leistungsentgelt, das sehr oft einseitig zugunsten des Arbeitgebers ausfällt, der freilich auch meist wesentliche Voraussetzungen für das Zustandekommen der Erfindungen schafft, ohne daß dies immer bis in Einzelheiten feststellbar wäre oder festgestellt wird.

Die immer größere Bedeutung, die der Erfinder und die Erfindung als Produktivkraft im Unternehmen hat, sollte dazu führen, daß sich das Unternehmen ebenso wie beim betrieblichen Vorschlagswesen Gedanken macht durch welche Mittel sich die Zahl und Güte der Erfindungen erhöhen läßt. Das bedeutet sicher sehr oft, auf das Bewußtsein der Beteiligten einzuwirken, aber auch eine ausreichende ideelle und materielle Motivation zu schaffen. In vielen Fällen führen zu knapp bemessene Erfindervergütungen dazu, daß weitere Erfindungen erst gar nicht gemacht (oder bekannt gegeben) werden. Ansonsten gibt es eigentlich keinen Grund Erfindungen als heikel, lästig und störend zu betrachten (59).

2.85 Vergütungen für Verbesserungsvorschläge

Man könnte darüber streiten, ob das betriebliche Verbesserungsvorschlagswesen überhaupt eine Sonder- und Zusatzleistung des Unternehmens ist. Wer einen Verbesserungsvorschlag macht, hat eine Leistung erbracht, für die eine Vergütung gezahlt wird. Da aber nicht die Rede davon sein kann, daß in einer Vielzahl von Unternehmen das Vorschlagswesen bereits eine feste Institution ist, die von seiten des Unternehmens Anstrengung und Aufwand bedeutet, der den Mitarbeitern zugute kommt, muß allein schon das echte Bemühen um ein Verbesserungsvorschlagswesen als eine Sonderleistung angesprochen werden, die beiden Seiten zugute kommt.

Jungbluth sagt: »Das betriebliche Vorschlagswesen ... wird mehr und mehr zu einem bedeutsamen Element neuzeitlicher Unternehmensführung ... Die Folgekette Mitwis-

57 Bundesgesetzblatt I 1957, S. 756.
58 Beilage zum Bundesanzeiger Nr. 156 v. 18. 8. 1959.
59 Vgl. Abschnitt 2.85.

sen – Mitarbeiter – Mitdenken – Mitgestalten – Mitverantworten – Mitbestimmung ist das Charakteristikum für den Wandel der Stellung des Menschen in der Arbeitswelt. . . .

In diesem Komplex ist die organisatorische Einrichtung des betrieblichen Vorschlagswesens (BVW) eine logische Konsequenz, die geradezu das Tor öffnet für die positive Entfaltungsmöglichkeit zum Mitarbeiter im wahrsten Sinne.« (60)

Bundesminister Arendt sagte im ähnlichen Sinne auf dem 19. Arbeitswissenschaftlichen Kongreß am 14. 3. 1973 in Essen: »Der Arbeitnehmer muß die Möglichkeit zur Mitgestaltung seiner Arbeitsumwelt haben. Gerade hier sind noch viele Reserven ungenutzt.« (61)

Die Mobilisierung dieser in den Mitarbeitern schlummernden Reserven erfordert von seiten des Unternehmens gezielte Maßnahmen und Beharrlichkeit in der Verfolgung der einmal gesetzten Ziele. Die Erweckung des Bewußtseins, mitschöpferisch tätig sein zu können, ist noch wichtiger als die vom Arbeitnehmer zu gewinnende Prämie oder Anerkennung.

Was aber ist ein Verbesserungsvorschlag überhaupt, der anzuerkennen oder zu prämiieren ist?

Jungbluth definiert wie folgt: »Als Verbesserungsvorschläge sind alle von den Belegschaftsmitgliedern vorgebrachten Ideen anzuerkennen, die über den Rahmen der dem einzelnen übertragenen Pflichten und über seine Verantwortung hinausgehen.« (62)

Eine ordnungsgemäße Bearbeitung von Verbesserungsvorschlägen erfordert nach Jungbluth einen hauptamtlichen Mitarbeiter auf 250–350 Verbesserungsvorschläge je Jahr. Die Kosten für diese hauptamtliche Kraft lassen sich in vollem Umfang verantworten, wenn man bedenkt, daß die Vorschlagsprämien häufig nur 5 % bis 10 % des dem Unternehmen zuwachsenden Jahresnutzens entsprechen, wobei bereits die Anerkennungsprämien mit enthalten sind, die für solche Vorschläge gezahlt bzw. ausgesprochen werden, deren Nutzen für das Unternehmen sich nicht in Mark und Pfennig ermitteln läßt oder durch die überhaupt kein Nutzen entsteht.

Das Funktionieren des Verbesserungsvorschlagswesens hängt dabei sowohl von der Einstellung aller Führungskräfte zu dieser Einrichtung, als auch von der funktional-organisatorisch ordnungsgemäßen Abwicklung desselben ab.

Federführend für den Erfahrungsaustausch über Bewertungssysteme und Prämienhöhe im Verbesserungsvorschlagswesen ist das Deutsche Institut für Betriebswirtschaft in Frankfurt. Auch vom RKW Frankfurt werden Hinweise und Hilfestellungen in diesen Fragen gegeben.

Steuerfrei sind Prämien bis zu 200 DM je Vorschlag, jedoch tragen bei höheren Prämien meist den zu entrichtenden Steuerbetrag die Firmen, das heißt also der zuerkannte Prämienbetrag wird netto ausgezahlt.

Um einen Maßstab zu gewinnen, ob das Vorschlagswesen des Betriebes gut ist oder nicht, einige Vergleichszahlen zur Frage der Beteiligung. Gehen nur 2,5 % Vorschläge,

60 *Jungbluth, A.*, Das betriebliche Vorschlagswesen als Mittel moderner Unternehmensführung. Industrielle Organisation Zürich, 40/1971, S. 72 ff.

61 Aus dem Vortrag Bundesminister Arendt zum 19. Arbeitswissenschaftlichen Kongreß am 14. 3. 1973 in Essen.

62 *Jungbluth, A.*, a.a.O., S. 73.

bezogen auf die Jahresdurchschnittsbelegschaft, ein, ist dies als unzureichend anzusprechen. Für das Jahr 1972 berichteten die Hoesch-Werke AG (63) von einer Beteiligung von über 5 %, darunter 61 Vorschläge ausländischer Mitarbeiter – also auch diese sind bei Weckung des Interesses zu gewinnen. Wenn Hoesch darauf hinweist, daß sich viele Vorschläge auf Arbeitssicherheit und Gesundheitsschutz sowie Arbeitserleichterung beziehen, die sich finanziell nachweisbar für das Unternehmen sicherlich nicht ohne weiteres fixieren lassen, so muß in diesem Zusammenhang noch einmal auf die Rede von Minister Arendt hingewiesen werden, der sagte: »Wie wichtig diese Aufgabe ist, zeigt der Unfallverhütungsbericht der Bundesregierung an das Parlament ... Die Folgekosten für alle Arbeitsunfälle und Berufskrankheiten werden auf über zehn Milliarden pro Jahr geschätzt ... Jeder Unfall, der – durch gute Verbesserungsvorschläge (Ergänzung durch Verfasser) – verhindert werden kann, erspart den Menschen viel Kummer und Sorgen, und der Wirtschaft Kosten.« (64)
Daß die oben genannten Zahlen der Verbesserungsvorschläge, bezogen auf die Zahl der Belegschaft, ohne weiteres erreichbar sind, zeigt Jungbluth, der aus seinem Unternehmen von 23 % berichtet, wobei 14 % der Einreichenden 47 % der Vorschläge bestritten. Auch die Hamburger Elektrizitätswerke teilen in ihrer Werkszeitschrift (65) ein Rekordergebnis im März 1973 mit 137 Vorschlägen mit. Auf der 151. Sitzung des Ausschusses für das Vorschlagswesen wurde über 79 Vorschläge entschieden, 36 wurden mit Buchgutscheinen und Prämien zwischen 25 DM und 800 DM prämiert, wobei die drei Empfänger mit der höchsten Prämie in der Werkszeitschrift erscheinen.
Demgegenüber sind nach Zeitungsmeldungen die Prämien der Deutschen Bundesbahn vom März beziehungsweise Mai 1973 mit Höchstprämien von je 750 DM, nicht geeignet, eine ausreichende Motivierung zu schaffen.
Diese Hinweise sollen nur dazu dienen deutlich zu machen, was Jungbluth wie folgt zusammenfaßt: »Wir haben erkannt, daß mit dem betrieblichen Vorschlagswesen ein Mittel entwickelt wurde, das zu einem der wichtigsten Bestandteile moderner Unternehmensführung geworden ist. Es formt den echten Mitarbeiter, hebt das Interesse an der Arbeit, trägt zur Werbung von Arbeitsfreude bei und bringt der Unternehmung beträchtlichen Nutzen.« (65 a)
Das gelingt aber nur, wenn einmal von seiten der Unternehmensführung der Wille ausgeht, sich dieses Instrumentes zu bedienen, diesen Willen bis zum letzten Mitarbeiter deutlich zu machen und funktionsorganisatorisch die Einrichtungen und Techniken zu schaffen, die sowohl das Vertrauen der Einreichenden gewinnen als auch sonstige, meist aus dem zwischenmenschlichen Bereich kommende Hemmungskomponenten abzuschneiden.
Zu den Möglichkeiten und Maßnahmen das Vorschlagswesen zu aktivieren gehören:

- Man muß die Werbetrommel rühren, man muß ermuntern und Interesse wecken
- Die Einreichung von Vorschlägen muß so leicht wie möglich sein, Formulare und Briefkästen die ansprechen, müssen leicht zugänglich sein und dürfen nicht im schlechten Zustand schamhaft in verborgenen Ecken hängen

63 VDI-Nachrichten, Düsseldorf, 20/1973, S. 39.
64 Bundesminister Arendt, a.a.O.
65 Hamburger Elektrizitätswerke: Die Sammelschiene, 5/1973, S. 24.
65a *Jungbluth, A.*, a.a.O.

- Einreichungswillige, die Schwierigkeiten in Schrift und Sprache haben – zum Beispiel ausländische Arbeitskräfte –, müssen ihr Anliegen auch mündlich vorbringen können
- die Reaktion auf eingereichte Vorschläge muß schnell erfolgen oder dem Einreichenden muß verständlich gemacht werden, wenn die Prüfung längere Zeit in Anspruch nimmt
- Nicht realisierbare oder nicht anzuerkennende Vorschläge müssen so begründet (eventuell unter Ausgabe einer Anerkennungsprämie) abgelehnt werden, daß nur ein Böswilliger mit der Entscheidung nicht zufrieden ist
- Angenommene und prämiierte Vorschläge müssen auch genutzt werden; denn die Durchführung ist für den Vorschlagenden mindestens ebenso wichtig wie die Prämie
- Der Ausschuß für das Vorschlagswesen muß richtig zusammengesetzt sein; so ist die Beteiligung des Betriebsrates und seine aktive Mitwirkung unabdingbar
- Ein Kriterium für die Beurteilung einer Führungskraft ist es, ob aus seinem Bereich viele oder wenige Vorschläge kommen. Er sollte seine Mitarbeiter zum Mitdenken anregen und sich ihnen nicht entgegenstellen
- Schutzfähige Erfindungen (siehe Abschnitt 2.84) sind aus dem betrieblichen Vorschlagswesen herauszunehmen und als solche zu behandeln und zu prämiieren
- Bis zur Festsetzung der Prämie soll der Vorschlag anonym behandelt und bearbeitet werden
- Sofern keine hauptamtliche Kraft für das Vorschlagswesen vorhanden ist – erst bei über 5000 Beschäftigten erforderlich – muß der nebenamtlich dafür Verantwortliche ausreichende Zeit für die Bearbeitung haben und organisatorisch so eingebaut sein, daß er auch mit der obersten Führung gelegentlich Rücksprache halten kann. Das bedeutet nicht, daß er ihr unmittelbar unterstellt sein muß.

»Das betriebliche Vorschlagswesen ist, gemessen an den Umsätzen der Wirtschaft, nur ein kleines, wenn auch höchst effektives Instrument. Trotzdem eignet es sich bestens dazu, Erfahrungen auf dem Gebiet gleichberechtigter Mitgestaltung des Betriebsgeschehens durch die Arbeitnehmer zu sammeln.« (66)

2.86 Leistungen für Aus- und Weiterbildung

»In der gegenwärtigen wirtschaftspolitischen Diskussionslage hat ein Betrieb nicht dann schon seinen gesellschaftlichen Auftrag erfüllt, wenn er nicht in die Verlustzone geraten und technisch auf dem neuesten Stand gehalten worden ist; er muß, will er seine eigene Stellung nicht untergraben, aus seiner pädagogischen Isolierung heraustreten, sich als Lernort begreifen lernen und der Bildungsarbeit verstärkt Aufmerksamkeit schenken.« (67)
In diesem Rahmen bezeichnet Dauenhauer die Lehre als das »Lernziel der Berufsfähigkeit«. Sie ist sicherlich der eine Teil des betrieblichen Bildungsauftrags, dem aber immer stärker der Ruf nach der Weiterbildung folgt.
Die Grenzen zwischen der Ausbildung für einen bestimmten Beruf (Berufsfähigkeit)

66 »Arbeit und Leistung«, Köln, April 1973, S. 1097.
67 *E. Dauenhauer*, im Wirtschaftsblatt der Frankfurter Allgemeine Zeitung »Der Betrieb als Partner der Schule« 14. 7. 1973, S. 13.

einerseits und der Weiterbildung als fortwährender Anpassungsprozeß an neue Entwicklungen andererseits, sind in der beruflichen Entwicklung fließend. Trotzdem sollte man sie sehen, insbesondere da nach der alters- und berufsmäßigen Erfahrung sowie den bei der Durchführung geeigneten didaktisch-pädagogischen Mitteln erhebliche Unterschiede bestehen. Sowohl die Aus- wie die Weiterbildungsmaßnahmen spielten im Zusammenhang mit den Zusatz- und Sozialleistungen der Unternehmen eine schon immer wichtige Rolle und werden bei unvermindertem Gewicht der Ausbildung hinsichtlich der Weiterbildung noch von wachsender Bedeutung sein. Bereits auf einer Tagung des Sozialen Museums im Oktober 1930 wurde u. a. ausgeführt: »Immer stärker aber tritt die Erwachsenenschulung in den Vordergrund.« (68)

Die Deutsche Wirtschaft kann für sich in Anspruch nehmen, daß sie die Wichtigkeit der Ausbildung junger Menschen schon sehr früh erkannte und über ein in der Welt anerkanntes Ausbildungswesen verfügte. Die gute Ausbildung der deutschen Facharbeiter, Handwerker und Kaufleute war eine der Voraussetzungen für die Anerkennung deutscher Wertarbeit. Der Gesetzgeber und öffentliche Institutionen haben diese Bemühungen schon frühzeitig unterstützt und in Regeln und Ordnungen gefaßt. Damit hat das Ausbildungswesen seinen festen Standort im sozialen Leben des Staates, der Wirtschaft und seiner Bürger. Dabei soll nicht übersehen werden, daß es auch immer wieder Diskussionen um Mängel und Fehlentwicklungen gegeben hat und geben wird. Die daraus resultierenden neuen Erkenntnisse, aber auch aus ideologischen Vorstellungen kommenden Veränderungswünsche stoßen dabei auf das aus jeder Institutionalisierung kommende Beharrungsvermögen, das nur auf die Dauer der Zeit überwunden werden kann.

Grundlage für die Neuorientierung auf diesem Gebiet ist das Berufsbildungsgesetz (BBIG) vom 14. 8. 1969, geändert durch das Gesetz zur Änderung des Berufsbildungsgesetzes vom 12. 3. 1971. Der Bundesminister für Bildung und Wissenschaft schreibt dazu:

»Für eine bessere Berufsausbildung sind in den vergangenen Jahren wichtige erste Schritte getan worden« (69), wobei dieses Gesetz die bisherige Entwicklung einen guten Schritt weiterführt. An der gleichen Stelle ergänzt der Bundesminister für Arbeit und Sozialordnung die Vorstellungen des Staates über die erhöhte Mündigkeit des Bürgers auch auf diesem Gebiet mit dem Satz: »In diesem Programm – gemeint ist das Aktionsprogramm der Bundesregierung über berufliche Bildung vom November 1970 – ist angekündigt, daß die jungen Menschen über ihre Berufsausbildung besser informiert werden sollen. Die Jugendlichen sollen besonders über ihre eigenen und über die Rechte und Pflichten ihrer Ausbilder unterrichtet werden.« (70)

Wer sich mit Fragen der Jugend- und Berufsausbildung zu befassen hat, muß sich um eine sehr genaue Kenntnis dieses Gesetzes bemühen.

Das seit dem 19. 1. 1972 gültige Betriebsverfassungsgesetz befaßt sich in den §§ 96 bis 98 mit der Berufsbildung, wobei der Betriebsrat bei der Durchführung von Maßnahmen der betrieblichen Berufsbildung mitzubestimmen hat (§ 98). Von der Jugend-

68 Schriftenreihe der Gefa: Ein Leben für die Deutsche Wirtschaft, Witten 1964, S. 13.

69 Ausbildung und Beruf, herausgegeben vom Bundesminister für Bildung und Wissenschaft, Bonn 2. Auflage März 1973, S. 3.

70 A.a.O., S. 4.

vertretung heißt es im § 60 des BVG lediglich, daß sie die besonderen Belange der jugendlichen Arbeitnehmer wahrzunehmen hat, ohne daß diese Belange besonders genannt sind.

Eine in jeder Weise gute Berufsgrundausbildung ist eine wichtige Zusatz- und Sozialleistung der Betriebe; sie kommt aber zeitlich begrenzt immer nur einem beschränkten Kreis von Mitarbeitern zugute.

Die bevorzugte Bereitstellung von Ausbildungsplätzen für Kinder von Betriebsangehörigen ist ein in vielen Betrieben, vor allem in kleineren Orten und ländlichen Gegenden übliches »Leistungsangebot« der Unternehmen (vgl. Abschnitt 2.21).

Als weit wichtiger für die zukünftige Arbeit der Unternehmen ist durch die schnelle Veränderung der Technik und des Marktes die Weiterbildung der Mitarbeiter anzusprechen. Was bisher auf diesem Gebiet geschehen ist, kann meist nur als sporadisch und zufällig angesprochen werden, obwohl auch in der Vergangenheit Beispiele zu Einzelmaßnahmen und Teilsystemen genannt werden können und in den letzten Jahren von sehr fortschrittlichen Unternehmen bereits Stellen, die sich ausschließlich dieser Aufgabe widmen, eingerichtet wurden. Dabei liegen die Schwierigkeiten der Durchsetzung des Gedankens des »lebenslangen Lernens« nicht nur bei den Betrieben, sondern auch bei den »Weiterzubildenden«. Das Bewußtsein, »nicht fertig zu sein«, die Erkenntnis, daß man außer dem sich in der täglichen Arbeit ansammelnden Erfahrungsschatz sich »noch einmal oder immer wieder auf die Schulbank« setzen muß, ist an sich bereits ein notwendiger Lernprozeß, der psychologische Barrieren zu überwinden hat.

Der Bundesminister für Bildung und Wissenschaft führt dazu aus: »Mit dem Abschluß der Ausbildung darf heute das Lernen nicht mehr aufhören. Vielmehr ist ständige Weiterbildung und damit insbesondere berufliche Fortbildung auch später erforderlich. Nur so können neue Kenntnisse, Fertigkeiten und Fähigkeiten erworben werden. Nur so kann man den wachsenden und wechselnden beruflichen und gesellschaftlichen Anforderungen gerecht werden. Dies ist der richtige Weg, zur Mündigkeit und Selbstbestimmung zu gelangen.« (71)

Das Berufsbildungsgesetz selbst behandelt das Gesamtthema der beruflichen Fortbildung im Verhältnis zu seinem sonstigen Umfang relativ kurz, obwohl in § 1 in den Abschnitten 3–5 einiges dazu ausgeführt ist. Wesentlich scheint uns, daß der Gesetzgeber die Betriebe der Wirtschaft ausdrücklich mit der Durchführung der Berufsbildung beauftragt.

Während in anderen Bereichen von betrieblichen Zusatzleistungen an Stelle von betrieblicher Freiwilligkeit tarifliche Vereinbarung oder gesetzliche Festlegungen und damit zwingende Vorschriften bzw. Rechte und Pflichten treten, erwartet der Gesetzgeber hier Eigeninitiative und Aktivität. Die nächsten Jahre werden zeigen, inwieweit die Unternehmen diesen Auftrag des Gesetzgebers aufgegriffen haben und zum Wohl der Gesamtheit und ihrem eigenen verwirklichen.

Im sechsten Abschnitt des Berufsbildungsgesetzes in den §§ 46 und 47 sind die berufliche Fortbildung sowie berufliche Umschulung behandelt. Sie treffen das eigentliche Anliegen der betrieblichen Fortbildung im Sinne der Zusatzleistung aber nur sehr

71 Ausbildung und Beruf, a.a.O., S. 50.

bedingt, so daß den freiwilligen Maßnahmen der Betriebe dadurch kaum Zügel angelegt sind.
Bei allen Maßnahmen beruflicher Weiterbildung, worüber sich auch die Unternehmen, die den finanziellen Aufwand leisten, klar sein müssen und die sie bejahen sollten, bewirkt das Unternehmen durch die Weiterbildung von Mitarbeitern eine Erhöhung seiner Leistungsfähigkeit. Es handelt sich also um »Investition in und durch Bildung«. Das darf jedoch nicht dazu führen, daß unter dem Deckmantel der Weiterbildung nur Roboter gezüchtet werden sollen. Die betriebliche Weiterbildung sollte in erster Linie unter folgenden Aspekten gesehen werden:

- Sie dient der Selbstverwirklichung des zu Fördernden und steigert damit seine Lebensqualität.
- Sie schafft ein erhöhtes Potential des Könnens, ermöglicht die Suche und Nutzung von Chancen und trägt damit dazu bei, das Leben selbstverantwortlich zu gestalten, auch das ist eine Frage der Lebensqualität.
- Sie macht es möglich, gleiche Leistungen mit vermindertem Aufwand zu erbringen.
- Sie ist ein Mittel, Fehlleistungen zu vermindern und daraus resultierende zwischenmenschliche Reibungen abzubauen.

Aus der Sicht der Unternehmen geht es um die Verbesserung der Leistungsfähigkeit, die sich unmittelbar aus den obigen Gesichtspunkten ableiten läßt, die aber auch in vollem Umfang dem Arbeitnehmer als Persönlichkeit zugute kommen kann. Dabei ist beiderseits mit Erfolgen, meist nur mittel- oder langfristig, zu rechnen. Dies erfordert, daß innerbetriebliche Weiterbildung einerseits als fester Bestandteil in die Unternehmenspolitik und -planung eingehen muß und andererseits in vielen Beziehungen erst die Möglichkeit zu deren Realisierung schafft.
Im Rahmen des Aufbaus innerbetrieblicher Bildungseinrichtungen oder -systeme muß die Frage nach dem Bedarf gestellt werden. In vielen Diskussionen steht immer wieder im Vordergrund, daß erhöhtes Wissen und Können zu Ansprüchen und Erwartungen der Geförderten nach »höheren Positionen in der Hierarchie« führe und insofern die Erwartungen von seiten des Unternehmens nicht erfüllt werden oder nicht erfüllt werden können, ins Gegenteil umschlagen, also in die Frustrierung des Geförderten oder zur Kündigung führen. Diese Gesichtspunkte sind sicherlich nicht falsch, beruhen aber nach den zu beobachtenden Tatsachen darauf, daß heute vielfach Förderung gleichgesetzt wird mit Ausbildung des Führungsnachwuchses. Diese zu betreiben, ist nur sinnvoll, wenn im Rahmen einer mittel- und langfristigen Personal- und Unternehmensplanung feststeht, wann man welche Stellen mit welcher Qualifikation besetzen muß. Weiterbildung nur um ihrer selbst willen ist falsch. Unter diesem Aspekt sollte auch der heute in der Diskussion stehende Bildungsurlaub gesehen werden, der kein Urlaub im Sinne der Erholung ist, sondern eine Zeit der Freistellung von der Arbeit, um lernen zu können. Dabei sind die Vorstellungen über den »Bildungsurlaub«, über sein »Warum, Weshalb und Wodurch« bei den verschiedenen Interessengruppen sehr unterschiedlich. Sie reichen von der Entsendung zu Tagesveranstaltungen, bei denen ein ganz spezieller Teilaspekt eines Fachproblems behandelt wird, bis zu mehrwöchigen Veranstaltungen, bei denen auf Veränderungen in der Gesellschaftsstruktur hingewirkt werden soll.
Die Debatte über die Fragen, warum, weshalb und wodurch »Bildungsurlaub« be-

schränkt sich keineswegs auf Deutschland. So wurde (72) kürzlich in Belgien ein Gesetz verabschiedet, nach dem Arbeitnehmer für die zu ihrer Fortbildung erforderliche Freizeit beanspruchen können, für die der Lohnausfall zu erstatten ist. In diesem Artikel wird weiter ausgeführt: »Offen ist auch noch, welche Art von Ausbildung unter das Gesetz fällt. Unter dem Begriff ›soziale Fortbildung‹ wird jedenfalls alles verstanden, was die beruflichen Entwicklungsmöglichkeiten unmittelbar fördert.«
Dem Aufbau eines innerbetrieblichen Weiterbildungsprogramms (Förderungswerk) muß eine Analyse nach den Bedürfnissen vorausgehen. Diese kann zu einem Katalog der Weiterbildungsbedürfnisse führen, der je nach Art und Größe des Einzelunternehmens zu detaillieren ist:

- Neue Arbeitsverfahren und -methoden und Technologien sollen eingeführt werden.
- Umstellungen (Rationalisierung, Einführung der elektronischen Datenverarbeitung u. ä.) sind beabsichtigt bzw. sollen vorbereitet werden.
- Ziele und Pläne der vorgesetzten Stellen sind wegen unzureichender Information unbekannt, es wird deshalb daran vorbeigearbeitet.
- Die Zusammenarbeit von Abteilungen funktioniert mangels ausreichender Informationen oder Nichtwissens um die Erfordernisse der anderen Abteilungen nicht.
- Die Arbeitsergebnisse an einzelnen Arbeitsplätzen, insbesondere von Arbeitsgruppen, ist schlecht.

Zukunftserwartungen einerseits und festgestellte Mängel andererseits bilden somit den Hintergrund, um ein betriebliches Bildungsprogramm je nach der Art des Stoffes und den bei den Auszubildenden vorhandenen Voraussetzungen auch mit unterschiedlichen pädagogischen und didaktischen Mitteln so aufzubauen, daß sowohl aus der Sicht des Auszubildenden als auch des Unternehmens ein Optimum erzielt wird. Welche Bedeutung unterschiedlichen Lehrmethoden und deren Erfolgschancen beizumessen ist, ergibt sich aus nachstehender graphischer Darstellung.
Eine ähnliche Übersicht findet sich in einer Schrift »Ausbildungsinvestitionen in betriebswirtschaftlicher Sicht« (73).
Es wird also bei dem in Gang gekommenen Prozeß des Aufbaues betrieblicher Weiterbildungssysteme und Programme nicht nur darauf ankommen, mit bekannten pädagogischen Mitteln und Verfahren zu arbeiten, sie müssen vielmehr den an sie zu stellenden Forderungen gerecht werden. Dabei werden auch in Zukunft innerbetriebliche Maßnahmen mit solchen außerhalb der Betriebe durchgeführten konkurrieren.
Bei der Frage Weiterbildung in und durch den Betrieb oder bei außerbetrieblichen Institutionen und Einrichtungen handelt es sich nicht um Gegensätze, sondern beide Formen haben ihre Berechtigung und können positiv zusammenwirken.
Die Zahl der außerbetrieblich bestehenden Institutionen und Einrichtungen, die Weiterbildung betreiben, ist so groß, daß sie praktisch zur Zeit nicht mehr zu übersehen sind, insbesondere wenn man alle von Industrie- und Handelskammern, Verbänden und sonstigen Institutionen bis, was durchaus berechtigt ist, hin zu den Erfahrungs-

72 Blick durch die Wirtschaft, Frankfurt, vom 10. 7. 1973 »Belgien, Stundenkredite zur Fortbildung«.
73 *Engel, F.*, Ausbildungsinvestitionen in betriebswirtschaftlicher Sicht, Erich Schmidt Verlag, Berlin 1970, S. 47.

Lernbereich	Wirksamste Unterrichtsmethode
Wissen	Traditionelle Methoden, unterstützt durch moderne Hilfsmittel (Vortrag, Lektüre, programmiertes Lernen usw.)
Führungsverhalten	Gruppenübungen und Erlebnisse (emotionelle Methoden)
Führungsfähigkeiten	Aktive Methoden, wie unten aufgeführt

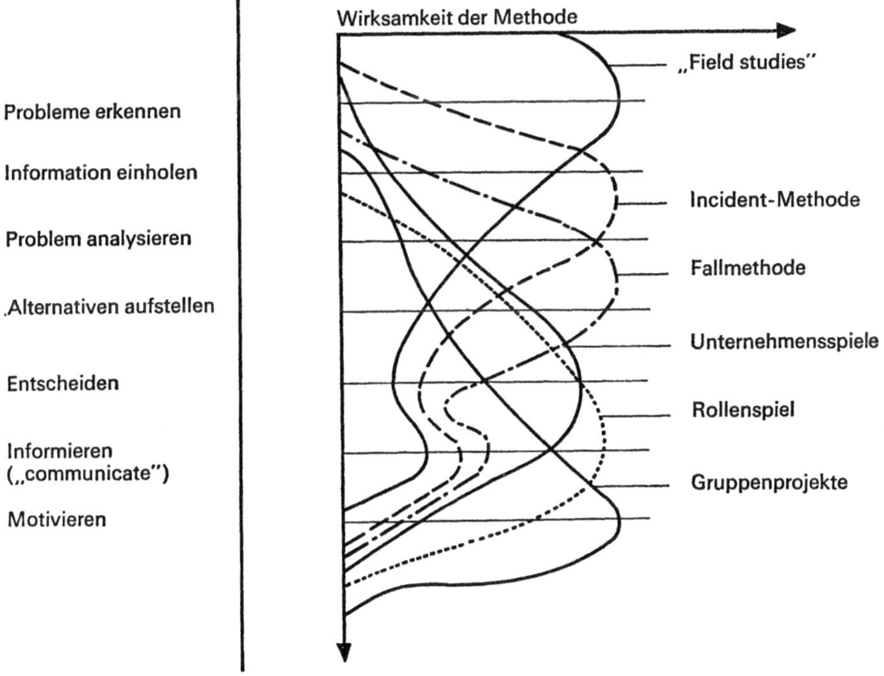

Lernbereiche und Unterrichtsmethoden
Aus einer amerikanischen Veröffentlichung – Seminarunterlagen

austauschgruppen, veranlaßten und durchgeführten Ausbildungsveranstaltungen, Seminare, Tagungen u. a. hinzurechnet. Einen gewissen Überblick über bekannte und seit langen Jahren arbeitende Institutionen bietet der »Wuppertaler Kreis«, der halbjährlich eine Zusammenstellung über Ausbildungsmöglichkeiten herausbringt (74).
Eine weitere Unterrichtung enthalten Veranstaltungsprogramme der Landesgruppen des Rationalisierungs-Kuratoriums der Deutschen Wirtschaft (75).
Daneben gibt es noch eine Reihe von Institutionen, die auf privatwirtschaftlicher Basis betrieben mit hohem Werbeaufwand meist unter den Stichworten wie »Aufstieg« oder

74 Veranstaltungskalender des Wuppertaler Kreises, 5038 Rodenkirchen, Uferstr. 29.
75 Siehe auch »Arbeit und Leistung« Verlag Dr. O. Schmidt, Köln, Mai 1973, S. 137 »Kooperation in der beruflichen Weiterbildung Nordrhein-Westfalens«.

»Karriere« und naturgemäß unterstützt durch die allgemeine Erkenntnis und Propagierung von der Notwendigkeit der permanenten Weiterbildung, ihren Gewinn zu machen versuchen. Um die Verhinderung von Mißbräuchen auf diesem Gebiet bemüht sich die Zentralstelle für Fernunterricht der Länder, die im Bedarfsfall Auskünfte erteilt (76).

Man wird in Anbetracht dieser unterschiedlichen Möglichkeiten stets sorgfältig zu prüfen haben, auf welchem Wege ist Mitarbeitern und Unternehmen am besten gedient. Soweit der Mitarbeiter in dieser Frage von sich aus aktiv wird und unter Umständen Kosten und Mühen nicht spart, sollte dies ein Signal für das Unternehmen sein, sich um diesen Mitarbeiter besonders zu bemühen. Die teilweise oder völlige Vergütung von Kosten, die der Mitarbeiter zunächst unter Umständen von sich aus aufgewandt hat, für Veranstaltungen, an denen er nachweisbar mit Erfolg teilgenommen hat, dürfte eine sehr positiv zu beurteilende Zusatzleistung der Betriebe sein.

Leider sind nun viele kleine bis mittlere Unternehmen infolge ihrer Größe gar nicht in der Lage, ein eigenes innerbetriebliches Förderungswesen aufzubauen. Ihnen bleibt nur die Entsendung zu außerbetrieblichen Veranstaltungen. Ähnliches gilt im übrigen von Fachthemen so spezieller Natur, daß innerbetriebliche Maßnahmen nicht durchgeführt werden können. Trotzdem kann man durch systematische Erfolgskontrolle, gezielte Auswahl und Aneinanderreihung von Veranstaltungen den Mitarbeitern das Bewußtsein vermitteln, daß das Unternehmen an ihrer Weiterbildung interessiert ist. Ein Vorteil der Teilnahme an außerbetrieblichen Veranstaltungen ist nicht zu übersehen, nämlich die Möglichkeit, mit Fachkollegen aus anderen Betrieben zu diskutieren und Erfahrungen auszutauschen.

Das vielfach Unbefriedigende an außerbetrieblichen Veranstaltungen ist die Tatsache, daß die Teilnehmer häufig aus unterschiedlichsten Interessenlagen, mit unterschiedlichsten Voraussetzungen und Erwartungen an diesen teilnehmen und auch nicht ohne weiteres bereit und, was noch unbefriedigender ist, in der Lage sind, Gehörtes in die eigene Betriebswirklichkeit zu übertragen. Hier gilt, wie auch anderswo, der Spruch des Nobelpreisträgers Konrad Lorenz:

> »Gesagt ist nicht gehört, gehört ist nicht verstanden,
> verstanden ist nicht einverstanden,
> einverstanden ist nicht angewendet,
> angewendet ist noch lange nicht beibehalten.«

Dabei gilt dieses Zitat nicht für nur außer-, sondern auch innerbetriebliche Veranstaltungen. Die Vorteile der letztgenannten liegen aber in der Möglichkeit zum unmittelbaren Bezug auf die tägliche Arbeit. Es ist also viel leichter, auch Rezepte zu geben, unmittelbar den Lernenden in der Lehrveranstaltung mit seiner täglichen Arbeit zu konfrontieren. Dabei sollte beachtet werden, daß auch betriebsfremde Fachkräfte in den »Lehrkörper« der innerbetrieblichen Weiterbildung einbezogen werden, um »Inzucht« zu vermeiden.

Bei der heute noch recht unsystematischen Art der Planung und Steuerung auf diesem

76 Staatliche Zentralstelle für Fernunterricht der Länder der Bundesrepublik Deutschland (ZFU), 4 Köln 1, Stollwercksplatz.

Gebiet ist es nicht überraschend, wenn viele Betriebe sich über ihren Gesamtaufwand für Aus- und Weiterbildung nicht genügend klar sind. Es gibt nur in wenigen Unternehmen eine Stelle, die tatsächlich alle in diesen Bereich fallenden Aktivitäten und Maßnahmen erfaßt und auswertet. Da das schon nicht der Fall ist, sind alle Zahlen über die Gesamtaufwendungen für Aus- und Weiterbildung der Wirtschaft mit großer Vorsicht zu beurteilen. Hier wird in der Zukunft ein Wandel eintreten müssen, wenn die Wirtschaft den ihr zukommenden Auftrag in der gesellschaftlichen Entwicklung erfüllen will. Ein seine Finanzmittel planendes Unternehmen sollte in sein Budget für die Erwachsenenbildung einen Betrag von 1–2 % der Jahreslohn- und Gehaltssumme aufnehmen. Darin sind nicht enthalten Beträge, die durch den Arbeitsausfall der Teilnehmer an den Veranstaltungen anfallen.
Einen interessanten Einblick gab die KAUFHOF AG, die mitteilte, daß sie jährlich 20 Mio. DM für die Aus- und Fortbildung ihrer Mitarbeiter aufwenden (77). Die Firma verfügt nach ihren Angaben über die älteste firmeneigene Ausbildungsstätte mit einem 120-Betten-Internat. Die jährlichen Kosten dieser Ausbildungsstätte werden auf 1,4 Mio. DM beziffert.
Unter bestimmten Voraussetzungen ist es möglich, für die Aus- und Weiterbildung von Arbeitnehmern über die Bundesanstalt für Arbeit auch staatliche Zuschüsse zu erhalten. Die Aufwendungen für die Förderung der beruflichen Bildung durch die Bundesanstalt betrugen im Jahre 1972 2,3 Mrd. DM und werden für 1977 auf 3 Mrd. DM geschätzt (78). Nähere Auskünfte zu diesem Fragenkomplex sind über die Landesarbeitsämter einzuholen.
Die Bemühungen der Unternehmen um eine gezielte Weiterbildung ihrer Mitarbeiter dient wie kaum eine andere Zusatz- und Sozialleistung beiden Teilen. Der Ruf nach dem Bildungsurlaub ist für alle berechtigt, die bereit sind, sich bilden zu lassen. Es hieße die Augen vor der Wirklichkeit verschließen, wenn man annimmt, daß generell jeder entsprechende Wünsche hat. Eine generelle Regelung muß daher davon ausgehen, daß zwar Anspruch besteht, die Inanspruchnahme aber dem persönlichen Ermessen des einzelnen überlassen werden muß.
Nur so ist erreichbar, was Grimm wie folgt zusammengefaßt hat: »Ziel der Bildungsmaßnahmen wäre in jedem Falle der aufgeschlossene, kritische, verantwortungsbewußte, entscheidungssichere Mitarbeiter, der seinen beruflichen Aufgaben auch in einer dynamisch sich entwickelnden Wirtschaft, gleich in welcher Position, gerecht wird, sei es als Spezialist, welcher von immer weniger immer mehr weiß, sei es als vielseitig verwendbarer, den wechselnden Bedingungen entsprechend anpassungsfähiger Arbeitnehmer, der von vielem manches weiß und manches kann.« (79)
Der gewerkschaftliche Standpunkt hierzu kann wie folgt zusammengefaßt werden: »Der Bildungsurlaub, der künftig allen Arbeitnehmern gewährt werden soll, kenne keinerlei Beschränkungen. Unter der Voraussetzung, daß die Bildungsmaßnahme von einer anerkannten Institution durchgeführt wird, kann er gewährt werden für berufsbezogene Fortbildungskurse, für allgemeinbildende Unterrichtsveranstaltungen, für Zwecke der politischen, staatsbürgerlichen und gewerkschaftlichen Bildung und für

77 Vgl. Handelsblatt Düsseldorf, 98/28 v. 21. 5. 1973, S. 13.
78 Vgl. »Arbeit und Sozialpolitik« 5/1973, S. 174.
79 *Grimm, R.*, PERSONAL, München 2/1970, S. 41.

Fortbildungszwecke auf sozialem und karitativem Gebiet. Jeder soll also das Recht haben, sich dort weiterzubilden, wo seine Interessen liegen und wo auch ein Gemeininteresse vorliegt. Der allseitig gebildete Staatsbürger sei das Ziel.« (80)

2.87 Betriebliches Gesundheitswesen

Die Belange der Gesundheit der Arbeitnehmer haben eine ungewöhnlich große Bedeutung in psychologischer, soziologischer und ökonomischer Hinsicht. Nur die ökonomischen Auswirkungen lassen sich einigermaßen der Größenordnung nach quantifizieren.

Allein die ca. 2,6 Millionen Berufsunfälle, die in der Bundesrepublik jährlich registriert werden, kosten pro Jahr über 10 Milliarden DM. Davon zahlen die gesetzlichen Unfallversicherungsträger (die das Unternehmen durch Prämien finanziert) etwas mehr als die Hälfte, der Rest verteilt sich auf Heilbehandlungskosten, wiederkehrende Geldleistungen, Pflegekosten u. a., für die die Krankenkassen eintreten müssen. Als weiterer nicht unwichtiger Bestandteil sind die Kosten, die aus der Abwesenheit der verunglückten Arbeitnehmer entstehen, mit durchschnittlich über 150 DM pro Tag recht beachtlich.

Noch höher sind die finanziellen Auswirkungen des Gesamtkrankenstandes. Bei durchschnittlich ca. 6 % Fehltagen durch Krankheit bedeutet das praktisch ohne Gegenleistung gezahlte Löhne und Gehälter von vielen Milliarden DM. Dazu kommen Arbeitgeberzuschüsse für die Krankenversicherungsbeiträge. Dabei lassen sich viele ökonomische Nachteile, wie nicht rechtzeitige Lieferung von Produkten oder Investitionsruinen kaum global quantifizieren.

Die große soziologisch-ökonomische Bedeutung von Krankheit und Unfall gibt allein noch keinen Anlaß zu einer intensiven Beschäftigung mit der Gesundheit der Arbeitnehmer. Erst aus der Möglichkeit der Beeinflussung des Krankenstandes resultiert die Notwendigkeit für die Unternehmen, sich mit diesem Problem zu beschäftigen.

Sicher gibt es viele Ansatzmöglichkeiten für eine Beeinflussung des Krankenstandes und die Reduzierung der Unfälle. Die einfachste scheint, durch eine direkte Anwesenheitsprämie dem Arbeitnehmer durch »ökonomische Hebel« Krankheit individuell als ungünstig begreifbar zu machen (81). Das setzt jedoch voraus, daß ein Großteil der Arbeitnehmer bei Krankheit die Möglichkeit hat, sich für oder gegen das »krankfeiern« zu entscheiden. Das ist sicherlich nicht der Fall, und eine extrem fixierte Anwesenheitsprämie kann eher dazu führen, daß sich chronische Krankheiten entwickeln. Außerdem stehen solche Prämien etwas im Gegensatz zu der Diktion des Lohnfortzahlungsgesetzes.

Befürchtungen, daß sich durch die Verabschiedung des Lohnfortzahlungsgesetzes im Jahre 1969 speziell der Krankenstand der Arbeiter erheblich erhöhen würde, haben

80 Handelsblatt vom 9. März 1971, S. 21.

81 Vgl. dazu u. a. *Goosens, Franz,* Sinn und Unsinn der Zahlung von Anwesenheitsprämien, Mensch und Arbeit 4/1962, S. 102 ff.
Zander, Ernst, Krankenstand und Fehlzeiten – Ursache und Gegenmittel, Mensch und Arbeit 8/1961, S. 232 ff.
Messedat, Hans O., Fehlzeiten senken. Praktische Personalfragen im Betrieb, Heft 3, Bergisch Gladbach 1970.

sich nicht bewahrheitet. Zwar ist der Krankenstand von 1969 bis 1972 von 5,1 % auf durchschnittlich 5,5 % leicht gestiegen, aber bei Angestellten wesentlich schneller als bei Arbeitern. Wahrscheinlich waren hier konjunkturelle und andere Gründe entscheidend. Auch könnte das wachsende Gesundheitsbewußtsein und das »Krankschreiben mit leichter Hand«, wie viele Unternehmer vermuten, eine gewisse Rolle gespielt haben:

Der Krankenstand der Pflichtmitglieder nach Kassenarten von 1969 bis 1972

Kassenarten	Jahresdurchschnitt 1969 %	1970 %	1971 %	1972 %
Ortskrankenkassen	5,2	5,6	5,1	5,3
Landkrankenkassen	3,0	3,1	2,9	3,1
Betriebskrankenkassen	6,1	7,2	6,9	7,1
Innungskrankenkassen	4,3	4,7	4,5	4,6
Seekrankenkassen	3,9	5,0	6,0	7,5
Knappschaftliche Krankenkassen (Bundesknappschaft)	7,7	9,5	9,4	10,0
Ersatzkassen für Arbeiter	4,9	5,2	5,3	5,6
Ersatzkassen für Angestellte	3,8	4,6	4,7	4,8
Insgesamt	5,1	5,6	5,3	5,5

Hoher Krankenstand kann – und das zeigen die Bemühungen vieler vorbildlicher Unternehmen – nur dadurch verringert werden, daß man das Übel an der Wurzel packt, das heißt, daß man die Ursachen für Unfälle und Krankheiten weitgehend zu beseitigen oder zumindest zu reduzieren versucht.

Das bedeutet vor allem die Organisation eines Gesundheitsdienstes (der Begriff »Medizinischer Dienst« oder »Werkarztdienst« hat sich in der Literatur durchgesetzt, umfaßt aber nicht alle Probleme, die mit der Gesundheit zusammenhängen).

Dabei ist zwar der Betrieb schon durch gesetzliche Bestimmungen verpflichtet, Anstrengungen für die Gesundheit seiner Mitarbeiter zu machen; diese Bestimmungen sind aber notwendigerweise nur global formuliert, so daß der Spielraum der Unternehmen recht groß ist.

Die Zusatzleistung Gesundheitsvorsorge und Betreuung wird in Zukunft an Bedeutung gewinnen. Das hat mehrere Gründe:

Das Gesundheitsbewußtsein der Arbeitnehmer steigt und damit auch der Stellenwert der betriebsärztlichen oder sonstigen Vor- bzw. Fürsorgebetreuung.

Die Arbeitsbelastung der Arbeitnehmer – und speziell der Führungskräfte – wächst (nicht nur durch Einflüsse des Unternehmens), und damit auch die Gefahr der Gesundheitsgefährdung bis hin zur vorzeitigen Invalidität.

Immer mehr Unternehmen erkennen, daß es langfristig billiger ist, eine optimale Gesundheitsvorsorge und sonstige prophylaktische Maßnahmen zu organisieren, als Krankengeld zu bezahlen, mit kranken oder dreiviertel gesunden Mitarbeitern zu arbeiten, oder invalide Führungskräfte mit hohen Kosten durch »Neue« zu ersetzen.

Der medizinische Dienst im Unternehmen hat ganz allgemein viele Aufgaben zu realisieren. Er

- beurteilt arbeitsmedizinisch den Einsatz der Arbeitnehmer am Arbeitsplatz
- wirkt mit, gesundheitliche Schäden bei der Arbeit zu verhüten
- leistet die Erste Hilfe
- berät die Unternehmensleitung in allen gesundheitlichen und arbeitshygienischen Fragen sowie die Belegschaft in Fragen der gesunden Lebensführung
- arbeitet eng zusammen mit den behandelnden Ärzten und Krankenhäusern und hält den notwendigen Kontakt mit anderen medizinischen Institutionen (82).

In diesem Sinne hat der Werksarzt und das übrige medizinische Personal viele konkrete Aufgaben zu erfüllen, die zum Teil die Realisierung der gesetzlichen oder tariflichen Verpflichtungen bedeuten, zum anderen aber echte freiwillige Sozial- und Zusatzleistungen darstellen:

- Durchführung von Einstellungsuntersuchungen
- Regelmäßige Vorbeugeuntersuchungen für alle Arbeitnehmer oder bestimmte Beschäftigtengruppen
- Untersuchungen bei Arbeitsplatzwechsel oder Wechsel der Arbeitsanforderungen
- Unfallverhütung (Arbeitschutzdurchführung und -kontrolle)
- Erste Hilfe
- Werkshygieneuntersuchungen
- Therapie
- Rehabilitierungsmaßnahmen
- Beratung der Unternehmensleitungen in allen hygienischen und arbeitsmedizinische Fragen
- Unfallforschung und übrige arbeitsmedizinische Forschung.

Es ist bedauerlich, daß weder das gesundheitspolitische Programm des DGB noch die Vorstellungen des Bundes Deutscher Arbeitgeber die Rolle des medizinischen Dienstes und der Werksärzte im Unternehmen im Rahmen der gesamten Gesundheitspolitik ausreichend herausgestellt haben. So kommt es, daß zum Beispiel der nordrhein-westfälische Minister Figgen die Bundesrepublik noch im Jahre 1973 als »arbeitsmedizinisches Entwicklungsland« bezeichnet.
Von vielen Unternehmen wurde nicht erkannt, daß ein Gesundheitsdienst im Unternehmen ökonomischer arbeiten kann als private oder kommunale Einrichtungen:

- Die notwendige Menge und Güte der Gesundheitsleistungen kann im Unternehmen relativ gut eingeschätzt und daraus Schlußfolgerungen für den personalen Einsatz und die Durchführung von Sachinvestitionen getroffen werden. Die Kapazitätsauslastung ist deshalb in solchen Einrichtungen meist recht gut.
- Der »Patientenstrom« kann durch ein differenzierteres »Bestellsystem« (prophylaktische Impfungen oder Durchleuchtungen erfolgen z. B. abteilungsweise, Öffnungszeiten der Ambulanzen sind nach »Gesunden« und »Kranken« gestaffelt usw.) zeitlich optimiert werden.

82 Vgl. Informationsblatt des Arbeitsrings der Arbeitgeberverbände der Deutschen Chemischen Industrie e. V., Wiesbaden.

- Bei spezifischen Berufskrankheiten und Unfällen kann nicht nur eine bessere, sondern auch eine schnellere (und dadurch relativ billigere) Diagnose und Therapie erfolgen.
- Die Wege- und Wartezeiten zum und beim Arzt können weitgehend reduziert werden und dadurch kann meist direkt die Anwesenheitszeit am Arbeitsplatz erhöht werden.

Für Großunternehmen ist es sicher der beste Weg sich eigene Werkarztzentren zu schaffen. Ein Musterbeispiel ist dabei das neue »Arbeitsmedizinische Zentrum« der Rheinischen Braunkohlenwerke in Köln. Sechs Werksärzte arbeiten in dem »Ärztekombinat«, einerseits fachlich spezialisiert, und andererseits arbeitsmedizinisch jeweils für einen Bereich des Unternehmens verantwortlich, um Berufskrankheiten und Unfälle schon durch eine optimale Gestaltung der Arbeitsplätze – aber auch die medizinisch richtige Auswahl der einzelnen Mitarbeiter für die einzelnen Arbeitsplätze – zu verhindern oder zumindest zu reduzieren.
Hauptaufgabe des Zentrums ist zur Zeit die Durchführung von Vorsorgeuntersuchungen. Die Untersuchung dauert ca. 4 Stunden und umfaßt:

- Eine eingehende körperliche Untersuchung (Blutdruck, Herz, Brust, Wirbelsäule, Bauch, Ohren und Mundhöhle).
- Umfangreiche Labortests für Blut, Harn und Stuhl. Im Blut wird in zehn verschiedenen Tests nach Krankheiten wie Leberentzündung, Gallenleiden, akute Infektionen, Anämien oder Nierenkrankheiten gefahndet.
- Magenuntersuchung mit der »Heidelberger Kapsel« – einem kugelförmigen Minisender, den der Patient wie eine Tablette einnimmt und der dem Arzt aus dem Magen Informationen funkt. Das lästige Schlauchschlucken bleibt dem Patienten somit erspart.
- Herz- und Kreislauftests, Lungenfunktionsprüfung, Röntgenuntersuchungen, Hör- und Sehprüfungen.
- Für die 2000 Frauen, die bei »Rheinbraun« arbeiten, eine Mammographie (Methode zur Früherkennung von Brustkrebs).

Die Kapazität der Einrichtung ist so ausgelegt, daß auch Betriebsfremde für ca. 250 DM untersucht werden, obwohl ein Privatpatient dafür normalerweise etwa 1200 DM bezahlen müßte. Man könnte annehmen, daß es sich hier um eine besonders fortschrittliche und arbeitnehmerfreundliche Einrichtung handelt. Fortschrittlich ist sicher die technische Konzeption des Zentrums; gleichzeitig handelt es sich um eine kosten- und ertragsorientierte Managemententscheidung. Die Kosten betragen in diesem Fall pro Jahr ca. 1,5 Millionen DM, das sind aber nur 100 DM pro Arbeitnehmer. Wenn mit Hilfe dieser Einrichtung erreicht wird, daß jeder Beschäftigte nur einen Tag pro Jahr weniger krank ist und die Unfälle und Berufskrankheiten um 10 % sinken, kann man sich ausrechnen, welch glänzende Investitionsentscheidung hier im gesellschaftlichen – aber auch unternehmerischen – Interesse getroffen wurde. Diese Aussage wird durch eine Studie des Arbeitgeberverbandes der Kölner Metallindustrie unterstrichen und erhärtet, die feststellt, daß ganz allgemein die Tätigkeit von Werksärzten auch betriebswirtschaftlich günstig beurteilt werden muß. In einem Fall standen

Aufwendungen von 1,5 Mio. DM Einsparungen von mindestens 2,8 Mio. DM pro Jahr gegenüber (83).

Werksarztzentren sind besonders attraktiv für Großunternehmen. Das neue Gesetz über Betriebsärzte und Fachkräfte für Arbeitssicherheit – es verpflichtet alle Betriebe, grundsätzlich Betriebsärzte und Sicherheitsfachkräfte zu bestellen – zwingt aber alle Unternehmen, nicht zuletzt im eigenen Interesse, nach neuen Möglichkeiten – auch der regionalen und branchenmäßigen Kooperation auf diesem Gebiet – zu suchen. Das neue Werksarztzentrum in Krefeld, das Unternehmen der Metallindustrie, der Chemie, der Nahrungsmittel- und der Bekleidungsindustrie gemeinsam geschaffen haben, ist dafür ein gutes Beispiel. Unter Umständen können öffentliche Mittel als Beihilfen genutzt werden.

Nicht vergessen sollte werden, daß die Aufwendungen für medizinische Versorgung den Arbeitnehmer steuerfrei erreichen und gleichzeitig der Trend zur Erhöhung der Krankenkassenbeiträge zumindest reduziert wird.

Sicherlich reicht es nicht aus, Gesundheitsgefährdung und Krankheit durch rein arbeitsmedizinische Methoden zu bekämpfen. Flankierende Maßnahmen, wie zum Beispiel die Sorge des Unternehmens für eine aktive und »gesunde« Freizeitgestaltung (vgl. Abschnitt 2.88) oder das Bemühen um gute und zum Unternehmen günstig gelegene Wohnungen (vgl. Abschnitt 2.62) werden sinnvoll, und in einigen Fällen sogar notwendig sein.

Insgesamt soll jedoch nicht der Eindruck entstehen, daß die Realisierung der Gesundheitspolitik lediglich eine Aufgabe der Wirtschaftsunternehmen sein müsse. Sehr viele gesellschaftliche Gruppen sind verantwortlich aufgerufen mitzuhelfen, daß das Gesundheitsbewußtsein der Bevölkerung nicht nur in der Sorge um eine optimale Schlankheitsdiät endet.

2.88 Leistungen für Freizeitgestaltung

Über den Umfang der Zusatzleistungen auf dem Gebiete der Freizeitgestaltung der Arbeitnehmer liegen auf Grund einer Studie des Ifo-Institut für Wirtschaftsforschung e. V. München, genaue Daten vor (84). Die folgenden Darstellungen beruhen, wenn nicht anders angegeben, weitgehend auf dieser Arbeit.

Wie bei allen Zusatzleistungen sollte auch bei betrieblichen Leistungen für die Freizeitgestaltung der Arbeitnehmer überlegt werden, welche Motive für einzelne Maßnahmen oder die Gesamtheit dieser Leistungsgruppe bedeutungsvoll sind.

Die Verfasser der Ifo-Studie schreiben:

»Als Hauptmotiv für die Gewährung betrieblicher Freizeithilfen wurde nahezu einhellig in allen erfaßten Wirtschaftsbereichen das starke Interesse der Belegschaft an derartigen Sozialleistungen hervorgehoben. Dieses Umfrageergebnis macht deutlich, daß zwar einerseits eine positive Grundhaltung und finanzielle Förderungsbereitschaft

83 Vgl. Arbeits- und Sozialpolitik, 1/1968.

84 ifo studien zur industriewirtschaft Nr. 11, »Der sozialpolitische Beitrag der Wirtschaft zur Freizeitgestaltung der Arbeitnehmer«, Eine empirische Untersuchung über Struktur und Entwicklung zusätzlicher Sozialleistungen für Freizeit und Erholung in Bayern von Rolf-Ulrich Sprenger und Sotirius Papadopoulos, München 1973.

seitens der Unternehmer vorausgesetzt werden müssen, daß diese aber andererseits wirkungslos bleiben, sofern die Initiative und das Interesse der Arbeitnehmer fehlen. Der Betrieb kann durch seine Förderungsmaßnahmen zwar die materiellen Voraussetzungen schaffen, nicht aber die betriebliche Freizeitgemeinschaft als solche. Da die Teilnahme nicht erzwungen werden kann und soll, bleiben die betrieblichen Freizeiteinrichtungen und -programme ohne das Interesse und die Teilnahmebereitschaft der Arbeitnehmer ein lebloser Rahmen. Damit wird unterstrichen, daß die Existenz diesbezüglicher Sozialprogramme letztlich von der Eigeninitiative und der Eigenverantwortung der Arbeitnehmer abhängen; das heißt Entstehen und Fortbestand betrieblicher Freizeiteinrichtungen und -programme setzen vor allem die freiwillige Mitwirkung und die selbstgewählte Befriedigung von Freizeitbedürfnissen seitens der Belegschaft voraus.« (85)
Die in Vorbereitung der Studie befragten Unternehmen unterstreichen, daß viele Arbeitnehmer das echte Bedürfnis haben, mit gleichgesinnten Arbeitskollegen einen Teil ihrer Freizeit zu verbringen. Die sich aus gleichartiger sozialer Struktur (Alter, Ausbildung, Interessen u. ä.) ergebenden ähnlichen Freizeitbedürfnisse schaffen dann auch oft Impulse, die zur Schaffung von betrieblichen Freizeiteinrichtungen führen. Bemerkenswerterweise ist das mangelnde Interesse der Belegschaft an solchen Einrichtungen gleichzeitig für viele Unternehmen Grund zur Abschaffung oder Nichteinrichtung. Wobei gleichzeitig auch die Frage auftaucht, ob und inwieweit die Unternehmen eine kollektive Freizeitgestaltung ihrer Arbeitnehmer anregen sollen, ohne in den Verdacht zu kommen, Manipulation zu betreiben.
Zweitwichtigstes Motiv der Befragten waren die positiven betriebswirtschaftlichen und soziologischen Auswirkungen der Freizeiteinrichtungen. Die Verantwortlichen in den Unternehmen glauben, daß durch eine sinnvoll organisierte Freizeit das Betriebsklima positiv beeinflußt und die berufliche Leistungsbereitschaft und -fähigkeit erhöht wird. Dabei erscheint es besonders wichtig, daß gerade neue Mitarbeiter und Gastarbeiter einbezogen werden, um den Prozeß der sozialen Integration zu fördern.
Die konkreten betriebswirtschaftlichen Auswirkungen könnten dabei in der Reduzierung des Krankenstandes (und damit Reduzierung der Lohnfortzahlungskosten, der Rehabilitierungskosten – vgl. Abschnitt 2.87), der Fluktuationskosten, aber auch in der direkten Steigerung der Arbeitsleistung liegen.
Dabei wird es schwierig sein, diese positiven Aspekte zu quantifizieren, und wir wollen auch nicht verschweigen, daß wir Unternehmen kennen, denen es durch die Aufstellung einer betrieblichen Fußballmannschaft oder Volleyballmannschaft »gelungen« ist, die Zahl der Knochenbrüche der Belegschaftsangehörigen nicht unbeträchtlich zu steigern.
Ein weiteres oft genanntes Motiv ist, daß im Standortbereich des Unternehmens keine oder keine ausreichend strukturierten Freizeiteinrichtungen zur Verfügung stehen, und daß dadurch wiederum das Bedürfnis der Belegschaft nach betrieblichen Freizeiteinrichtungen steigt. Das gilt vorwiegend für Unternehmen außerhalb von Großstädten oder Ballungszentren, also auch für Betriebe, die auf der »grünen Wiese« ohne entsprechendes Hinterland entstanden sind.
In all diesen Fällen ist auch zu überlegen – das gilt für fast alle Freizeiteinrichtungen –, ob eine Zusammenarbeit mit Kommunen oder unabhängigen privaten Freizeitdienst-

85 Ebenda, S. 53.

leistungsunternehmen sinnvoll ist und ob nicht generell auch »betriebsferne« Personen diese Einrichtungen nutzen sollten. Besonders häufig ist das bisher bei dem Bau und der Nutzung von Schwimmbädern geschehen; schon einfach deshalb, weil die Mindestgröße eines Bades eine volle Kapazitätsausnutzung nur durch Betriebsangehörige meist nicht möglich macht. Die Nutzung erfolgt dann in der Form, daß Betriebsangehörige freien Eintritt haben und Außenstehende einen unter dem normalen Niveau liegenden Eintrittspreis bezahlen müssen. Hier wird auch der Public-Relation-Effekt deutlich. Es sei erwähnt, daß in anderen Staaten, zum Beispiel den USA und vielen sozialistischen Ländern, die Unternehmen den Kontakt mit ihrer territorialen Umwelt intensiver pflegen und zum Beispiel Sportanlagen und kulturelle Einrichtungen wesentlich häufiger von Unternehmen errichtet werden, um diese Beziehungen zu intensivieren und optisch sichtbarer zu machen.
Ein weiteres Motiv für die Errichtung von Freizeiteinrichtungen ist die Konkurrenzsituation, hier wird wiederum die Bedeutung der Zusatzleistungen als Werbemittel auf dem Arbeitsmarkt deutlich. Andererseits sind es oftmals auch Anregungen von außen, die zur Etablierung von Sport- und Kultureinrichtungen führen (Tendenz zu Firmenvergleichskämpfen, Bemühungen der Volkshochschulen und anderer Bildungseinrichtungen in den Räumen und mit finanzieller Unterstützung der Unternehmen »freizeitartige« Bildungsveranstaltungen zu organisieren).
Viele Leistungen – und damit sind die wichtigsten in der Praxis vorkommenden Motive genannt – sind nur noch traditionell zu erklären und haben für die Gegenwart an Bedeutung verloren. Sicherlich sprechen auch viele Argumente gegen die spezielle Einführung von Freizeiteinrichtungen. Die Hauptargumente der bayerischen Unternehmen seien hier nur in Thesen aufgeführt:

- Unser Unternehmen ist zu klein, Freizeiteinrichtungen lohnen sich bei uns nicht.
- Unsere Arbeitnehmer haben an firmeneigenen Einrichtungen kein Interesse, weil sie ihre Freizeit individuell fern vom Betrieb genießen wollen, oder weil insgesamt schon ein ausreichendes Angebot an solchen Einrichtungen vorhanden ist.
- Unsere Mitarbeiter sind meist Frauen, Pendler oder nach Feierabend in der Landwirtschaft Beschäftigte und haben praktisch keine Freizeit.
- Andere Zusatz- und Sozialleistungen sind wichtiger.

Man sollte sich konkret – auf die Struktur und die örtliche Umgebung des Unternehmens bezogen – überlegen, ob und welche Freizeitleistungen sinnvoll sind und dabei auch die zukünftig zu erwartenden Änderungen der Freizeitgewohnheiten mit beachten.
Die Tabelle auf S. 125/126 zeigt, welche Sozialleistungen auf dem Gebiet der Freizeitgestaltung am häufigsten vorhanden sind.
Zur Tabelle einige Anmerkungen:
»Der Schwerpunkt der betrieblichen Förderung ist nach den Ergebnissen der Umfrage im weiteren Bereich der gesundheitlichen Fürsorge- und Vorsorgemaßnahmen für die Arbeinehmer zu sehen. Dafür spricht in erster Linie die starke Verbreitung von Sozialleistungen für eine individuelle und/oder kollektive sportliche Betätigung, die in engem Zusammenhang mit den unternehmerischen Urlaubs- und Erholungsprogrammen zu sehen ist.

Struktur der zusätzlichen betrieblichen Sozialleistungen für Freizeitgestaltung und Erholung nach Wirtschaftsbereichen und Leistungsarten

Leistungsart	Industrie	Bauhauptgewerbe	Kreditgewerbe	Versicherungsgewerbe	Elektrizitätswerke	Gaswerke	Wasserwerke	Kombinierte Versorgungsunternehmen	Verkehrsunternehmen	Kombinierte Versorgungs- und Verkehrsunternehmen	Transport- und Speditionsgewerbe
	..% der Betriebe mit zusätzlichen betrieblichen Sozialleistungen für Freizeitgestaltung und Erholung bieten ...										
I. *Urlaub und Erholung*											
Betriebseigen											
Urlaubs-, Erholungsheim	13,5	15,8	45,5	33,3	41,7	–	–	–	–	28,6	10,0
Berg-, Skihütte	5,7	5,3	9,1	–	33,3	–	–	–	–	–	–
Wald-, Seegrundstück	4,1	–	9,1	–	33,3	–	–	–	–	14,3	10,0
Sonstige Einrichtungen	2,1	–	–	–	8,3	–	–	12,5	–	14,3	–
Beschaffung verbilligter Urlaubsquartiere	11,4	–	27,3	16,7	33,3	–	–	12,5	–	42,9	–
Sonstige Programme	4,7	5,3	–	–	8,3	–	–	12,5	–	14,3	–
II. *Betriebssport*											
Betriebseigen											
Sportplatz	10,4	–	27,3	33,3	16,7	–	–	–	–	–	10,0
Turn- und Sporthalle	2,6	–	–	16,7	–	–	–	–	–	–	–
Freibad/Schwimmhalle	8,8	–	18,2	–	–	–	–	–	–	–	10,0
Tennisplatz	9,8	5,3	9,1	33,3	16,7	–	–	–	–	–	20,0
Sonstige Sportanlagen	23,8	10,5	–	33,3	50,0	–	–	–	–	28,6	–
Ausübung von Sportarten	69,4	63,2	63,6	100,0	50,0	–	–	–	–	57,1	80,0

Fortsetzung

Leistungsart	Industrie	Bauhauptgewerbe	Kreditgewerbe	Versicherungsgewerbe	Elektrizitätswerke	Gaswerke	Wasserwerke	Kombinierte Versorgungsunternehmen	Verkehrsunternehmen	Kombinierte Versorgungs- und Verkehrsunternehmen	Transport- und Speditionsgewerbe
	..% der Betriebe mit zusätzlichen betrieblichen Sozialleistungen für Freizeitgestaltung und Erholung bieten ...										
III. *Allgemeinbildung*											
Betriebseigen											
Werksbücherei	48,2	15,8	72,7	50,0	66,7	–	–	75,0	–	42,9	–
Schulungsräume	20,7	5,3	36,4	33,3	8,3	–	–	–	–	14,3	–
Sonstige Einrichtungen	1,0	–	–	–	–	–	–	–	–	–	–
Abendliche Sprachkurse	10,4	5,3	–	–	–	–	–	–	–	–	–
Besichtigungen	12,4	–	9,1	–	–	–	–	–	–	–	–
Sonstige Programme	12,4	21,1	9,1	33,3	16,7	–	–	–	–	–	–
IV. *Unterhaltung*											
Chor, Orchester	8,8	–	18,2	–	–	–	–	–	–	42,9	–
Laienspiele	2,6	–	27,3	–	–	–	–	–	–	–	–
Theater-, Konzertbesuche	13,0	10,5	18,2	–	41,7	–	–	12,5	–	14,3	10,0
Sonstiges	4,1	21,1	9,1	16,7	16,7	–	–	–	–	14,3	–
V. *Sonstige Freizeitgestaltung*											
Basteln	3,6	–	–	–	–	–	–	–	–	–	–
Foto, Film, Ton	5,7	–	–	16,7	–	–	–	–	–	–	–
Malen	2,1	–	–	–	–	–	–	–	–	–	–
Sonstiges	8,3	–	–	–	16,7	–	–	–	–	–	–

Quelle: Erhebung des Ifo-Instituts.

Neben der Gesundheitsfürsorge und -vorsorge durch Urlaub, Erholung und Sport spielen allgemeinbildende Einrichtungen und Programme eine hervorragende Rolle im Rahmen der betrieblichen Freizeithilfen. Demgegenüber fallen Leistungen, die in besonderem Maße von den kulturellen und musischen Interessen sowie kreativen und handwerklichen Fähigkeiten der Arbeitnehmer abhängen, deutlich ab. Indes kann die Förderung von Unterhaltung, Geselligkeit und individueller Hobbies in manchen Wirtschaftsbereichen durchaus größere Bedeutung erlangen.« (86)
Bei den betrieblich geförderten Sportarten liegt Fußball gefolgt von Tischtennis und Kegeln eindeutig an der Spitze. Daneben werden – zum Beispiel in Bayerns Unternehmen – noch folgende Sportarten gefördert:

- Sportspiele: Handball, Basketball, Volleyball, Faustball, Tennis, Minigolf, Billard, Boccia
- Gymnastik und Turnen einschließlich Yoga
- Leichtathletik
- Schwerathletik: Judo, Karate, Boxen
- Schwimmen und Tauchen
- Wintersport: Skilaufen, Eisstockschießen, Curling, Eishockey
- Wassersport: Segeln, Rudern, Wasserski
- Touristik: Wandern, Radfahren, Bergsteigen
- Reiten
- Schießen
- Fechten
- Angeln und Jagen
- Schach
- Tanzen.

Die Sportförderung hat eine zunehmende Bedeutung. Die Förderung der betrieblichen Einrichtungen zur Urlaubsgestaltung hat dagegen an Wichtigkeit verloren. Mit der Motorisierung und dem großen Angebot der Reiseveranstalter haben Betriebsferienheime an Attraktivität eingebüßt; die Sozialleistung Urlaubshilfe ist also im Schwinden. Dagegen gewinnt die Attraktivität der Unternehmen in anderer Beziehung an Bedeutung.
Eine durchaus mögliche Form, Mitarbeiter zu motivieren, ist die Durchführung von Gemeinschaftsreisen und Ausflügen, wobei die Auswirkungen auf das Betriebsklima allerdings umstritten sind.
In der letzten Zeit ist die Vergabe von Belohnungs-(Incentive-)Reisen zu einer neuen Sparte im Reisegeschäft geworden, das trifft bis jetzt vor allem für den anglo-amerikanischen Raum zu; aber auch in Westdeutschland gibt es schon spezialisierte Reisebüros für Incentive-Reisen (89). Sie glauben, daß diese Form der Belohnung eine Reihe spezifischer Vorzüge hat:

- »Umsetzung anonymen Geldwertes in sichtbaren Prestigewert;
- Profilierung und Privilegierung der Teilnehmer durch innerbetriebliche Kommunikation;

86 Ifo-Studie a.a.O., S. 59.
87 Zum Beispiel Management Tours International im Reisebüro Dr. Degener.

- ›Reisen‹ als Statussymbol und Wunschobjekt;
- Entspannte Atmosphäre in ›neutraler‹ Umgebung;
- Hoher Erinnerungswert;
- Intensivierung der Verbundenheit zum Arbeitgeber und des Betriebszugehörigkeitsgefühls.« (88)

Wir glauben, daß speziell der Erinnerungswert und die Möglichkeit der optimalen Identifizierung des »Beschenkten« mit dem Unternehmen als günstiger Effekt anzusehen ist. Die Betonung des Prestige- und Statuswertes erscheint uns dagegen zwiespältig zu sein, denn die Herausstellung eines Privilegs bedeutet immer gleichzeitig das Vorhandensein Unterprivilegierter und damit eventuell auch negativer Einflüsse auf das Betriebsklima und auf die »Teamwork«-Bereitschaft.

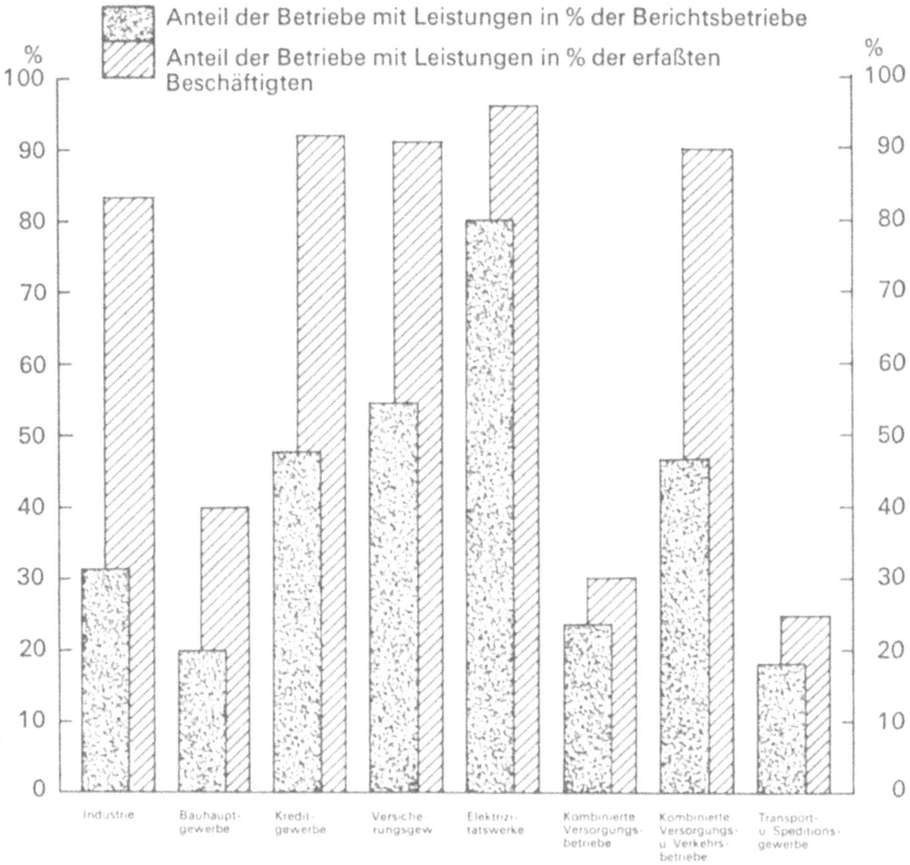

Verbreitung zusätzlicher Sozialleistungen für Freizeitgestaltung und Erholung in ausgewählten Bereichen der bayerischen Wirtschaft im Jahr 1971

Quelle: Erhebung des Ifo-Instituts, München.

88 Aus einem Prospekt des Dr. Degener Reisebüros.

Vor allem in größeren Unternehmen ist die Werksbücherei immer noch eine Standardeinrichtung. In Bayern gibt es 14 Werksbüchereien mit mehr als 10 000 Bänden, und in den größten 45 von ihnen wurden immerhin 750 000 Entleihungen registriert (89). Die Büchereien dienen zum Teil der Weiterbildung, und in dieser Hinsicht haben sie eine zukunftsträchtige Aufgabe. Dagegen sinkt ihre Bedeutung als Zeitvertreib; billige Taschenbücher, das Fernsehen und nicht zuletzt die Konkurrenz der gut eingerichteten kommunalen Büchereien lassen die Bedeutung der Belletristik-Ausleihen im Betrieb sinken.

Die Kunst – und das Hinführen der Arbeitnehmer zum Kunstverständnis – ist immer noch Stiefkind in westdeutschen Unternehmungen. Am einfachsten drückt das der BMW-Pressesprecher Bandow aus: »... außer unseren Autos haben wir keinerlei Kunstgegenstände in unserem Haus.« (90)

VW und Bayer sammeln dagegen Nolde, Picasso, Kandinsky, und Reemtsma ist für seine Barlachsammlung berühmt. Einige Großunternehmen stellen ihre besten Erwerbungen in den Kantinen aus und die Hauniwerke organisieren »Galerien« ihrer eigenen Mitarbeiter. Ansonsten hängen und stehen aber die meisten Kunstwerke in den Vorstandsetagen.

Geht man davon aus, daß die erwähnte Ifo-Studie für Bayern auch weitgehend repräsentativ für alle Unternehmen in der BRD ist, dann kommt die Mehrzahl der westdeutschen Arbeitnehmer in den Genuß von Zusatzleistungen auf dem Gebiete der Freizeitgestaltung wie auch das Schaubild auf S. 128 beweist.

Insgesamt ist aber der Aufwand für diese Leistungen recht gering, wobei die recht großen Abweichungen der Extremwerte und zwischen den Branchen überraschen (s. S. 130).

Die Ausgaben der Unternehmen lassen sich dabei vorwiegend in folgende Kategorien gliedern:

- Nutzungsleistungen:
  Die Unternehmung errichtet, pachtet oder mietet Anlagen und Einrichtungen, die den Belegschaftsangehörigen in der Freizeit zur Verfügung gestellt werden. Aufwendungen für den Betrieb entstehen hierbei durch Kapitaldienst, abnutzungsbedingte Abschreibungen, Instandhaltung und Wartung der werkseigenen Anlagen bzw. durch die Pacht- oder Mietaufwendungen für fremde Anlagen.
- Sachleistungen:
  Der Betrieb beschafft auf eigene Rechnung Sachgüter (z. B. Hobbyausrüstungen, Sportgeräte bzw. -kleidung, Bücher oder Lehrmittel) für die betriebliche Freizeitgemeinschaften.
- Dienstleistungen:
  Die Firma bezahlt haupt- oder nebenamtliche Lehrkräfte für Allgemeinbildungskurse, Bibliothekare, Sportübungsleiter oder Freizeitpädagogen bzw. -organisatoren, die die betrieblichen Freizeiteinrichtungen verwalten und die Freizeitprogramme leiten.

89 Arbeitsgemeinschaft Werksbüchereien für das Bundesgebiet und Berlin e. V., Auswertung einer Verbandserhebung 1968, Troisdorf 1972.

90 Zitiert nach Welt am Sonntag vom 6. Juni 1971.

Höhe der zusätzlichen betrieblichen Sozialaufwendungen für Freizeitgestaltung und Erholung nach Wirtschaftsbereichen

(Minimal-, Maximal- und Durchschnittsaufwand je Beschäftigten 1971)

Bereich	Durchschnittlicher Aufwand je Beschäftigten im gesamten Berichtskreis DM	Durchschnittlicher Aufwand je Beschäftigten in Betrieben mit Leistungen DM	Minimalaufwand je Beschäftigten in Betrieben mit Leistungen DM	Maximalaufwand je Beschäftigten in Betrieben mit Leistungen DM
Industrie	22,20	26,84	0,11	315,40
Bauhauptgewerbe	8,06	21,27	0,98	457,58
Kreditgewerbe	93,35	101,56	7,35	308,33
Versicherungsgewerbe	214,24	235,60	0,16	298,14
Öffentliche Versorgung				
Elektrizitätswerke	85,72	89,30	4,82	524,75
Gaswerke	–	–	–	–
Wasserwerke	–	–	–	–
Kombinierte Versorgungsunternehmen	4,58	18,80	8,20	66,67
Verkehrsunternehmen	–	–	–	–
Kombinierte Versorgungs- und Verkehrsunternehmen	27,08	30,13	3,20	57,96
Transport- und Speditionsgewerbe	5,79	31,75	10,00	66,67

Quelle: Erhebung des Ifo-Instituts.

- Geldleistungen:
  Die Unternehmung gewährt jedem Belegschaftsmitglied, ausgewählten Mitarbeitern, Betriebsgruppen, Betriebsvereinen oder -kassen finanzielle Zuschüsse, die beliebig oder nach einem vorher vereinbarten Plan verwendet werden können (91).

Dabei stehen im Vordergrund die Leistungen für Erholung und für Sportstätten.
Wenig bekannt ist, daß zum Beispiel von den Landesregierungen die Aktivitäten der Unternehmen für die Freizeitgestaltung durch Zuschüsse und zinsgünstige Darlehen gefördert werden (92). Interessant ist auch, daß der größte Teil der Zusatzleistungen – soweit sie nicht direkt dem einzelnen hohe »geldwerte« Vorteile verschaffen – praktisch lohnsteuerfrei bleibt (93).

91 Ifo-Studie a.a.O., S. 78.

92 Vgl. Bayerisches Staatsministerium für Landesentwicklung und Umweltfragen, Richtlinien zur Durchführung des Programms »Freizeit und Erholung«, Nr. 7801-III/3-1774 vom 11. 4. 1972.

93 Vgl. Soziale Betriebspraxis (Blattei) XXA Betrieb und Freizeit, Grundsatzfragen S. 9 f., Mai 1955.

2.89 Allgemeine Hilfen und Beratung

Wenn man bedenkt, über welche geistige und materielle Kapazität heute jedes Unternehmen verfügt, dann liegt es eigentlich nahe, daß dieses Wissen auch für Zwecke eingesetzt wird, die nicht unbedingt und direkt mit dem Unternehmensziel zusammenhängen. Gleichzeitig können in unserer immer mehr bürokratisierten Gesellschaft nicht mehr alle alles wissen. Dem einzelnen können aus diesem Nichtwissen unter Umständen schwere Nachteile entstehen.
Viele Unternehmen gewähren deshalb ihren Mitarbeitern organisierte oder sporadische Hilfe bei allen Angelegenheiten, in denen das Unternehmen bzw. seine Spezialisten einen erheblichen Informationsvorsprung haben.
Als wichtige Hilfsmittel haben sich dabei das »Einführungsheft« und die »Werkszeitschriften« bewährt. Dabei muß sich die Einführungsschrift – sie hat sich auch für kleinere Unternehmen immer mehr durchgesetzt – vor allem auf Unternehmensprobleme konzentrieren, wird aber – wenn sie richtig angelegt ist – nicht nur Neulingen wichtige Informationen geben können. Folgende Gliederung wäre möglich (94).

Vom Werden unserer Firma
Ein Gang durch unsere Produktion
Handelswaren und Dienstleistungen
Organisation – aber keine Bürokratie
Der Vorstand unserer AG
Der Dienstweg
Die Personalabteilung
Was Sie von uns und wir von Ihnen erwarten
Werksarzt und Werksschwester
Werksfürsorge und Sozialbüro
Werks- und Fachbücherei
Belegschaftskäufe
Sportgruppen
Werksküche und Kantine
Werkszeitschrift
Vorschlagswesen
Pensionskasse
Verantwortung gegenüber dem Betrieb
Tarifvertrag und Arbeitsordnung
Anschläge am Schwarzen Brett
Betreten und Verlassen des Werkes
Unbezahlter Urlaub
Arbeitspausen
Raucherlaubnis, Rauchverbot
Private Telefongespräche
Privatbesuche, Privatpost
Lohn und Gehalt

94 Vgl. Ifa-Sozialkartei P 39/9a zitiert nach *Haberkorn, K.*, Das Einführungsheft, Bedeutung, Ziele und Aufgaben, Soziale Betriebspraxis vom 23. 3. 1972 (XV C).

Welche Unterlagen benötigen wir von Ihnen?
Schlußwort: Wofür arbeiten wir eigentlich?
Anlagen:
  Organisationsschema unserer Firma
  Wichtige Namen und Hausruf-Nummern
  Satzung der Pensionskasse
  Arbeitsordnung.

Werkszeitschriften können dagegen auch allgemeinere Informationen geben und vor allem aktuellere Hilfe leisten. Das wirkt sich besonders bei der Erläuterung neuer gesetzlicher Bestimmungen, zum Beispiel der Steuergesetzgebung, der Vermögensbildung, Sparförderung usw. aus. Dabei kann eine Werkszeitschrift zum Teil gezieltere Informationen geben als andere Medien, weil sie auf die spezifische Struktur der Arbeitnehmer des Unternehmens eingehen kann.
Eine andere Möglichkeit, die betriebliche Hilfe zu institutionalisieren, ist die Einführung von Sprechstunden speziell im Bereich des Personal- und Sozialwesens. In großen Betrieben ist auch die Werksfürsorgerin oft »Spezialistin« für Betreuung und persönliche Hilfe.
Über den Umfang der Betreuung und Hilfe gibt es sicherlich verschiedene Vorstellungen. Je »betriebsnäher« das Problem ist, um so größer ist sicher die moralische Pflicht des Unternehmens zu helfen. Beratung über juristische Probleme ist nur bis zu einem gewissen Grade erlaubt und auch sinnvoll. Das wesentliche ist nicht, daß der Betrieb alle Probleme seiner Arbeitnehmer bis zum erfolgreichen oder bitteren Ende klärt, sondern daß er Denkanstöße gibt und gerade bei bürokratischen Angelegenheiten den richtigen Weg weist. In diesem Sinne wären folgende Beratungsthemen möglich, aber nicht in jedem Fall sinnvoll:

- Versicherungs- und Rentenberatung
- Hilfe bei Erziehung bzw. Studien- und Berufsberatung für Kinder
- Beratung in Sachen Vermögensbildung und Sparförderung
- Beratung bei Sterbefällen und anderen Familienereignissen
- Hilfe und Beratung beim Hausbau oder Wohnungskauf
- Beratung bei Unfällen, Erbschaftsangelegenheiten und ähnlichem.

Sicher werden deutsche Unternehmen nicht so weit gehen wie der japanische Konzern Mitsubishi, der für seine Mitarbeiter kürzlich eine innerbetriebliche Heiratsvermittlung organisierte.
Bei allen Beratungen (auch den Hinweisen in Werkszeitschriften und Einführungsbüchern) ist sehr darauf zu achten, daß die Entscheidungsfreiheit des Arbeitnehmers nicht beeinträchtigt und seine Privatsphäre nicht verletzt wird.

3. Gestaltung der Zusatz- und Sozialleistungen im Unternehmen

3.1 IST-Analyse

Es wird relativ selten vorkommen, daß sich ein Unternehmen ohne historische Entwicklung die Frage stellen kann, welche Personalpolitik und welche spezielle Vergütungspolitik es haben will, und welche Zusatz- und Sozialleistungen sinnvoll wären. Das hängt damit zusammen, daß die meisten Unternehmen sich aus kleinsten Anfängen entwickelt haben, und wenn die Frage nach einer (institutionellen) Personalpolitik gestellt wird, gibt es immer schon eine Geschichte unternehmerischer Sozialpolitik.
Wir wurden einigemal von neu in Deutschland etablierten ausländischen Unternehmen nach der optimalen Personal- und Sozialpolitik gefragt. Das war dann die Chance, beim Punkt Null zu beginnen. Das Ergebnis hat uns nicht immer befriedigt, denn nachdem »das System« eingeführt war, zeigte es doch den Kompromiß zwischen traditioneller deutscher Sozialpolitik und den Vorstellungen der ausländischen Führungskräfte. Je nachdem, ob es Japaner, Italiener oder Amerikaner waren, wurde das System der Vergütung und der Zusatz- und Sozialleistungen recht verschieden. Wir zogen daraus die Erkenntnis, daß es nicht möglich ist, eine unternehmerische Sozialpolitik im luftleeren Raum zu installieren. Gleichzeitig wird ein Sozialssystem, das unabhängig von den Erfahrungen und Emotionen der entscheidenden Führungskräfte aufgebaut wird – auch wenn es sonst allen Optimalitätskriterien entspricht – nicht realistisch sein.
Wir glauben, daß es gerade in der Sozialpolitik des Unternehmens nicht möglich ist, sich absolut von traditionellem Gedankengut zu lösen; so ist es zum Beispiel schon nicht möglich, immer zu bestimmen, ob Tradition und Emotion beim Arbeitgeber und beim Arbeitnehmer in gleicher Richtung wirken. Immer ist es sicher notwendig, der Überlegung über neue Möglichkeiten eine Analyse des IST-Zustandes voranzustellen. Das heißt, die Frage nach dem »Was haben wir?« ist zu stellen und zu beantworten.
Die Bestandsaufnahme beginnt mit der detaillierten Katalogisierung, welche Zusatz- und Sozialleistungen es im Unternehmen gibt und für welche Beschäftigtengruppen diese Leistungen wirken. Dabei stellt sich meist heraus, daß die Palette größer ist als man angenommen hat. Eine Unterteilung der Leistungen in gesetzliche, tarifliche, betriebsvereinbarte, einzelvertragliche, durch Übung fixierte und gänzlich freiwillige, ist notwendig. Die gesetzlichen und auch die tariflichen Zusatz- und Sozialleistungen scheiden später weitgehend aus der analytischen Betrachtung aus. Sie sind lediglich Kostenfaktor und Element des Organisationsaufwandes. Gleichzeitig sind sie aber Teil des Gesamtkomplexes Zusaz- und Sozialleistungen, und in dieser Eigenschaft bestimmen sie auch zum Teil die Richtung des freiwilligen Sozialaufwandes mit.
Dagegen ist der Umfang und die Weiterentwicklung des gesetzlich und tariflich fixierten Aufwands von Einzelunternehmen nicht – oder nur sehr indirekt – über Verbände beeinflußbar. Betriebsvereinbarungen über Zusatz- und Sozialleistungen haben nicht diesen Grad von Verbindlichkeit. Sie sind auf dem Gebiet der Zusatzleistungen relativ

selten, könnten aber auf Grundlage des neuen Betriebsverfassungsgesetzes an Bedeutung gewinnen und durchaus beeinflußbar und veränderbar sein. Unrealistisch wäre es natürlich anzunehmen, daß bei »normaler« Wirtschaftsentwicklung Betriebsvereinbarungen zuungunsten der Belegschaft zu verändern sind, aber die Anpassung an neue Gegebenheiten ist immer möglich, eine Prüfung der Wirkungsweise der einzelnen Betriebsvereinbarungen notwendig.
Die Vielzahl der Sonderzusagen für einzelne Mitarbeiter, speziell für Führungskräfte, hat bei einer solchen Bestandsaufnahme immer wieder überrascht. Diese Zusagen sind zum Teil im Arbeitsvertrag fixiert oder als einseitiges (schriftliches oder mündliches) Versprechen des Arbeitgebers formuliert. Aus unserer Erfahrung warnen wir vor mündlichen Absprachen, die schlecht nachweisbar und überprüfbar sind. Mit einer neuen sozialen Situation oder mit einer neuen Geschäftsführung besteht außerdem die Gefahr, daß solche mündlichen Festlegungen jeweils neu interpretiert werden. Eine systematische Kontrolle ihrer Wirksamkeit ist kaum möglich. Das trifft zum Teil auch auf schriftlich fixierte Einzelabmachungen zu. Wir haben relativ oft erlebt, daß in einem Unternehmen fünf und mehr verschiedene Systeme der betrieblichen Altersversorgung nebeneinander Geltung haben – je nachdem, wann und wie der einzelne die Zusage von der Geschäftsführung erhielt. Einzelzusagen für alle Arten von Zusatzleistungen sind organisatorisch meist sehr aufwendig und widersprechen häufig – wenn nicht juristisch, so doch faktisch – dem Gleichbehandlungsprinzip und führen dadurch auch meist zu innerbetrieblichen Auseinandersetzungen. Sicher gibt es aber auch Fälle, in denen eine Einzelzusage angemessen und vorteilhaft ist. Sie kann eine besondere Form der Anerkennung sein oder aber auch spezielle soziale Probleme lösen helfen.
Der Trend geht ganz allgemein zur »standardisierten« Festlegung; das betrifft auch die meisten der freiwilligen Leistungen, die entweder für alle Beschäftigten gelten, oder aber zumindest für spezifische Gruppen. Faktisch muß man auch noch diese freiwilligen Leistungen einteilen in solche, die praktisch durch das »Gewohnheitsrecht« nicht wieder rückgängig gemacht werden können, und Leistungen, die noch »echt« im ursprünglichen Sinne des Wortes »freiwillig« sind. Das Unternehmen muß sich darüber im klaren sein, daß fast alle einmal freiwillig eingeführten Leistungen mit der Zeit dem Gewohnheitsrecht »verfallen« und kaum rückgängig gemacht werden können. Das unterstreicht die Notwendigkeit der sorgfältigen Entscheidung bei der Planung und Einführung neuer »freiwilliger« Maßnahmen. Nachdem ein Katalog aller im Unternehmen vorhandenen Zusatzleistungen (geordnet nach der Verbindlichkeit für das Unternehmen) vorhanden ist, kommt es darauf an, diese Leistungen zu bewerten und auf ihre Wirksamkeit hin zu überprüfen. Dabei gibt es viele Schwierigkeiten.
Wichtig ist es nach unserer Auffassung, daß für die hauptsächlichen Leistungen festgestellt wird, wann und zu welchem Anlaß sie eingeführt wurden. So konnten wir erst, nachdem uns mitgeteilt wurde, daß eine bestimmte Umsatzprovision seit 1938 unverändert Gültigkeit hatte, geeignete Vorschläge machen sie zu verändern. Da die Einführung einer Sozialleistung meist durch eine spezifische sozialpolitische Situation in der Wirtschaft oder im Unternehmen initiiert wurde, ist die Bedeutung bei einer veränderten Situation vielleicht schon nicht mehr vorhanden.
Als nächstes muß die Frage beantwortet werden, welche Kosten die einzelnen Leistungen verursachen. Die Erfassung der Kosten ist oft recht schwierig. Die meisten Unter-

nehmen haben keine vollständige Übersicht, wie hoch die Kosten der verschiedenen Sozialleistungen sind. Durch schwierige Zuordnungsprobleme und die unterschiedliche Zurechnung – auch gleicher oder ähnlicher – Zusatz- und Sozialleistungen, gibt es immer wieder Probleme. Man sollte auch bei der Abrechnung der Zusatz- und Sozialleistungen mehr als bisher an die Grundsätze einer ordnungsgemäßen Kostenrechnung denken:

- Vollständige Erfassung
- Zurechnung nach dem Verursachungsprinzip oder
- indirekte Zurechnung nach dem Proportionalitätsprinzip.

Als typische Gemeinkosten haben sie kaum direkte Beziehung zum erzeugten Produkt oder zur erbrachten Leistung, eine direkte Zurechnung nach Kostenträgern ist daher nicht möglich. Die Gliederung nach einzelnen Kostenarten von Zusatz- und Sozialleistungen sollte so tief wie möglich sein, wobei eine Kostenart »Übrige soziale Kosten« sicherlich nicht zu umgehen sein wird.
Ein Großteil der sozialen Kosten ist nicht eindeutig als eine Kostenart zu erkennen, sondern als »zusammengesetzte Kosten« definierbar. Sie setzen sich aus verschiedenen einfachen Kostenarten zusammen wie zum Beispiel Gehältern, Abschreibungen, Material u. ä. Erst durch eine eindeutige, differenzierte Kostenrechnung ist ein »Ordnen« möglich. Die Verrechnung der sozialen Kosten in der Betriebsabrechnung kann prinzipiell nach vier Verfahren erfolgen:

1. Direkte Verrechnung der Kostenarten auf Kostenstellen.
2. Indirekte Verrechnung der Kostenarten über eine »Allgemeine Kostenstelle Sozialwesen«.
3. Direkte und indirekte Verrechnung der Kostenarten.
4. Verrechnung der Kostenarten über Kostenstellen des Sozialbereichs (1).

Merle beschreibt die drei ersten bekannten Methoden und entwickelt aus der Erkenntnis der Schwächen dieser Verfahren die vierte, noch weithin unbekannte, Form (2).
Die buchhalterische Erfassung des Sozialaufwands gehört unbedingt zur IST-Analyse, ebenso wie eine Organisationsanalyse, die nicht nur vom Aufwand her bedeutsam ist, sondern auch viele soziale, psychologische und soziologische Fragen aufwirft, aber auch beantwortet. Einige dieser Momente sind beispielhaft im Abschnitt 3.5 dargestellt.

3.2 Bedarfs- und Aufwandanalyse

Damit ist im Prinzip die IST-Analyse beendet. An Hand dieser Analyse muß nun die Frage beantwortet werden:
Welche Erwartungen knüpft das Unternehmen an seine Sozialpolitik?
Bei der Einzelbeschreibung im Abschnitt 2 wurde versucht darzustellen, welche Vor- und Nachteile die einzelnen Leistungen haben. Eine Zielanalyse kann aber nicht von der einzelnen Zusatzleistung ausgehen, sondern muß das konkrete Ziel der Unternehmensführung oder der spezifischen Personalpolitik in den Mittelpunkt stellen. Eines dieser Ziele kann es zum Beispiel sein, mittel- und langfristig die Fluktuation im

1 *Merle,* a.a.O., S. 127 f.
2 *Merle,* a.a.O., S. 131 ff.

Unternehmen zu reduzieren bzw. zu optimieren – was nicht unbedingt das gleiche sein muß.

Es muß überprüft werden, mit welchen Mitteln dieses Ziel erreicht werden kann. Das Ergebnis kann sein, daß gewisse Führungskräfte ausgetauscht oder in Menschenführung weitergebildet werden müssen. Außerdem können durch Veränderungen (nicht unbedingt Erhöhungen) im Lohn- und Gehaltsgefüge Verbesserungen erreicht werden.

Eine dritte Möglichkeit könnte die Überlegung sein, spezifische Zusatzleistungen einzuführen. In Frage käme zum Beispiel ein Weihnachtsgeld, das von Jahr zu Jahr der Betriebszugehörigkeit steigt. Eine weitere Möglichkeit wären Treueprämien oder die Einführung einer zusätzlichen betrieblichen Altersversorgung. Dabei wird die so einfach erscheinende Beziehung, Altersversorgung bedeutet weniger Fluktuation, zu überprüfen sein. Wenn es sich bei der hauptsächlichen Fluktuation um Beschäftigte unter 30 Jahren handelt, wird es nicht sehr sinnvoll sein, eine Altersversorgung aufzubauen, weil junge Leute kaum auf Versprechen reagieren, die erst in 30 bis 40 Jahren eingelöst werden. Dagegen wirkt eine Altersversorgung dann auf junge Arbeitnehmer, wenn sie zum Beispiel im öffentlichen Dienst oder bei Großunternehmen arbeiten.

Hier ist bereits ein »Altersversorgungsbewußtsein« vorhanden, das nicht unbedingt insgesamt positiv wirken muß, aber doch zum Teil Fluktuation verhindert. Die Fluktuation wird also bei Neueinführung einer betrieblichen Altersversorgung nur für gewisse Alters- und Beschäftigtengruppen wirken, für die Gruppe der unter Dreißigjährigen aber kurz- und mittelfristig kaum Wirkung zeigen.

Damit sei angedeutet, daß es bei einer Untersuchung von möglichen Zusatzleistungen nicht darauf ankommt, allgemeine »Wahrheiten« – die oft auch Vorurteile sind – zu übernehmen, sondern immer eine Bedarfs- und Aufwandsanalyse durchzuführen.

Bedarfsanalyse ist in diesem Zusammenhang allumfassend zu verstehen. Es ist zu ermitteln, was die beteiligten Arbeitnehmer wollen – aber auch, welche Konsequenzen sich aus den Aktivitäten anderer Interessengruppen ergeben.

Es ist ein recht großer Widerspruch, daß viele Unternehmen jede Motivation ihrer potentiellen Kunden durch ihre eigenen Marktforschungsabteilunengen oder außenstehende Institute genauestens untersuchen lassen, aber über die Interessen und Vorstellungen ihrer Mitarbeiter kaum genaue Kenntnisse haben. Lediglich bei Fluktuationsuntersuchungen gibt es häufiger Befragungen, jedoch auf dem Gebiet der Zusatz- und Sozialleistungen sind betriebssoziologisch oder psychologisch untermauerte Untersuchungen selten. Bei der Veränderung – oder bei der Überlegung über neue Zusatzleistungen – hat sich folgender Weg für die Ermittlung der Mitarbeiterinteressen bewährt:

1. Durchführung von Experteninterviews (Betriebsratsmitglieder, Mitarbeiter der Personalabteilung, Gastarbeiterdolmetscher, Meister und andere Führungskräfte) nach den zur Zeit in den verschiedenen Arbeitnehmergruppen vorhandenen potentiellen Wünschen. Die Interviews sollten nach einem losen Plan geführt werden und unter anderem folgende Fragen beinhalten:
   - Welche Zusatz- und Sozialleistungen werden in welcher Reihenfolge (Dringlichkeit, Wichtigkeit) gewünscht?
   - Über welche Konkurrenzleistungen auf diesem Gebiet wird gesprochen?
   - Welchen Nutzen verspricht man sich von neuen oder veränderten Zusatz- und Sozialleistungen?

– In welcher Häufigkeit tauchen Wünsche auf?
– Welche Auswirkungen hätte die Einführung bzw. die Nichteinführung bestimmter Zusatzleistungen?
– Welche Auswirkung hätte die Abschaffung bestimmter Zusatzleistungen?
– Welche bestimmten Vorstellungen bestehen über die Höhe und Ausgestaltung einzelner Zusatz- und Sozialleistungen?

2. Nachdem die Ergebnisse dieser Interviews vorliegen, sollte im Kreis der Berater und Entscheidungsberechtigten (Aufsichtsrat, Vorstand, Geschäftsführung, Wirtschaftsausschuß, Personalbeirat u. ä.) versucht werden, zwei oder drei alternative Vorschläge zu erarbeiten, die natürlich auch andere Faktoren, also zum Beispiel die Kosten und den Organisationsaufwand, mit berücksichtigen müssen.
3. Diese dann materiell und auch anderweitig abgesicherten Vorschläge können in Form eines standardisierten mündlichen Interviews oder eines schriftlich fixierten Fragebogens den Arbeitnehmern vorgelegt werden.
   Auf folgende Punkte ist zu achten:
   – Die vorgelegten Alternativen sollten realistisch sein, das heißt sie sollten alle echte Vorteile darstellen und zu verwirklichen sein.
   – Die Darstellung der mit jeder Alternative verbundenen Vorteile soll kurz, aber deutlich sein.
   – Die Anonymität der Befragten soll gewahrt bleiben.
   – Die Befragten sollten entweder die Gesamtheit der in Frage kommenden Arbeitnehmer sein, oder – wenn das nicht möglich ist – einen repräsentativen Querschnitt bilden.
   – Bei einer mündlichen Befragung sollten die Interviewer möglichst der Unternehmensführung oder dem Betriebsrat nicht zu nahe stehen. Geschulte Interviewer eines Marktforschungs- oder Meinungsforschungsinstituts oder unabhängige Berater sind vorteilhaft.
   – Dem Befragten muß deutlich werden, daß er direkt an der Entscheidungsfindung beteiligt ist.

Zu einer solchen Befragung ein Beispiel aus einer überbetrieblichen Befragung:

Was ziehen Sie vor?

		Mehr Urlaub %	Kürzere Arbeitszeit %
Männlich		76	24
Weiblich		73	27
Männlich	unter 30 Jahre	79	21
	30 bis 39 Jahre	84	16
	40 bis 49 Jahre	71	29
	ab 50 Jahre	60	40
Weiblich	unter 30 Jahre	79	21
	30 bis 39 Jahre	71	29
	40 bis 49 Jahre	67	33
	ab 50 Jahre	73	27

1 Quelle: Einstellung der Angestellten zu Beruf und Arbeitsplatz, Ergebnisbericht einer Mitarbeiterumfrage 1973, AGA Institut »Neue Wirtschaft«, Hamburg.

Für eine Entscheidungsfindung bietet diese (nicht aus konkretem Anlaß) durchgeführte Untersuchung wenig Vorteile und läßt auch den Befragten im unklaren darüber, wie die Vorteile quantitativ einzuschätzen sind. Für eine entscheidungsorientierte Befragung erscheint folgende Form besser:

Beispiel für eine Betriebsbefragung:
Durch Rationalisierungserfolge ist es ab 1. 1. 1974 möglich, die Jahresarbeitszeit für alle Arbeitnehmer unseres Unternehmens – über die gesetzlichen und tariflichen Bestimmungen hinaus – zu verkürzen. Wir wollen eine Neuregelung nicht ohne Ihre Mitarbeit und nicht ohne Ihre Meinungsäußerung planen und durchführen und bitten Sie deshalb auf diesem Wege um Ihre Entscheidung. Die ausgefüllten Fragebogen werden gemeinsam von der Unternehmensführung und dem Betriebsrat ausgewertet. Die Entscheidung über die neuen Maßnahmen wird auf Grund der »Mehrheitsentscheidung« der Befragten bis zum 15. Oktober 1973 erfolgen und Ihnen danach sofort am Schwarzen Brett und in der Betriebszeitung bekanntgegeben. Nun zu der Frage:

Was ziehen Sie vor?

– 4 zusätzliche Arbeitstage Grundurlaub pro Kalenderjahr ☐

– oder eine Arbeitszeitverkürzung von 45 Minuten an jedem Freitag ☐
(der Arbeitsschluß wäre dann statt und 17.00 Uhr um 16.15 Uhr)

Bitte kreuzen Sie die Variante an, die am meisten Ihren Wünschen entspricht.
(Evtl. Begründung Ihrer Entscheidung):

....

....

....

Nach Ausfüllung bitte sofort in die markierten Briefkästen werfen!

Bei einfachen, übersichtlichen Fragestellungen ist sicherlich eine schriftliche günstiger; wenn es um komplizierte Motiv- oder »Wunsch«-Erforschung geht, oder die Befragten nicht geübt sind, komplizierte Äußerungen schriftlich zu fixieren, ist ein mündliches Interview sinnvoller, wenn auch teurer.
Eine direkte Befragung durch Einlage oder Abdruck der Fragebogen in der Werkszeitschrift ist bei direkten Entscheidungsfragen nicht immer sinnvoll, da die Beteiligung meist gering ist, und die Repräsentation kaum überprüft werden kann. Wenn es aber darum geht, erste Vorstellungen der Belegschaft kennenzulernen oder Interessen und Aktivitäten zu entwickeln, ist die Werkszeitschrift sicher ein geeignetes Instrument.
Bornschein hat in seiner Dissertation einmal allgemein erfragt, welche unterschiedliche Wertschätzung Sozialleistungen genießen. Die Ergebnisse der Befragung, in der Tabelle auf S. 139 darstellt, haben zwar schon fast historischen Charakter, sind aber doch recht interessant, wenn natürlich auch die Aussagekraft durch die fehlende qualitative und quantitative Definition der einzelnen Aufwandarten eingeschränkt ist:

Meinungen über freiwillige Sozialleistungen
(in % der Befragten)

Nr.	Aufwand für	Besonders wichtig	Nicht so wichtig	Überflüssig
1	Altersversorgung	100	–	–
2	Invaliditätsversorgung	92	8	–
3	Gratifikationen	91	–	9
4	Hinterbliebenenversorgung	85	–	15
5	Unfallversicherung	71	15	14
6	Sanitäre Anlagen	70	14	16
7	Betriebswohnungen	70	–	30
8	Unfallschutzmaßnahmen	70	–	30
9	Krankenversorgung	64	–	36
10	Weiterbildung	56	14	30
11	Gemeinschaftsräume	49	7	44
12	Gesundheitsbetreuung	43	15	42
13	Wegegelder und Fahrgelderstattung	36	21	43
14	Eigenheimbau mit Unterstützung der Firma	35	16	49
15	Berufskleidung	28	23	49
16	Werksverpflegung zu verbilligten Preisen	6	16	78

Quelle: *Bornschein, Kurt:* Die freiwilligen Sozialleistungen privater Klein-, Mittel- und Großbetriebe in den Regierungsbezirken Koblenz und Trier, Dissertation, Köln 1957, S. 179.

Bedeutungsvoll ist – wenn man von den Zielen der unternehmerischen Sozialpolitik ausgeht – der Vergleich mit der Konkurrenz, das heißt die Ermittlung: Welche Leistungen hat der potentielle Konkurrent? Wie sind diese Leistungen ausgestaltet? Und welche Kosten entstehen dadurch?

Der Vergleich ist wichtig in bezug auf die Konkurrenzsituation auf dem Arbeitsmarkt (mögliche Fluktuation vom oder zum regionalen oder branchenmäßigen Konkurrenten), hat aber gleichzeitig auch andere Aufgaben. So können zum Beispiel aus dem Vergleich der Wirkungsweise oder der Organisationsform wichtige Rationalisierungsideen entstehen. Der Vergleich ist natürlicherweise nicht immer sehr einfach. Oftmals ergeben sich bei Abgangsgesprächen oder Fluktuationsuntersuchungen Hinweise auf attraktivere Zusatzleistungen von Nachbarunternehmen. Das gleiche gilt für Stellenannoncen (vgl. Anlage 1), Werkszeitschriften oder Erfahrungsaustausch, zum Beispiel in örtlichen Unternehmerverbänden oder Gewerkschaftsgruppen.

Ein systematischer Vergleich bereitet größere Schwierigkeiten. Hier macht sich vor allem das Fehlen einer einheitlichen Systematik und Gliederung der Zusatz- und Sozialleistungen bemerkbar und gleichzeitig die unterschiedlichen Verrechnungsgesichtspunkte und Organisationsprinzipien.

Sehr selten wird auch das nötige Vertrauen zwischen Arbeitsmarktkonkurrenten bestehen, um einen solchen Vergleich zu ermöglichen. Erfolgreich sind in vielen Fällen Vergleiche in Form von Gruppenwirtschaftlichen Untersuchungen zwischen Unternehmen gleicher Branchen verlaufen. Einige Verbände, Unternehmensberater und das Rationalisierungs-Kuratorium der deutschen Wirtschaft (RKW) haben dazu praxisnahe Untersuchungsmethoden entwickelt.

Zur »Marktforschung« auf dem Gebiet der Zusatz- und Sozialleistungen gehört auch, daß man wissen sollte, mit welchen neuen gesetzlich und tariflich fixierten Sozialleistungen in den nächsten Jahren zu rechnen ist. Das Wissen darum ist vielfach wichtig, weil ansonsten für das Unternehmen – und eventuell auch den Arbeitnehmer – Schaden entstehen könnte.
Beispiel:

Bisher galt die betriebliche Altersversorgung als geeignetes Mittel, die Fluktuation von langjährig tätigen Mitarbeitern zu unterbinden. Die neuen richterlichen Entscheidungen und die zu erwartenden gesetzlichen Bestimmungen über die teilweise Unverfallbarkeit schaffen diese »goldene Fessel« ab.

Auch die Veränderung der Bedingungen über die Attraktivität einzelner Leistungen für den Arbeitnehmer kann relativ schnell wechseln. Bisher war zum Beispiel die Direktversicherung als Form der betrieblichen Alterssicherung beim Begünstigten unbeliebt, weil er sehr viel Steuern sofort bezahlen mußte, für eine Leistung, deren Vorteile er erst Jahrzehnte später spürt. Durch Steuerbegünstigung könnte in Zukunft die Attraktivität dieser Leistung entscheidend erhöht werden und dadurch eventuell andere Formen der Altersversorgung an Bedeutung verlieren.
Natürlicherweise ist es für das einzelne Unternehmen oft sehr schwierig, kommende Regelungen »vorauszuahnen«. Am wichtigsten erscheint es uns dabei, das zukünftige sozialpolitische Klima und zukünftige Tendenzen zu erfassen. Hilfe dabei geben:

- Programme und perspektivische Vorausschauen der Parteien
- Erklärungen der Gewerkschaften und deren Jahres- und Langzeitziele
- Ermittlungen von Arbeitgeberorganisationen und Verbänden
- Prognosen von Futurologen und Wirtschaftsinstituten
- neue Gesetzesentwürfe
- Trendberechnungen aus der Untersuchung bereits bestehender Sozialleistungen.

3.3 Mitwirkung des Betriebsrates

Für die unternehmerische Sozialpolitik ist die Haltung des Betriebsrates natürlicherweise besonders bedeutungsvoll. Seine Einstellung wird durch mannigfaltige Umstände bestimmt:

- Einfluß der Gewerkschaften
- sozialpolitische Diskussionen
- Zusatz- und Sozialleistungen der Nachbarbetriebe
- innerbetriebliche Diskussionen.

Im neuen Betriebsverfassungsgesetz ist noch häufiger und noch deutlicher als im alten, das Mitwirkungs- und Mitbestimmungsrecht des Betriebsrates definiert.
Die folgenden Paragraphen beziehen sich direkt oder indirekt auf Zusatz- und Sozialleistungen:

»*Dritter Abschnitt*
Soziale Angelegenheiten

§ 87 – Mitbestimmungsrechte

(1) Der Betriebsrat hat, soweit eine gesetzliche oder tarifliche Regelung nicht besteht, in folgenden Angelegenheiten mitzubestimmen:

1. Fragen der Ordnung des Betriebs und des Verhaltens der Arbeitnehmer im Betrieb;
2. Beginn und Ende der täglichen Arbeitszeit einschließlich der Pausen sowie Verteilung der Arbeitszeit auf die einzelnen Wochentage;
3. Vorübergehende Verkürzung oder Verlängerung der betriebsüblichen Arbeitszeit;
4. Zeit, Ort und Art der Auszahlung der Arbeitsentgelte;
5. Aufstellung allgemeiner Urlaubsgrundsätze und des Urlaubsplans sowie die Festsetzung der zeitlichen Lage des Urlaubs für einzelne Arbeitnehmer, wenn zwischen dem Arbeitgeber und den beteiligten Arbeitnehmern kein Einverständnis erzielt wird;
6. Einführung und Anwendung von technischen Einrichtungen, die dazu bestimmt sind, das Verhalten oder die Leistung der Arbeitnehmer zu überwachen;
7. Regelungen über die Verhütung von Arbeitsunfällen und Berufskrankheiten sowie über den Gesundheitsschutz im Rahmen der gesetzlichen Vorschriften oder der Unfallverhütungsvorschriften;
8. Form, Ausgestaltung und Verwaltung von Sozialeinrichtungen, deren Wirkungsbereich auf den Betrieb, das Unternehmen oder den Konzern beschränkt ist;
9. Zuweisung und Kündigung von Wohnräumen, die den Arbeitnehmern mit Rücksicht auf das Bestehen eines Arbeitsverhältnisses vermietet werden, sowie die allgemeine Festlegung der Nutzungsbedingungen;
10. Fragen der betrieblichen Lohngestaltung, insbesondere die Aufstellung von Entlohnungsgrundsätzen und die Einführung und Anwendung von neuen Entlohnungsmethoden sowie deren Änderung;
11. Festsetzung der Akkord- und Prämiensätze und vergleichbarer leistungsbezogener Entgelte, einschließlich der Geldfaktoren;
12. Grundätze über das betriebliche Vorschlagswesen.

(2) Kommt eine Einigung über eine Angelegenheit nach Absatz 1 nicht zustande, so entscheidet die Einigungsstelle. Der Spruch der Einigungsstelle ersetzt die Einigung zwischen Arbeitgeber und Betriebsrat.

§ 88 – Freiwillige Betriebsvereinbarungen

Durch Betriebsvereinbarungen können insbesondere geregelt werden:

1. zusätzliche Maßnahmen zur Verhütung von Arbeitsunfällen und Gesundheitsschädigungen;
2. die Errichtung von Sozialeinrichtungen, deren Wirkungsbereich auf den Betrieb, das Unternehmen oder den Konzern beschränkt ist;
3. Maßnahmen zur Förderung der Vermögensbildung.

§ 89 – Arbeitsschutz

(1) Der Betriebsrat hat bei der Bekämpfung von Unfall- und Gesundheitsgefahren die für den Arbeitsschutz zuständigen Behörden, die Träger der gesetzlichen Unfallversicherung und die sonstigen in Betracht kommenden Stellen durch Anregung, Beratung und Auskunft zu unterstützen sowie sich für die Durchführung der Vorschriften über den Arbeitsschutz und die Unfallverhütung im Betrieb einzusetzen.

Vierter Abschnitt
Gestaltung von Arbeitsplatz, Arbeitsablauf und Arbeitsumgebung

§ 90 – Unterrichtungs- und Beratungsrechte

Der Arbeitgeber hat den Betriebsrat über die Planung

1. von Neu-, Um- und Erweiterungsbauten von Fabrikations-, Verwaltungs- und sonstigen betrieblichen Räumen,
2. von technischen Anlagen,
3. von Arbeitsverfahren und Arbeitsabläufen oder
4. der Arbeitsplätze

rechtzeitig zu unterrichten und die vorgesehenen Maßnahmen insbesondere im Hinblick auf ihre Auswirkungen auf die Art der Arbeit und die Anforderungen an die Arbeitnehmer mit ihm zu beraten. Arbeitgeber und Betriebsrat sollen dabei die gesicherten arbeitswissenschaftlichen Erkenntnisse über die menschengerechte Gestaltung der Arbeit berücksichtigen.

Zweiter Unterabschnitt
Berufsbildung

§ 96 – Förderung der Berufsbildung

(1) Arbeitgeber und Betriebsrat haben im Rahmen der betrieblichen Personalplanung und in Zusammenarbeit mit den für die Berufsbildung und den für die Förderung der Berufsbildung zuständigen Stellen die Berufsbildung der Arbeitnehmer zu fördern. Der Arbeitgeber hat auf Verlangen des Betriebsrats mit diesem Fragen der Berufsbildung der Arbeitnehmer des Betriebs zu beraten. Hierzu kann der Betriebsrat Vorschläge machen.
(2) Arbeitgeber und Betriebsrat haben darauf zu achten, daß unter Berücksichtigung der betrieblichen Notwendigkeiten den Arbeitnehmern die Teilnahme an betrieblichen oder außerbetrieblichen Maßnahmen der Berufsbildung ermöglicht wird. Sie haben dabei auch die Belange älterer Arbeitnehmer zu berücksichtigen.

§ 97 – Einrichtungen und Maßnahmen der Berufsbildung

Der Arbeitgeber hat mit dem Betriebsrat über die Errichtung und Ausstattung betrieblicher Einrichtungen zur Berufsbildung, die Einführung betrieblicher Berufsbildungsmaßnahmen und die Teilnahme an außerbetrieblichen Berufsbildungsmaßnahmen zu beraten.

§ 98 – Durchführung betrieblicher Berufsbildungsmaßnahmen

(1) Der Betriebsrat hat bei der Durchführung von Maßnahmen der betrieblichen Berufsbildung mitzubestimmen.

§ 111 – Betriebsänderungen

Der Unternehmer hat in Betrieben mit in der Regel mehr als zwanzig wahlberechtigten Arbeitnehmern den Betriebsrat über geplante Betriebsänderungen, die wesentliche Nachteile für die Belegschaft oder erhebliche Teile der Belegschaft zur Folge haben können, rechtzeitig und umfassend zu unterrichten und die geplanten Betriebsänderungen mit dem Betriebsrat zu beraten. Als Betriebsänderungen im Sinne des Satzes 1 gelten:

1. Einschränkung und Stillegung des ganzen Betriebs oder von wesentlichen Betriebsteilen,
2. Verlegung des ganzen Betriebs oder von wesentlichen Betriebsteilen,
3. Zusammenschluß mit anderen Betrieben,
4. grundlegende Änderungen der Betriebsorganisation, des Betriebszwecks oder der Betriebsanlagen,
5. Einführung grundlegend neuer Arbeitsmethoden und Fertigungsverfahren.«

Durch die Arbeitsgerichte sind einige der aufgeführten Bestimmungen zum Teil sehr weit ausgelegt worden – wir erinnern an das Mitspracherecht des Betriebsrates bei der Festlegung des Mietzinses für Werkswohnungen. Das sollte nicht bedeuten, als notwendig erachtete Zusatz- und Sozialleistungen nur deshalb nicht einzuführen, weil der Betriebsrat eventuell eine zu große Einflußnahme entwickeln könnte; aber es muß doch darauf geachtet werden, daß zum Beispiel die Kostenentwicklung nicht nur von der Planung der Unternehmensführung, sondern auch vom Betriebsrat abhängt.
Es dürfte sich in der Zukunft erweisen, in welcher Form eine erweiterte, vielleicht paritätische, Mitbestimmung auch zu einer Veränderung der zur Zeit vorhandenen Strukturen der Zusatz- und Sozialleistungen führen wird.
Sicher ist es notwendig, auch an Hand des Betriebsverfassungsgesetzes konkret zu überlegen, in welcher Form eine Zusammenarbeit mit dem Betriebsrat sinnvoll und notwendig ist. Damit sind natürlich die Bestimmungen des BVG als Minimalpunkte anzusehen; aber jedes Unternehmen – und auch jeder Betriebsrat – wäre schlecht beraten, wenn es nur bei der minimalen Zusammenarbeit bliebe und nicht versucht würde, zum Nutzen beider Seiten alle Möglichkeiten der Zusammenarbeit auszunutzen. Ansatzpunkte ergeben sich unter anderem

– in der »Marktforschungsphase«
  Unserer Meinung nach weiß der Betriebsrat zum Teil besser als die Unternehmens-

führung, welche Leistungen in welcher Form wünschenswert wären. Erfolgreich haben sich oft auch gemeinsame Befragungen von Unternehmensführungen und Betriebsräten erwiesen, eventuell mit Hilfe der Werkszeitschrift oder Belegschaftsversammlungen. Dabei ist natürlich die Fragestellung »Wie hättet Ihr es denn gern?« nicht immer angebracht.

- in der Planungsphase
  Hier wird konkret über Umfang, Struktur und Verantwortlichkeit diskutiert und entschieden, und es ist nicht sehr sinnvoll, daß der Betriebsrat, der zwar bei der Verwaltung laut BVG mitwirken muß, seine Vorstellungen nicht bereits bei der Planung mit entwickeln kann. Diese Mitwirkung erhöht nach unseren Erfahrungen die Chance, daß die geplanten Maßnahmen dann auch später den gewünschten Effekt haben.
- bei der Organisation und Verwaltung
  Hier ist die Mitwirkung oft bindend vorgesehen. Durch entsprechende Festlegungen kann erreicht werden, daß die Zusammenarbeit zwischen Betriebsleitung und Betriebsrat effektiv ist. Das setzt klare Organisationsrichtlinien sowie die Klärung voraus, wer für was zuständig ist. Oft ist dies sinnvoll, wenn spezielle Einrichtungen nur vom Betriebsrat oder nur von Beauftragten des Betriebsrates verwaltet werden und die »andere Seite« lediglich die Kontrolle übernimmt und gemeinsam eventuell notwendige Änderungen beschlossen werden (vgl. auch Abschnitt 3.5).

3.4 Einflußfaktoren auf Art und Struktur der Zusatz- und Sozialleistungen

Art und Höhe der betrieblichen Zusatz- und Sozialleistungen sind nicht nur von der allgemeinen historischen Situation abhängig, sondern auch vom Typ des Unternehmens. Wichtige Einflußfaktoren sind:

1. Größe und Struktur des Unternehmens
2. Branche
3. regionaler Standort
4. Rechtsform, Besitzverhältnisse
5. Ertragslage
6. Personalstruktur.

1. Größe und Struktur des Unternehmens

Die Größe des Unternehmens ist oft entscheidend für die Zusatzleistungen. Großunternehmen haben mehr und zum großen Teil auch bessere Sozial- und Zusatzleistungen. Das hat viele Ursachen, die hier nur auszugsweise wiedergegeben werden können:

- Großunternehmen »verdienen« meist besser, häufig nicht im Sinne eines Prozentsatzes vom Umsatz, sondern von der absoluten Höhe her. Sie können sich deshalb mehr und bessere Zusatz- und Sozialleistungen »leisten«.
- Großunternehmen zahlen – das zeigen die meisten Lohn- und Gehaltsstrukturuntersuchungen – meist keine Spitzenlöhne und -gehälter, sie bieten aber vorbildliche »Nebenleistungen«.
- Investitionen für Zusatz- und Sozialleistungen können im Großunternehmen (man

denke an Sporteinrichtungen, medizinische Einrichtungen u. ä.) rationeller genutzt werden.

- Großunternehmen sind meist ältere Unternehmen, die im Laufe ihrer Firmengeschichte viele jeweils moderne Leistungen eingeführt und die meisten davon nicht wieder abgeschafft haben, wenn sie nicht mehr aktuell waren.
- Großunternehmen stehen mehr als kleinere Unternehmen unter dem Druck der Gewerkschaft, der Betriebsräte und allgemein der Öffentlichkeit. Sie müssen aber auch mehr als kleinere Firmen ein Personalimage pflegen – und das verlangt u. a. wiederum gute Sozialleistungen.

Alle diese Gründe geben den Großunternehmen in bezug auf Zusatz- und Sozialleistungen einen Vorsprung, den kleinere oder mittlere Unternehmen nur selten ausgleichen können. Durch gezielte Zusammenarbeit auch auf diesem Gebiet mit anderen Wirtschaftsunternehmen oder Institutionen lassen sich eventuell Reserven erschließen. Nicht nur die Größe des Unternehmens beeinflußt den Standard und die Richtung der Sozialleistungen, sondern auch viele andere Strukturelemente. Erschwerend für die Schaffung mancher Sozialeinrichtungen wirkt sich zum Beispiel das Bestehen vieler kleiner, territorial weit verstreuter Betriebsteile aus. Auch mehrschichtig arbeitende Betriebe sind meist benachteiligt, vor allem ist in diesen die Schaffung von Freizeiteinrichtungen erschwert.

2. Branche

Unternehmen der gleichen Branche haben meist viele Ähnlichkeiten in der Personalstruktur, dem Produktionsprozeß und der Kostenstruktur. Auch die historische Entwicklung und die spezifischen Informationen (z. B. der Geschäftsführungen durch die Verbände und der Betriebsräte durch die jeweilige Industriegewerkschaft) sind ähnlich. Aus diesen Gleichartigkeiten ergeben sich die Ursachen für zum Teil gleichartige oder gleichwertige Sozialleistungen. So beeinflußt zum Beispiel die Produktionsweise die Notwendigkeit, auf gesundheitlichem Gebiet besondere Maßnahmen durchzuführen. Von Bedeutung sind auch gemeinsame Brancheneinrichtungen, zum Beispiel auf dem Gebiet der Altersversorgung (Essener und Bochumer Verband) oder der Weiterbildung, die die meisten Unternehmen juristisch oder faktisch zwingen, die damit verbundenen Zusatz- und Sozialleistungen aufzubringen. Schon aus Gründen der Konkurrenzsituation des Arbeitsmarktes kann es sich kaum ein Unternehmen leisten, branchenübliche Leistungen nicht zu erbringen. Dabei muß betont werden, daß hierbei besonders auf Fach- und Führungskräfte geachtet werden muß, die erfahrungsgemäß besonders leicht auch regional größere Entfernungen bei einem beabsichtigten Wechsel zur Branchenkonkurrenz in Kauf nehmen.

3. Regionaler Standort

Die spezielle regionale Umgebung, das heißt der Standort des Unternehmens, ist häufig mitentscheidend für zu gewährende Zusatzleistungen. Schon oft hat erst eine überdurchschnittliche Fluktuationsrate das Unternehmen in dieser Hinsicht schmerzhaft belehrt.

Der regionale Einfluß ist in zweierlei Hinsicht bedeutungsvoll. Erstens in den objektiven Voraussetzungen der Region und den traditionellen Lebensformen. Bei Unternehmen, die ihre ungelernten Arbeitnehmer auf Grund der dünnen Besiedlung aus einem weiten Umkreis anwerben müssen, wird die Erstattung der Fahrtkosten fast immer notwendig sein. Im anderen Fall war beim Bau eines Unternehmens in einer streng katholisch orientierten ländlichen Gegend die Installierung einer modernen Duschanlage und einer Sauna ziemlich wertlos, weil sich die Arbeiter traditionell zu Hause reinigen und die gemeinsame Benutzung einer Sauna als »unsittlich« empfinden. Zweitens ist die Konkurrenzsituation auf dem Arbeitsmarkt speziell für Tarifangestellte und -arbeiter weitgehend regional orientiert und übliche Zusatzleistungen müssen entweder akzeptiert oder durch andere Leistungen kompensiert werden. Dabei ist die Kompensierung zum Teil auch mit erheblich höherem Aufwand nicht möglich. Häufig konnte das beobachtet werden bei der erstmaligen Einführung eines 13. Monatsgehaltes. Trotz höherer vergleichbarer Jahresgesamteinkommen in anderen Betrieben der gleichen Gegend entstand in diesen Unruhe. Das gleiche gilt bei minimalen Unterschieden des Weihnachtsgeldes oder bei Qualitätsdifferenzen des Betriebsessens.

4. Rechtsform, Besitzverhältnisse

Auch die Eigentumsform hat in Vergangenheit und Gegenwart immer eine recht große Rolle bei der spezifischen Struktur der Zusatz- und Sozialleistungen gespielt. Es ist – zumindest soziologisch, aber meist auch praktisch – ein großer Unterschied, ob Besitz und Führung eines 1000-Mann-Unternehmens in der Hand eines »Firmengründers« oder einer Aktiengesellschaft ist. Ein spezielles Problem ergibt sich oft bei ausländischen Unternehmen; ihnen fehlt ein »Gefühl« für die Notwendigkeiten, dem deutschen Arbeitnehmer – auch über die gesetzlichen Bestimmungen hinaus – Sonderleistungen zukommen zu lassen. Aus der Unkenntnis der deutschen Gegebenheiten versuchen diese Unternehmen sehr oft durch höhere Gehälter und Löhne auszugleichen oder typische Zusatzleistungen aus ihren Heimatländern einzuführen. Das braucht dann nicht immer unsinnige Lösungen zu ergeben, aber häufig wäre es für ausländische Unternehmen günstiger, sich mehr den deutschen Gewohnheiten anzupassen.

5. Ertragslage

Die aktuelle Ertragslage hat auf die Höhe und Struktur von Zusatz- und Sozialleistungen relativ wenig Einfluß, da sich diese meist mehr nach den Erfordernissen des Arbeitsmarktes richten. Auch ist es kaum möglich, das System der betrieblichen Sozialleistungen jeweils kurzfristig anzupassen. Lediglich durch ergebnisabhängige Leistungen (z. B. Tantiemen, variables Weihnachtsgeld u. ä.) wird eine gewisse Variabilität erreicht.

Allgemein steht dem Grundsatz der Verhältnismäßigkeit der Sozialleistungen im Vergleich zu den Erfordernissen des Arbeitsmarktes die moralische Verpflichtung oder zumindest die Erwartung der Arbeitnehmer gegenüber, bei guter Ertragslage des Unternehmens auch mehr oder weniger daran Anteil zu haben.

Die Praxis zeigt denn auch, daß Unternehmen mit langanhaltend guter Geschäftslage mehr für ihre Arbeitnehmer tun als andere. Kleinere Unternehmen tendieren, vor allem wenn sie in harter regionaler Arbeitskräftekonkurrenz stehen oder relativ jung sind, zu höheren Löhnen und Gehältern, Mittel- und Großunternehmen, vor allem solche mit langer Tradition, tendieren in Richtung normaler, durchschnittlicher Bezüge – aber zu überdurchschnittlichen, attraktiven Zusatz- und Sozialleistungen.

6. Personalstruktur

Schon im Abschnitt 2.7 wurde auf den Einfluß der Personalstruktur, auf die Zusatz-

und Sozialleistungen hingewiesen. Eine weitere Darstellung ist deshalb hier nicht notwendig.

Erforderlich ist auf jeden Fall eine generelle – und im Einzelfall auch spezifische – Abstimmung der Aktivitäten des Unternehmens auf dem Gebiet der Sozialleistungen mit der gesamten Unternehmenspolitik. Auch die betriebliche Sozialpolitik ist abhängig von den allgemeinen Unternehmenszielen. Das bedeutet aber auch, daß die Unternehmensziele nicht zu eng, zum Beispiel nur auf die Maximierung des Gewinns, abgestellt sein dürfen. Die Abhängigkeit der betrieblichen Sozialpolitik zeigt das Schaubild.

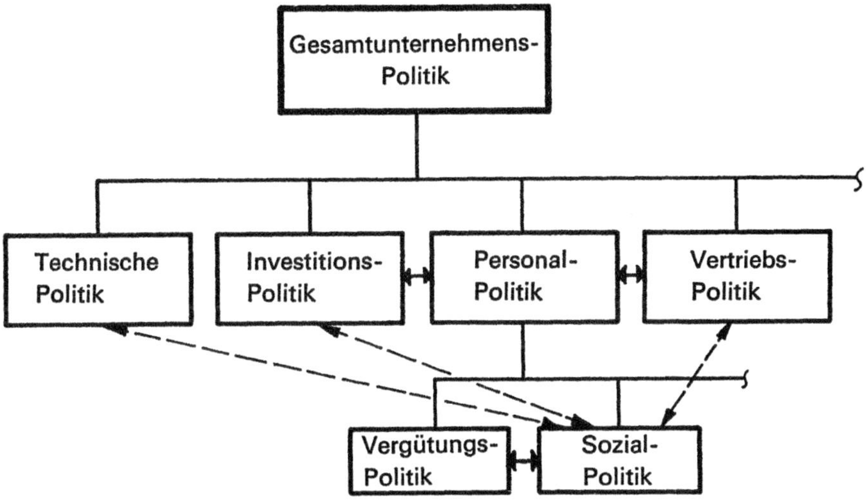

Die gestrichelten Linien deuten dabei nur einige der möglichen gegenseitigen Beeinflussungen an:

Investitionen bedeuten eventuell neue Anforderungen an die Fertigkeiten der Arbeitnehmer und haben dadurch Auswirkungen auf das System der Aus- und Weiterbildung.

Investitionen verlangen eventuell neue materielle Stimuli und damit die Überlegung, ob nicht ergebnisorientierte Zusatzleistungen einzuführen sind.

Schon bei der Investitionsplanung – zum Beispiel wenn es sich um den Bau neuer Fabrikanlagen handelt – muß überlegt werden, welche Zusatz- und Sozialeinrichtungen dazugehören, und schließlich erfordern viele Zusatzleistungen selbst Investitionen und beeinflussen dadurch die betriebliche Investitionspolitik.

Der an Hand der Investitionen aufgezeigte Katalog der Zusammenhänge zwischen Sozialpolitik und anderen betrieblichen Aufgaben ließe sich mühelos fortsetzen. Am engsten ist sicher der Zusammenhang zur Vergütungspolitik. Die Grenzen sind fließend, wobei die Sozialpolitik des Unternehmens sehr viel eigenständige Aufgaben wahrzunehmen hat.

Sehr oft hat das Unternehmen die Wahl, ob es seine Konzeption mit Hilfe der Vergütungspolitik oder von Zusatzleistungen durchsetzen will, wobei teilweise allerdings diese Wahlfreiheit durch Gesetze und Tarife eingeengt wird. Wenn das nicht der Fall ist, könnte man versuchen, eine Kosten-Nutzen-Rechnung anzustellen, konkret also den

Versuch machen zu errechnen, wie ein bestimmter Betrag besser angelegt werden kann. Wenn also zum Beispiel 100 DM pro Angestellten und Jahr zusätzlich zur Verfügung stehen, hätte man mehrere Dutzend Möglichkeiten, dieses Geld zu verausgaben. Man könnte zum Beispiel das Gehalt um ca. 9 DM pro Monat erhöhen, man könnte das Weihnachtsgeld um 100 DM aufstocken oder man könnte eine Gruppenunfallversicherung für alle einführen. Konzentriert man eine Nutzenrechnung auf diese drei Varianten, dann würde die Gehaltserhöhung um 9 DM sicherlich den geringsten Effekt bringen oder eventuell sogar einen negativen Aspekt haben. Das erhöhte Weihnachtsgeld bringt eventuell einen gewissen »Aha«-Effekt, wenn auch mit Sicherheit keine erhebliche Verbesserung des Betriebsklimas zu erwarten ist. Schließlich ist die dritte Variante zu überprüfen. Unter der Voraussetzung, daß eine Unfallversicherung objektiv für alle Angestellten notwendig ist (das kann man unterstellen), und alle Angestellten auch subjektiv den Vorteil einer solchen Versicherung erkennen (das ist nicht so sicher), hätte diese Variante den Vorteil, daß mit einem Aufwand von 100 DM dem Mitarbeiter gerade im Notfall eine Leistung zur Verfügung steht, deren Absicherung für ihn selbst wesentlich mehr kosten würde (vgl. Abschnitt 2.33).
Die Rentabilität erscheint also in diesem Fall am höchsten; auch der Organisationsaufwand ist recht gering im Vergleich zu den anderen Varianten. Freilich gibt es bei dieser Variante auch negative Aspekte. Zum Beispiel könnte ein Großteil der Angestellten schon privat versichert sein und diese Doppel- oder Überversicherung würde den Effekt reduzieren. Auch ist es – zumindest theoretisch – ein Nachteil, daß eine Gruppenunfallversicherung kaum kurzfristig wieder abgeschafft werden kann.
In der Praxis sind solche Entscheidungsfindungen sicherlich noch wesentlich schwieriger, meist ist ein quantitativer Vergleich verschiedener Varianten nicht möglich oder sinnvoll. Oft kann man auch nicht davon ausgehen, daß ein bestimmter »freier« Betrag zur Verfügung steht, sondern daß eine bestimmte Maßnahme durch Kräfte von innen (Mitarbeiter, Führungskräfte, Betriebsrat u. ä.) oder außen (Staat, kommunale Institutionen, Gewerkschaften u. ä.) gefordert werden. Auch in solchen Fällen gibt es oft noch Varianten, entscheiden kann man aber nur über Varianten.
Es stellt sich die Frage, in welcher Vielfalt im Unternehmen Sozial- und Zusatzleistungen vorhanden sein sollten. Diese Frage ist nicht abstrakt zu beantworten, wir glauben, daß es weitgehend davon abhängt, inwieweit durch die vorhandenen Leistungen die personalpolitischen Aufgaben erfüllt werden. Das heißt, letztendlich ist doch wieder die Struktur und der Typ des Unternehmens entscheidend.
Soweit es dann noch einen Spielraum gibt, sollte man möglichst wenige, aber wirkungsvolle, Zusatz- und Sozialleistungen aufbauen.

- Nur einige wenige Zusatzleistungen können pro Unternehmen einen hohen Bekanntheits- und Beliebtheitsgrad erreichen.
- Weniger Zusatz- und Sozialleistungen bedeuten bei sonst gleichem finanziellem Aufwand, bei gleicher »Leistungsfähigkeit«, geringere Planungs-, Durchführungs- und Kontrollarbeit. Die Wahrscheinlichkeit, daß bestehende Leistungen als nicht zeitgemäß verändert oder eliminiert werden müssen, ist geringer.

Auf der anderen Seite zwingt die Vielfalt der betrieblichen Notwendigkeiten in der Praxis zu einer relativ großen Vielfalt – wie auch das Register dieses Buches und die Beurteilung der einzelnen Zusatz- und Sozialleistungen im Hauptteil dieses Buches

zeigt – das einzelne Unternehmen, meist relativ viele Zusatzleistungen gleichzeitig zu haben. Es ist deshalb besonders wichtig, unzeitgemäße Leistungen rechtzeitig auszumerzen, wenn möglich bevor sie zur schwer zu verändernden Tradition und lieben Gewohnheiten ohne Nutzeffekt geworden sind. In diesem Zusammenhang noch ein Wort zu der Hilfe, die das Unternehmen von außen bekommen kann:
Die Einführung einer neuen, oder die Veränderung einer bereits bestehenden, Sozial- oder Zusatzleistung verlangt oft relativ viel spezielles Wissen und Erfahrung, die im Einzelunternehmen praktisch nur sehr selten vorhanden sein kann. Deshalb erscheint es bei größeren, auf langfristige Wirkung zielenden Projekten durchaus sinnvoll, sich Hilfe zu holen. Bücher und Zeitschriftenartikel reichen dazu meist nicht aus. Sie können zwar Vor- und Nachteile erläutern, Nutzeffektberechnungen abstrakt darstellen und eventuell neue Tendenzen vorstellen; eine konkrete Planung und Durchführung neuer Maßnahmen läßt sich jedoch daraus meist nicht ableiten.
Deshalb wird oft ein bereits erfolgreich auf dem jeweiligen Gebiet arbeitendes Unternehmen, ein spezieller Beratungsdienst eines Verbandes oder ein unabhängiger Berater gute Dienste leisten können. An eine solche Hilfe oder Beratung sollten folgende Ansprüche gestellt werden:

- Erfahrung auf dem speziellen Gebiet
- Methodische Kenntnisse
- Fähigkeit, Probleme nicht einseitig – zum Beispiel nur juristisch oder betriebswirtschaftlich – zu sehen, sondern ganzheitlich zu überblicken
- Unabhängigkeit in den Interessen
- Fähigkeit und Bereitschaft nicht nur zu planen, sondern Maßnahmen auch durchzuführen.

Inzwischen gibt es einige Unternehmensberatungen in der Bundesrepublik, die in der Lage sind, Personalprobleme komplex auch auf dem Gebiet der Zusatz- und Sozialleistungen zu lösen. Außerdem gibt es spezialisierte Berater zum Beispiel auf dem Gebiet der betrieblichen Altersversorgung. Über die Seriosität und die spezielle Eignung von Beratern informieren unter anderem der Bund Deutscher Unternehmensberater (BDU), das RKW und die Industrie- und Handelskammern.

3.5 Organisatorische Fragen zur Realisierung der Zusatz- und Sozialleistungen

Von einer planmäßigen Einführung von Maßnahmen hängt weitgehend der Erfolg ab. Die nachstehende Aufstellung eines relativ einfachen Zeitplans zeigt dabei einige Probleme:

Durchführung einer Belegschaftsaktien-Ausgabe[3]

– Grundsatzbeschluß über die Ausgabe von Belegschaftsaktien	Januar
– Information des gesamten Betriebsrates	Februar
– Information der Belegschaft	
a) durch Aufsätze in der Werkzeitschrift	März bis November
b) durch Vorträge in Betriebsversammlungen	März bis November

3 Quelle: *Zanders,* Belegschaftsaktien haben eine Chance, a.a.O.

– Kontrolle dieser Informationen durch eine Podiumsdiskussion	Mai
– Information des Aufsichtsrates	Mai
– Veranlassen des Aktiendruckes	Mai
– Beschluß der Hauptversammlung über genehmigtes Kapital	Juli
– Beschluß des Vorstandes über Kapitalerhöhung	September
– Genehmigungsbeschluß des Aufsichtsrates	September
– Eintragung der Kapitalerhöhung ins Handelsregister	September
– Information der Belegschaft über den Ausgabekurs	September
– Zeichnung der Belegschaftsaktien	Oktober
– Ausgabe der Belegschaftsaktien	November

Entscheidung, das zeigt sich auch bei unkomplizierten Problemen, ist qualitativ und vom Zeitablauf her gesehen nicht gleich Einführung.
Eine Entscheidung führt häufig zu einer ganzen Reihe nachfolgender Entscheidungsvorgänge.
Jede Durchführungsmaßnahme ist notwendigerweise verbunden mit der Information und der Kontrolle des Erfolgs der Information bei den Beteiligten.
Bei komplizierten Problemen (z. B. der Einführung eines Beteiligungssystems oder einer umfassenden Altersversorgung) hat sich die Arbeit mit Netzplänen als sehr günstig erwiesen. Dabei darf jedoch nie vergessen werden, daß eine nur rein technisch-ökonomisch brillant gelöste Einführung meist nicht ausreicht. Genauso wenig wie man die Wirkung einer Zusatzleistung nicht an der Menge des verausgabten Geldes messen kann, ist es möglich, den Erfolg einer Einführungsmaßnahme nur an der Einhaltung des Terminplanes zu messen.
Eng mit der Einführung ist die Organisation der einzelnen Zusatz- und Sozialmaßnahmen verbunden. Diese Organisation kann allgemein nur sehr schwer beschrieben werden. Trotzdem gibt es einige allgemeine Anforderungen, die erfüllt sein sollten, um die Wirkung der einzelnen Zusatz- und Sozialleistungen zu gewährleisten.
Welche Anforderungen soll man an die Organisation der Zusatz- und Sozialleistungen stellen?
Die Organisation sollte vor allem dem Ziel der jeweiligen Zusatz- und Sozialleistung dienen. Das bedeutet unter anderem:

- Geringer Organisationsaufwand
- Sicherstellung der gesetzlichen Mitbestimmungsforderungen
- Realisierung der gesetzlichen Forderung zum Beispiel in bezug auf Anerkennung als steuerfreie Leistungen
- Genaue Fixierung der Verantwortlichkeit
- Möglichkeit der Variabilität und Anpassung an die Individualität der Empfänger und des Unternehmens
- Erhöhung des Bekanntheitsgrades der jeweiligen Leistung

In der Folge sollen einige Möglichkeiten der Organisation von Zusatz- und Sozialleistungen aufgezeigt werden. Diese sollen nur als Beispiele aufgeführt sein und zeigen, welche Vor- und Nachteile einzelne Organisationsformen haben.

Betriebskrankenkasse

Ein Beispiel dafür, wie das Unternehmen auch bei gesetzlichen Leistungen einen Einfluß zugunsten seiner Arbeitnehmer nehmen kann, ist die Betriebskrankenkasse. Da eine solche Kasse durch einen besseren Versicherungsbestand und billigere Verwaltung meist höhere Leistungen erbringen kann als vergleichbare Ortskrankenkassen oder Ersatzkassen, haben wir es hier mit einer echten Zusatzleistung zu tun, deren Vorteil sicher dann noch höher zu bewerten ist, wenn es gelingt, diese in ein betriebliches Medizinisches Zentrum zu integrieren (vgl. Abschnitt 2.87).

Juristisch ist die Betriebskrankenkasse eine Körperschaft des öffentlichen Rechts und damit zum Beispiel der Reichsversicherungsordnung und anderen Gesetzen unterworfen. Damit ist ihre Gestaltungsfreiheit begrenzt, die Freiheit liegt lediglich in der Gründung oder Nichtgründung und in der Durchführung der Aufgaben.

Zugleich ist die Organisation der Kasse eine Form der Mitbestimmung; denn schon ihre Gründung bedarf der Zustimmung der Versicherten, also der Arbeitnehmer. Die Organe dieser Kasse setzen sich aus Vertretern der Arbeitgeber und der Versicherten zusammen, eine Form der paritätischen Mitbestimmung, die auf Grund des weitgehenden Fehlens von gegensätzlichen Interessen auf diesem Gebiet meist vorzüglich klappt.

Wir finden hier fast alle Voraussetzungen, die für eine sinnvolle Organisation einer Zusatzleistung sprechen:

- Die Leistungen sind durch Rechtsanspruch verbrieft
- Gesetzlich fixierter Schutz vor der Willkür irgendwelcher Interessengruppen
- Mitbestimmung der Arbeitnehmer
- Mitverwaltung der Arbeitnehmer oder ihrer Vertreter
- Rationelle Organisation durch weitgehende Personalunion der Tätigen in den Betriebskrankenkassen mit den Beschäftigten des Wirtschaftsunternehmens und u. U. der Nutzung der EDV-Vorteile
- Der materielle Zusatzvorteil der Betriebskrankenkasse für die Mitglieder ist steuerfrei.

Als Nachteil könnte man höchstens anführen, daß die Gestaltungsmöglichkeit eingeschränkt ist, aber das ist nicht entscheidend in bezug auf den Zweck der Betriebskassen.

Unterstützungskasse

Die Unterstützungskasse ist die Form einer »Sozialorganisation«, durch die in rationeller Weise erreicht wird, daß Aufwendungen des Arbeitgebers (in diesem Falle für die Hilfe im Alter oder bei Notfällen) in die Hand des Arbeitnehmers gelangen. Sie kann in Form eines Vereins, einer Gesellschaft mit beschränkter Haftung oder einer Stiftung geschaffen werden – sie untersteht aber nicht der Versicherungsaufsicht oder strengen staatlichen Aufsichtsgremien, sondern muß lediglich die gesetzlichen Vorschriften der jeweiligen Organisationsform einhalten. Wenn sie die steuerliche Begünstigung erreichen will, muß sie allerdings einige Auflagen erfüllen, zum Beispiel die Beschränkung der Leistungen auf die Angehörigen eines Unternehmens, die Zweckbestimmtheit der Leistung, es darf kein Rechtsanspruch zugesichert werden und die Höhe der Leistungen darf gewisse Höchstwerte nicht überschreiten. Auch muß schon in der Satzung fixiert sein, daß Vertreter des Betriebsrates bzw. der Belegschaft gleichberechtigt bei der Verwaltung der Kasse mitbestimmen können. In dieser Ausgestaltung ähnelt sie der Betriebskrankenkasse.

Pensionskasse

Die Pensionskasse ist ebenfalls eine Organisationsform für Zusatz- und Sozialleistungen, die aufgrund ihrer spezifischen Aufgabe die gesetzliche Altersversorgung ergänzt. Im Unterschied zu der Unterstützungskasse müssen aber die Mitglieder – also die Arbeitnehmer – selbst durch Beiträge die Leistungen miterbringen und haben auf diese Leistungen Rechtsanspruch. Hier geht es also nicht einfach um eine Leistung des Arbeitgebers, sondern die materielle Mitwirkung der Arbeitnehmer ist Voraussetzung. Pensionskassen unterliegen der Versicherungsaufsicht und damit einer Kontrolle ihrer Leistungen und ihrer Vermögensanlagepolitik, sie sind immer eine rechtlich selbständige Institution und dadurch zwar personell und satzungsgemäß mit dem entsprechenden Wirtschaftsunternehmen eng verbunden, aber doch im Vermögen und auch in der Verwaltung von ihm abgetrennt. Im Unterschied zu den auf Gewinn gerichteten Unternehmen braucht sie keine Körperschafts-, Vermögens- und Gewerbesteuer zu bezahlen und zeigt sich deshalb als rationelle Form einer Sozialeinrichtung, die gleichzeitig eine hohe Sicherheit der Leistungen für den Arbeitnehmer bietet.

Direktversicherung

Eine andere Möglichkeit für die zusätzliche Alterssicherung, die besonders häufig für Leitende Angestellte gewählt wird, ist die Direktversicherung in Form einer Einzel- oder Gruppenlebensversicherung. Diese Form der Zusatzleistung hat den Vorteil, daß der Organisationsaufwand des Unternehmens praktisch gleich Null ist. Das entspricht dem Organisationsprinzip nur das selbst zu tun, was man selbst als Unternehmen besonders rationell tun kann, und andere Aufgaben – auch bei Zusatz- und Sozialleistungen – spezialisierten Unternehmen zu überlassen. Daß diese sich diese Arbeit bezahlen lassen, ist verständlich, bedeutet aber keinen besonderen Nachteil. Im Falle der Direktversicherung gibt es dazu noch einige spezifische Vorteile. Die Probleme der Unverfallbarkeit und des Insolvenzschutzes sind absolut gelöst, eine Dynamisierung ist leicht möglich und auch sonst ist diese Form der Altersversorgung besonders flexibel. Sie ist auch besonders »emotionslos« und hat damit am meisten den Charakter eines Entgeltteiles. Ihr Nachteil ist bisher der meist damit verbundene steuerliche Nachteil gegenüber anderen Formen der Alterssicherung.

Kooperation mit anderen Unternehmen gleicher Interessenlage

Eine weitere Form der Planung und Organisation von Zusatz- und Sozialleistungen ist die Kooperation. Besonders wenn mit Zusatzleistungen Investitionen verbunden sind, wird die Frage der Auslastung der Anlagen wichtig. Bei Großunternehmen ist diese Frage nicht entscheidend; sie können die Einrichtungen nach der benötigten Kapazität bauen und es entstehen höchstens Auslastungsschwierigkeiten zu bestimmten Tagen oder Stunden. Bei Mittel- und Kleinunternehmen können aber zum Teil schon Anlagengrößen im Grenznutzenbereich nicht mehr auslastbar sein. Hier bietet sich dann eine Kooperation mit anderen Unternehmen an. Meist kommen territorial in der Nähe liegende Unternehmen in Frage, wobei es sich in einigen Fällen als ungünstig erwiesen hat, wenn Konkurrenzunternehmen zu eng zusammenarbeiten.

Kooperation auf territorialer Grundlage ist unter anderem auf folgenden Gebieten möglich:

- Einrichtung von Kantinen
- Nutzung von Sportanlagen aller Art

- Errichtung von Urlaubsheimen
- Schaffung von Kindergärten, Krippen u. a.
- Schaffung und Unterhaltung von Medizinischen Zentren
- Durchführung einer gemeinsamen Lehrlingsausbildung
- Gemeinsame Errichtung von Werkswohnungen.

Die Errichtung und Nutzung gemeinsamer Anlagen erfordert zunächst natürlich höchstmögliche Gleichheit der Interessen, dann aber auch genaue Vorstellungen über eine gerechte Aufteilung der Kosten sowie Einigkeit über die Form der Organisation und Verwaltung. Oft ist es sinnvoll, mit der finanziellen Beteiligung der interessierten Unternehmen eigenständige, neue Institutionen zu schaffen, deren Rechtsform sich aus dem Ziel ergibt und vor allem auch von steuerlichen Gesichtspunkten abhängig ist.
Immer öfter kooperieren auch Unternehmen, die nicht unbedingt territorial verbunden sind, sondern deren gemeinsame Interessen sich unabhängig von der Nachbarschaft gemeinsam besser lösen lassen. Die bekanntesten Beispiele sind dabei der Bochumer und der Essener Verband zur überbetrieblichen Sicherung einer zusätzlichen Altersversorgung. Auch auf dem Gebiet der Weiterbildung von Spezialisten und Führungskräften gibt es immer häufiger eine überbetriebliche, nicht unbedingt territorial konzipierte Zusammenarbeit.

Kooperation mit Subunternehmen

Wenn sich ein Unternehmen entschlossen hat, die Arbeitskleidung für seine Mitarbeiter zur Verfügung zu stellen und auch für Reinigung und Pflege zu sorgen, hat es mehrere Möglichkeiten, daraus auch organisatorische Schlußfolgerungen zu ziehen. Es kann die Arbeitskleidung kaufen und eine eigene Wäscherei und Stopferei etablieren, oder es kann weitgehend allen Organisationsaufwand nach außen verlagern. Der Mietservice ist dann eine mögliche Variante, die dem Unternehmen die Investitionen erspart und es davor bewahrt, Aktivitäten aufzunehmen, die mit dem eigentlichen Unternehmensziel nichts zu tun haben. Ein Spezialunternehmen wird sicherlich in der Lage sein, die Gesamtleistung rationeller zu erbringen. Welche Variante in der Endrechnung für das Wirtschaftsunternehmen günstiger ist, muß natürlich von Fall zu Fall geprüft werden (4).
Prinzipiell ist aber die Überprüfung, ob Subunternehmen auch bei der Realisierung von Zusatz- und Sozialleistungen eingeschaltet werden können, in vielen Fällen sinnvoll. Dabei muß vor allem auf folgende Punkte geachtet werden:

- Tatsächliche Reduzierung des Investitionsaufwandes
- Reduzierung des Organisationsaufwandes im Unternehmen
- Leistungsfähigkeit des Subunternehmens
- Möglichkeit der kurz- oder mittelfristigen Kündigung der Verträge mit dem Subunternehmen
- Vergleich der Gesamtkosten.

4 Vgl. auch Abschnitt 2.64.

Eine Prüfung der Subunternehmenbeteiligung könnte unter anderem bei folgenden Zusatz- und Sozialleistungen in Frage kommen:

- Medizinische Einstellungs- und Vorsorgeuntersuchungen (z. B. mit Diagnosezentren, Universitätsklinik, Einzelpraxis)
- Mittagessen und Zwischenverpflegung (Gaststätten, zentrale Großküchen u. ä.)
- Betriebsausflüge und »Belohnungs«-Reisen (spezialisierte Reisebüros, Busunternehmen, Fluggesellschaften)
- Bau und Verwaltung von Werkswohnungen, Sport- und Kultureinrichtungen (Bauunternehmen, Verwaltungsunternehmen)
- Organisation von Urlausbsreisen für die Mitarbeiter (Anmietung von fremden Hotels u. ä.)
- Organisation des Berufsverkehrs (Busunternehmen, Bundesbahn, Reisebüros)
- Organisation der Dienstwagen für Führungskräfte (Großgaragen, Leihwagenunternehmen u. ä.)
- Verkauf von Gütern des täglichen Bedarfs oder von Firmenprodukten (Pächter, Ladenkette)
- Aus- und Weiterbildung (Universitätsinstitute, Weiterbildungsinstitutionen).

Organsation durch den Betriebsrat
Eine andere Möglichkeit liegt darin, daß das Unternehmen ganz auf Führung und Verwaltung von Sozial-(Wohlfahrts-)Einrichtungen verzichtet und dem Betriebsrat voll die Verantwortung überläßt. Es muß dann lediglich eine Festlegung über das zur Verfügung stehende Budget sowie die Grenzen der Tätigkeit und Verantwortung des Betriebsrates geschaffen werden (z. B. über Freistellung der vom Betriebsrat Beauftragten, Kosten- und eventuell Gewinnverteilung, Fixierung der notwendigen Räumlichkeiten usw.).
In vielen Fällen wurde zum Beispiel die Verwaltung von Sport- und Kultureinrichtungen (z. B. der Werksbücherei) ganz in die Hände des Betriebsrates gegeben. Auch die Leitung mancher Kantinen und Verkaufsstellen ist voll dem Betriebsrat übertragen worden. Sinnvoll erscheint diese Regelung vor allem dann, wenn der bei einer paritätischen Verwaltung eventuell auftretende nicht optimale Aufwand reduziert, und damit auch betriebliche Führungskräfte entlastet werden können.

3.6 Abrechnung und Darstellung des Sozialaufwandes

Aus der Wichtigkeit der Sozialleistungen für das Unternehmen ergibt sich die Notwendigkeit – wie bereits mehrmals betont – der Erfassung der vorhandenen Leistungen samt ihrer Kosten, ihrer Organisation, ihrer Vor- und Nachteile. Dabei interessieren sich für den »Sozialaufwand« eines Unternehmens vor allem folgende Gruppen:

1. Anteilseigner (z. B. Aktionäre)
2. Geschäftsleitung
3. Betriebsrat
4. Belegschaft
5. Öffentlichkeit im weitesten Sinne.

Die Aktionäre der Aktiengesellschaften werden traditionell durch den Geschäftsbericht informiert, der sich gleichzeitig auch an die interessierte Öffentlichkeit wendet. Im Geschäftsbericht sind meist nur sehr globale Angaben enthalten, sie reichen nur für eine oberflächliche Information im Zusammenhang mit den wichtigsten anderen Eckzahlen aus dem vergangenen Geschäftsjahr. Mit der wachsenden Bedeutung der Zusatz- und Sozialleistungen reichen diese Informationen, die auch von einem begrenzten Kreis von Unternehmen gegeben werden, nicht aus.

Zuerst ist natürlich das Informationsbedürfnis der Geschäftsführung am größten. Sie will wissen, welche Ausgaben mit welchem Erfolg getätigt wurden und wie damit der Unternehmensplan (das Budget) realisiert wurde. Sicherlich sollte dabei nicht – wie häufig anzutreffen – die finanzielle Betrachtung im Vordergrund stehen, sondern die Überlegung, ob die personalpolitischen Ziele des Unternehmens erreicht wurden. Diese Überlegung offenbart schon den engen Zusammenhang mit der Vergütungspolitik, und sicherlich ist es meist angebracht, die Betrachtung über die Löhne und Gehälter gemeinsam mit den Zusatz- und Sozialleistungen zu geben; häufig wird das bereits unter dem Begriff Sozialbericht getan. Dabei ist dieser Bericht meist nicht als Information für die Geschäftsleitung geeignet, sondern von seinem Wesen, und meist auch von der Form der Darstellung her, für die Belegschaft geschrieben (5). Seine Aufgabe ist es, im wesentlichen den »unsichtbaren Lohn« sichtbar zu machen; sachlich, aber akzentuiert die sozialen Anstrengungen zu demonstrieren. Zum Teil wird das auch eine Gelegenheit sein, auf vorhandene Zusatzleistungen besonders hinzuweisen und damit eventuell sogar ihren möglichen Nutzeffekt zu verbessern.

Häufig wird es auch in Form von Artikeln in der Werkszeitschrift oder in anderer sporadischer Form möglich sein, soziale Leistungen herauszustellen.

Auch gegenüber der Öffentlichkeit hat das Unternehmen immer häufiger die Verpflichtung zur Information. Hierunter ist nicht so sehr eine juristisch fixierte Offenlegungspflicht zu verstehen, sondern die Verpflichtung, als Teil der Gesellschaft gewissermaßen Rechenschaft abzulegen über die Realisierung der gestellten Aufgabe. Dabei ist der Begriff der Öffentlichkeit sehr breit auszulegen; er reicht von den Unternehmerverbänden über die Unterrichtung der Kommunen bis zu speziellen »Nachbarschaftsinformationen«.

Die Unterrichtung hat vor allem auch den Zweck, das Bild des Unternehmens deutlich zu machen. Nachdem die Schaffung neuer Arbeitsplätze in vielen Fällen nicht mehr im Vordergrund steht, wird das Image eines Unternehmens vor allem durch seine Bemühungen um den Umweltschutz und durch seine Sozialpolitik bestimmt. Eine sachliche Information über die sozialen Leistungen ist deshalb besonders wichtig, um ein positives Image vom Unternehmen zu schaffen. Das braucht nicht unbedingt mit Hilfe eines Public-Relations-Instituts gemacht zu werden, wie es überhaupt in Deutschland nicht so üblich und gern gesehen ist, wenn man versucht, sein Image mit professionellen Methoden zu verbessern.

Auch erscheint es nicht sinnvoll, bei Sozialinformationen zu überschwenglich seine eigenen Leistungen herauszustellen. Eine sachliche Würdigung der Erfolge und eventuell auch der Mißerfolge und Mängel wird eher akzeptiert. Dabei sollte durchaus der Grundsatz »Tue Gutes und sprich darüber« im Vordergrund stehen. Außer der allge-

5 Vgl. auch *Haberkorn, K.*, Der Sozialbericht, Essen 1965.

meinen Public-Relations-Aufgabe hat die Information über die betrieblichen Sozialleistungen noch besondere Aufgaben. Als wichtigste ist der Personalwerbeeffekt anzusehen. Betriebe mit einem guten Sozialimage haben es oft gar nicht nötig, direkte Werbung nach Arbeitskräften durchzuführen, oder sie bekommen auf mit dem Namen des Unternehmens unterzeichneten Annoncen mehr und bessere Bewerbungen. Auch bei Investitionen und anderen Aktivitäten, die die Interessen der Umwelt berühren, ist sicherlich ein gues Sozialimage besonders wichtig.

4. Zukunftstendenzen

Es ist nun zu überlegen, welche konkreten Tendenzen in Zukunft die Struktur der betrieblichen Zusatzleistungen beeinflussen werden. Wir glauben, daß es in der gegenwärtigen, auch sozialpolitisch so bewegten Zeit, nur sehr begrenzt möglich ist, feste, unumstößliche Prognosen abzugeben. Für die betriebliche Entscheidungsfindung ist es aber schon von Wert, wenn wahrscheinliche Tendenzen mit zur Entscheidungsfindung herangezogen werden. Eine dieser Wahrscheinlichkeiten ist sicher, daß die Entwicklung in Richtung größerer Sicherheit der Sozialleistungen gehen wird. Diese Sicherheitstendenz für den Arbeitnehmer ist bereits jetzt aus verschiedenen Richtungen sehr deutlich bemerkbar. Zum ersten werden aus freiwilligen, widerrufbaren Leistungen durch Betriebsvereinbarungen oder Tarife abgesicherte Vorteile, oder tarifliche Leistungen werden zum Gesetz und erlangen dadurch eine andere Qualität und einen im Normalfall nicht wieder rückgängig zu machenden Allgemeinheitsanspruch. Daraus ergibt sich folgerichtig, daß der Anteil der »wirklich« freiwilligen Leistungen im Vergleich zu den (meist von Kräften außerhalb des Unternehmens) fixierten Zusatzleistungen sinkt. Wir glauben aber nicht, daß dadurch der Spielraum freier Entscheidungen des Unternehmens wegfällt. Seit Beginn der Bismarckschen Sozialgesetzgebung gibt es diese Befürchtung; sie hat sich nie erfüllt – im Gegenteil, über die Jahrzehnte hinweg sind in den Unternehmen immer weitere freiwillige Sozialleistungen eingeführt worden, und die Bedeutung dieser Leistungen hat sogar – zumindest in absoluten Aufwendungen gesehen – zugenommen.

Zum zweiten ist zu verzeichnen, daß auch der Sicherheitsgrad der freiwilligen Leistungen durch vielfältige Regeln erhöht wird. Das geschieht vor allem durch rechtliche Fixierungen (Arbeitsrecht, Steuerrecht, Sozialversicherungsrecht, Mietrecht), durch richterliche Entscheidungen oder – mehr indirekt – unter anderem durch Subventionsbedingungen.

Von Interesse ist in diesem Zusammenhang der Gleichheitsgrundsatz, der sich bereits aus dem Grundgesetz ergibt, und der im wesentlichen verbietet, daß bei freiwilligen Sozialleistungen, die nach einheitlichen Grundsätzen für alle Arbeitnehmer oder für bestimmte Gruppen gewährt werden, nicht aus offensichtlich unsachlichen Gründen Ausnahmen gemacht werden dürfen. Dieser Anspruch bezieht sich in der Spruchpraxis der Gerichte sehr oft auf Zusatzleistungen, speziell auf Weihnachtsgelder, Boni und auch auf die betriebliche Altersversorgung und wird auch immer akzentuierter angewandt. Das bedeutet nicht, daß nach nicht sachlichen Gesichtspunkten Unterscheidungen gemacht werden könnten, indem zum Beispiel Gruppen von Arbeitnehmern von einzelnen Zusatzleistungen ausgeschlossen werden oder nur einzelne Arbeitnehmer in den Genuß bestimmter Leistungen kommen können.

Die Gestaltungsfreiheit der Zusatzleistung, und mit ihr eine eventuell wünschens-

werte Differenzierungsmöglichkeit, wird also durch den Gleichbehandlungsgrundsatz nicht eingeschränkt.
Eine weitere Tendenz geht dahin, die einzelnen Leistungen in Zukunft überschaubarer zu machen. Das bedeutet auf der einen Seite mehr »standardisierte« und »genormte« Leistungen, auf der anderen Seite mehr und bessere Information an die Betroffenen. Wenn bei Befragungen festgestellt wurde, daß selbst bei bedeutungsvollen Sozialleistungen, zum Beispiel der Altersversorgung, mehr als die Hälfte der Betroffenen nicht oder nur völlig unzureichend informiert war, so bedeutet das, daß die Wirkung der Anstrengungen des Unternehmens zum großen Teil verpufft ist. Mehr Information bedeutet dagegen, daß die Wirkungsweise der Sozialpolitik zunimmt, fordert aber auch zur Mitwirkung und Mitbestimmung heraus. Das wird eine weitere Tendenz der Zukunft sein, daß der Arbeitnehmer nicht mehr nur als passiv Nehmender auftritt, sondern als Partner, der fordert, der mitbestimmt und der weiß, daß Zusatz- und Sozialleistungen keine Geschenke des Himmels oder des »Prinzipals« sind. Er wird immer mehr diese Leistungen mitgestalten wollen, gleichzeitig aber dabei erkennen müssen, daß Leistungen in sozialer Hinsicht meist mit Kosten verbunden sind, die die Wettbewerbsfähigkeit eventuell beeinträchtigen können, aber auch eventuell zu Lasten seines Lohnes und Gehaltes gehen.
Damit ist ein weiterer Zusammenhang angesprochen.
Die Beziehungen zwischen Sozialpolitik und Vergütungspolitik werden noch enger werden. Schon jetzt gibt es Unternehmen, die relativ geringe direkte Löhne und Gehälter zahlen, dafür aber ein hervorragendes System der sozialen Sicherheit aufgebaut haben. Die meisten Arbeitnehmer honorieren das durch geringe Fluktuation. Der negative Aspekt könnte sein, daß nicht leistungsorientierte Sozialleistungen eines Tages die Oberhand gewinnen und dadurch das Leistungssystem unserer Wirtschaft, das Sozialleistungen erst ermöglicht, ins Wanken gerät. Warnende Beispiele zeichnen sich in einigen Ländern deutlich ab.
Sehr oft wird die Frage nach den Grenzen der Zusatz- und Sozialleistungen, und speziell des freiwilligen sozialen Aufwands, im Unternehmen gestellt; bei der Darstellung einzelner sozialer Leistungen wurde bereits mehrmals darauf verwiesen. Eine Grenze ist immer dann erreicht, wenn die Zusatzleistung, gemessen an der Gesamtunternehmenskonzeption, ihre Aufgabe nicht mehr erfüllt. Das ist unter anderem dann der Fall, wenn die Kosten der gesetzlichen, tariflichen und freiwilligen Leistungen die Ertragsfähigkeit des Unternehmens entscheidend mindern. Dabei ist zu beachten, daß ein Teil der Zusatzleistungen direkt oder indirekt die Leistungsfähigkeit erhöht und es damit mehr um die Beziehung zwischen Grenzaufwand und Grenzertrag geht. Außerdem ist typisch, daß Kosten für Zusatzleistungen sich meist nur langfristig »amortisieren«, das heißt, sich betriebswirtschaftlich in ihrer Wirkung wie Investitionsaufwendungen verhalten.
Eine weitere Grenze ist erreicht, wenn das Unternehmen versucht Sozialleistungen zu übernehmen, die anerkannterweise Aufgabe des Staates oder anderer Institutionen der Öffentlichkeit sind.
Auch die Beschränkung der freien Arbeitsplatzwahl durch zu starke »goldene Fesseln« markiert eine Grenze, wie überhaupt eine zu große mögliche Einflußnahme des Unternehmens auf die gesellschaftliche und private Entscheidungsfreiheit des Arbeitnehmers nicht mehr zeitgemäß erscheint, wobei es nicht immer eindeutig ist – und vor allem

auch vom subjektiven Gefühl des Arbeitnehmers abhängt –, wann diese Grenze erreicht ist. Überhaupt ist die Definition des gerade noch Akzeptierbaren sehr subjektiv zu sehen – und vor allem auch zeitabhängig. Leistungen, die gestern sinnvoll und nützlich waren, sind heute schon nicht mehr zeitgemäß und deshalb unwirksam.

Anlagen

Übersicht

Anlage 1

Zusatz- und Sozialleistungen in Stellenanzeigen

Angebotene besondere Vorteile des Arbeitsplatzes in Stellenanzeigen der Frankfurter Rundschau am 16. 6. 1973 nach der Häufigkeit des Vorkommens und in teilweisem Vergleich zu Erhebungen des Jahres 1964 (1).

	Zahl der Nennungen in 1973	in 1964 [1]
1. Allgemeine Hinweise auf die Sozialleistungen des Arbeitgebers	197	79
2. Werksverpflegung, Zuschuß zum Mittagessen u. ä.	115	140
3. Gutes Betriebsklima	111	98
4. Urlaubsgeld, Zusatzurlaub, Urlaubsheime u. ä.	67	14
5. Wohnhilfen von der Gestellung von Wohnraum bis zum Baukostenzuschuß	65	10
6. Lage des Betriebes zu öffentlichen Verkehrsmitteln, zur Autobahn oder besonders schöne Lage	60	–
7. Berufliche Entwicklungsmöglichkeiten, echter Aufstieg	55	–
8. 5-Tage-Woche	51	–
9. Günstig geregelte Arbeitszeit, fortschrittliche Freizeitregelung	48	–
10. Gleitzeitarbeit	45	–
11. Modernes Büro, schöner Arbeitsplatz	45	–
12. Fahrgelderstattung, Fahrgeldzuschuß o. ä.	38	28
13. Weiterbildung (nicht einfache Anlernung bzw. Einweisung in die neue Tätigkeit)	37	4
14. Betriebliche Altersversorgung	33	19
15. Weihnachtsgeld	33	6
16. 13. Monatsgehalt	28	10
17. Bereitstellung eines Pkw, meist auch zur privaten Benutzung	24	2
18. Auslösung, Spesen	22	1

	Zahl der Nennungen in 1973	in 1964[1]
19. Besonders gute technische Ausstattung des Betriebes oder des Arbeitsplatzes und/oder	20	–
20. Umsatz- und Gewinnbeteiligung	20	7
21. Personalrabatte	18	–
22. Vermögenswirksame Leistungen	14	–
23. Prämiensysteme, Erfolgsprämie, keine Akkorde oder auf Einzelarbeit bezogene	12	8
24. Gratifikationen	11	3
25. Zusätzliche Alters- und Hinterbliebenenversicherungen, Beihilfe bei Krankheit, Kinderzuschläge	11	10
26. Parkplatz vorhanden	9	–
27. Arbeitskleidung	6	12
28. Trennungsentschädigung, Umzugskosten	4	–
29. Betriebskindergarten	2	–
30. Ärztliche Betreuung	2	–
31. Krankenkassenzuschuß	2	–
32. 14. Monatsgehalt	2	1
33. Zusätzliche Unfallversicherung	1	–
34. Treuegeld	–	3
35. Telefonbenutzung, Fernsehen	–	3

1 Bues, H.: Freiwillige betriebliche Sozialleistungen in der BRD, Köln–Berlin–Bonn–München 1969, S. 490–492.

Anlage 2

Anteil der Sozialleistungen am Bruttosozialprodukt in verschiedenen Staaten (in %)

Land	1950	1958	1966
Österreich	12,4	16,3	18,5
Bundesrepublik Deutschland	14,8	17,8	17,4
Tschechoslowakei	18,8 [1]	14,6	17,0
Niederlande	8,0	11,1	16,7
Belgien	11,6	14,4	16,3
Luxemburg	10,8	14,3	16,3
Italien	8,4	11,8	16,2
Frankreich	11,5	13,7	15,6
Schweden	9,7	11,8	15,6
Dänemark	7,9	11,6	13,2
Großbritannien	9,6	10,7	12,6
Jugoslawien, Neuseeland, Finnland, Norwegen, Ungarn	.	.	.
Sowjetunion	8,0 [2]	10,2	11,1
Griechenland, Irland, Bulgarien	.	.	.
Kanada	6,2	8,1	9,6
Polen	7,1 [2]	8,5	9,4
Schweiz	5,9	7,8	8,9
Malta, Australien, Island, Uruguay	.	.	.
USA	4,0	6,2	7,2
Israel, Brasilien, Panama	.	.	.
Japan	4,0 [1]	4,9	6,0
Portugal, Guyana, Spanien, Tunesien, Venezuela, Ceylon, Trinidad, Malaysia, Ekuador, Jamaika	.	.	.
Mexiko	.	2,0 [3]	2,9
Weitere 20 Länder	.	.	.

1 1952
2 1955
3 1961

Quelle: Veröffentlichung des Internationalen Arbeitsamtes, zitiert nach Blick durch die Wirtschaft vom 4. 8. 1972.

Anlage 3

Häufigkeit der Gewährung von Zusatz- und Sozialleistungen (Reihenfolge)

Umzugsentschädigungen
Jubiläumsgelder und Jubiläumsgeschenke
Pensionsrückstellungen
Darlehen für persönliche Belange in Notfällen
Weiterzahlung des Arbeitgeberanteils zur Sozialversicherung für Arbeitnehmer, die sich auf Antrag von der Sozialversicherung befreien lassen
Außerbetriebliche Kurse (Vorträge, Seminare, Meisterkurse)
Erwachsenen-Aus-, Fort- undWeiterbildung sowie Umschulung
Sachaufwand für Sanitätsstationen und Verbandsstellen (Instrumente, Medikamente, Verbandstoffe, Raumkosten)
Trennungsentschädigungen
Erfinderbelohnungen und Prämien für Verbesserungsvorschläge
Lehrlingsausbildung
Werksküche und Werksspeisung
Urlaubsgeld
Vorbeugende Gesundheitsmaßnahmen
Gehälter für Werksarzt bzw. Honorare für fremden Arzt
Pensionen
Freiwillig bezahlte Ausfallzeiten
Weihnachtsgeld
Freiwillige Geburten- und Sterbebeihilfen
Kollektive Unfallversicherung
Schutzkleidung
Kantine
Betriebsfeiern
Betriebsausflüge
Stipendien an Studierende
Unfallverhütung und Unfallschutz
Gehälter für Sanitäter, Krankenschwestern, Fürsorgerinnen und Krankenbesucher
Erfolgsbeteiligungen
Hygieneeinrichtungen
Schichtzulagen
Wechselschichtprämien
Wohnungsbeschaffung
Fahrgelderstattung
Fahrgeldzuschüsse
Werkszeitung
Personaldarlehen für Wohnungsbau
Werksbücherei
Zuschüsse für Lebensversicherungen leitender Angestellter
Zuschüsse zu Kuren und Heilverfahren
Zahlungen an den Unterstützungsfonds des Betriebsrates
Zusätzliche Krankengelder
Zuschüsse zur betrieblichen Pensionskasse
Belegschaftsverkauf eigener und fremder Erzeugnisse
Belegschaftsberatung in juristischen, steuerrechtlichen und sozialversicherungsrechtlichen Fragen
Betriebskrankenkasse und Betriebsfürsorge
Treueprämie für längere Betriebszugehörigkeit
Zusatzurlaub für längere Betriebszugehörigkeit
Werkseigene Wohnungen
Sportanlagen und Sporteinrichtungen
Sportgeräte

Zuschüsse an fremde Wohnungsbaugesellschaften
Mietzuschüsse
Abschlußprämien
Abschlußvergütung
Maßnahmen und Einrichtungen zur Erholung
Abschluß von Lebensversicherungsverträgen (für leitende Angestellte)
Gemeinschaftspflege
Gemeinschaftsräume
Zuschüsse für Fremdverpflegung
Musik und Theatergruppen
Prämien für Unfallverhütung
Zusätzliche Leistungen bei Arbeitsunfähigkeit durch Betriebsunfall
Theaterabonnements
Kulturelle und sprachliche Förderung von Gastarbeitern
Kleiderfürsorge
Zuschüsse an eigene Wohnungsbaugesellschaften
Ausbildungsbeihilfen für Kinder von Belegschaftsangehörigen
Zuschüsse an fremde/private Bauherren
Periodisch wiederkehrende Untersuchungen leitender Angestellter
Betriebliches Kindergeld
Kinderverschickungen
Hausstandszulagen
13. Monatsgehalt
Maigeld
Wegegelder
Freiwillige Zuschüsse zur Unfallverhütung
Besuch außerbetrieblicher Sportveranstaltungen
Aufwendungen für Freizeitgestaltung
Ausgleichs- und Konjunkturzulagen
Ferienheime
Fernsehraum
Kino
Kindergärten
Betriebliche Familienzuschläge
Höherversicherungen in der Angestelltenversicherung
Zuschüsse bzw. Kauf eigener Altersheime
Kartoffelgeld

Reihenfolge der freiwilligen Sozialleistungen nach dem Aufwand

Den größten finanziellen Aufwand erfordern, nach der Häufigkeit der Nennung, folgende freiwillige Sozialleistungen:
Pensionsrückstellungen
Erfolgsbeteiligungen
Weihnachtsgeld
Pensionen
Weiterzahlung der Arbeitgeberanteile zur Sozialversicherung für Arbeitnehmer, die sich von der Sozialversicherung auf Antrag haben befreien lassen
Abschlußprämien
Darlehen für Wohnungsbau
Abschluß von Lebensversicherungsverträgen
Aufwendungen für Sporteinrichtungen

Reihenfolge der Beliebtheit der freiwilligen Sozialleistungen bei den Arbeitnehmern

Weihnachtsgeld
Urlaubsgeld

Werksküche und Kantine
Pensionen
Erfolgsbeteiligung
Aus- und Fortbildung der Erwachsenen
Fahrgelderstattung
13. Monatsgehalt
Pensionsrückstellungen

Reihenfolge der Wichtigkeit der freiwilligen Sozialleistungen für die Unternehmensleitung

Pensionen
Erfolgsbeteiligungen
Weihnachtsgeld
Werksküche
Kantine
Lehrlingsausbildung
Erwachsenenausbildung
Gehälter für Werksarzt
Gehälter für Sanitäter und Krankenschwestern sowie der entsprechende Sachaufwand für Sanitätsstationen und Verbandstellen, d. h. Instrumente, Medikamente, Verbandstoffe und Raumkosten
13. Monatsgehalt
Darlehen für persönliche Belange in Notfällen
Aufwendungen für die Betriebskrankenkasse
Zuschüsse zur betrieblichen Pensionskasse
Pensionsrückstellungen
Erfinderbelohnungen
Prämien für Verbesserungsvorschläge
Treueprämien für längere Betriebszugehörigkeit
Jubiläumsgelder
Jubiläumsgeschenke
Kinderverschickungen
Zusatzurlaub für längere Betriebszugehörigkeit
Personaldarlehen für Wohnungsbau
Zuschüsse für eigene und fremde Wohnungsbaugesellschaften
Zahlungen an den betrieblichen Unterstützungsfonds
Fahrgelderstattung
Fahrgeldzuschuß
Schichtzulagen
Wechselschichtprämien, soweit diese nicht tarifvertraglich vorgesehen sind
Zuschüsse zu Lebensversicherungen leitender Angestellter
Aufwendungen für Maßnahmen, die der Unfallverhütung und dem Unfallschutz dienen (Erziehung und Beratung)
Aufwendungen für die Werkszeitschrift als wichtigstes Medium zur Einführung neuer Mitarbeiter sowie zur Information der Belegschaft

Aufstellung der freiwilligen Sozialleistungen, die als überholt gelten

Maigeld
Kartoffelgeld
Aufwendungen für Freizeitgestaltung (außer Aufwendungen für Freizeitgestaltung der Gastarbeiter)
Kleiderfürsorge

Aufwendung zur Erhaltung bzw. zum Kauf eigener Altersheime
Ausgleichszulagen
Werksbücherei
Theaterabonnements
Zuschüsse zu Kuren und Heilverfahren
Werkseigene Wohnungen
Zusätzliche Leistungen bei Arbeitsunfähigkeit durch Betriebsunfall
Freiwillige Beihilfen zu Hochzeiten, Geburten- und Sterbefällen
Kinderverschickungen
Zuschüsse an eigene Wohnungsbaugesellschaften
Besuch außerbetrieblicher Sportveranstaltungen
Gewährung von Mietzuschüssen
Zuschüsse an fremde Wohnungsbaugesellschaften

Aufstellung der nach Meinung der Unternehmensleitungen überflüssigen freiwilligen Sozialleistungen

Aufwendungen für Musik- und Theatergruppen
Fernsehraum
Kino
Heirats-, Geburten- und Sterbehilfen sowie Hausstandszulagen
Betriebliches Kindergeld und betriebliche Familienzuschläge
Maigeld
Zuschüsse zu Kuren und Heilverfahren
Theaterabonnements
Müttererholungsheime
Werksbücherei
Freizeitgestaltung
Werkseigene Wohnungen
Kartoffelgeld
Kindergärten (branchenbedingt)

Quelle: *Haberkorn, K.:* Zeitgemäße betriebliche Sozialleistungen, München 1973, S. 209 ff.

Anlage 4

Gliederungsversuche des betrieblichen Sozialaufwandes

1) Nach Merle »Der freiwillige soziale Aufwand in der Industrie«, 1963, S. 41 ff. (zitiert nach Haberkorn, a.a.O., S. 13 f.)

1. Nach der Form
   a) Geldaufwand (z. B. Gratifikation oder Jubiläumsgeld)
   b) Sachaufwand (z. B. Deputate, kostenlose Getränke)
2. Nach dem Empfängerkreis
   a) Aktive Belegschaftsmitglieder
   b) Ehemalige Belegschaftsmitglieder (beide Gruppen unterteilt nach Teilgruppen)

Betriebsfremde Personen als dritte Gruppe aufzunehmen ist mit Merle mit Recht abzulehnen, da es sich bei dem betrieblichen Sozialaufwand um solchen für aktive oder ehemalige Belegschaftsmitglieder handeln muß. Zuwendungen an die Allgemeinheit, wie z. B. für Kindergärten, Sportvereine u. a., sind Spenden oder Stiftungen.

3. Nach der Häufigkeit der Gewährung
   a) Laufende Aufwendungen (z. B. Altersversorgung)
   b) Periodische Aufwendungen (z. B. Weihnachtsgeld)
   c) Einmalige Aufwendungen (z. B. für Notfälle, Jubiläumsgelder)
4. Nach der wirtschaftlichen oder sozialen Notwendigkeit
5. Nach der Bemessungsgrundlage
   a) Lohn- und gehaltsabhängiger freiwilliger Sozialaufwand
   b) Nicht lohn- und gehaltsabhängiger freiwilliger Sozialaufwand
   oder
   a) Ertragsabhängiger freiwilliger Sozialaufwand
   b) Nicht ertragsabhängiger freiwilliger Sozialaufwand
   oder
   a) Von der Zahl der Belegschaft abhängiger freiwilliger Sozialaufwand
   b) Nicht von der Zahl der Belegschaft abhängiger freiwilliger Sozialaufwand
6. Nach Art und Ziel
   a) Altersversorgung
   b) Gratifikation
   c) Fürsorge und Gesundheitspflege
   d) Belegschaftsverpflegung
   e) Wohnungshilfe
   f) Persönliche Hilfe
   g) Kulturelle Förderung und Freizeitgestaltung
   h) Sonstige Arten
7. Nach kostenrechtlichen Gesichtspunkten

2) Nach Haberkorn a.a.O., S. 31 f. (geeignet z. B. für die Gliederung eines Sozialberichts, einschließlich der Lohnkosten)

Sozialkontenplan für Großbetriebe

I. Leistungsentgelt

1. Löhne
   a) Akkordlohn (ohne Zulagen)
   b) Zeitlohn (ohne Zulagen)
   c) Sonstige Lohnarten, z. B. Prämienentlohnung (ohne Zulagen)
2. Gehälter (ohne Zulagen)
3. Praktikantenvergütung
4. Leistungszulagen
   a) auf Lohn
   b) auf Gehalt

5. Konjunktur/Ausgleichszulagen
   a) auf Lohn
   b) auf Gehalt
6. Lohn- und Gehaltszuschläge für
   a) Überstunden
   b) Nacht-, Sonn- und Feiertagsarbeit
   c) Schichtarbeit
7. Erschwerniszuschläge für
   a) Hitze/Kälte
   b) Schmutz/Staub
   c) Gefahren/Höhen
8. Lehrlingsbeihilfen
9. Abschlußvergütungen/umsatzbezogene Provisionsvergütungen

II. Gesetzliche soziale Leistungen

a) Leistungen aufgrund gesetzlicher Bestimmungen
   1. Arbeitgeberanteile zur Rentenversicherung der Arbeiter und Angestellten
   2. Arbeitgeberanteile zur Krankenversicherung
   3. Arbeitgeberanteile zur Arbeitslosenversicherung
   4. Arbeitgeberbeiträge zur Berufsgenossenschaft (Unfallversicherung)
   5. Arbeitgeberbeiträge zur Familienausgleichskasse (Kindergeld)
   6. Ausgleichsabgabe nach Schwerbeschädigtengesetz
   7. Aufwendungen für Betriebsrat und Betriebsversammlungen auf gesetzlicher Grundlage
   8. Aufwendungen für bezahlte Ausfallzeiten
      a) Urlaub
      b) Feiertage
      c) Sonderurlaub für Schwerbeschädigte
      d) Sonderurlaub für Jugendliche
      e) Ausfallzeiten nach Mutterschutzgesetz
      f) Krankengeldzuschüsse
      g) Betriebsunfälle
      h) Hausarbeitstage
      i) Sonstige Ausfallzeiten

b) Leistungen aufgrund tariflicher Bestimmungen
   1. Aufwendungen für bezahlte Ausfallzeiten
      a) Sonderurlaub für persönliche Angelegenheiten, wie Hochzeit, Sterbefälle, Geburt u. a.
      b) Sonderurlaub für langjährige Betriebszugehörigkeit
      c) Krankengeldzuschüsse, die über den gesetzlichen Zuschuß hinausgehen
   2. Sonstige tarifvertraglich vorgesehene Sozialleistungen, wie z. B. Hausstandsgeld, Weiterzahlung von Lohn und Gehalt in Sterbefällen.
      Aufwendungen für Familienheimfahrten, Wegegelder, Trennungsentschädigungen, Erfinderbelohnungen und Prämien für Verbesserungsvorschläge, soweit diese nicht unter das Gesetz über Arbeitnehmererfindungen fallen und nicht zum Bereich der freiwilligen sozialen Leistungen des Arbeitgebers gehören.

III. Freiwillige soziale Leistungen

   1. Lohn- und Gehaltszulagen
      a) Ausgleichs- oder Konjunkturzulagen
      b) Schichtzulagen und Wechselschichtprämien (soweit tariflich vorgesehen, sind diese unter I 7 c auszuweisen)
   2. Altersversorgung
      a) Zuschüsse zur betrieblichen Pensionskasse

b) Pensionen
    ba) an Lohnempfänger
    bb) an ehemalige (pensionierte) Belegschaftsmitglieder
c) Zuschüsse, Erhaltung und Neubauten bzw. Kauf eigener Altersheime
d) Zuschüsse zu Lebensversicherungen (leitender Angestellter)
e) Abschluß von Lebensversicherungen (für leitende Angestellte)
f) Weiterzahlung des Arbeitgeberanteils zur Sozialversicherung für freiwillig versicherte Arbeitnehmer
g) Pensionsrückstellungen

3. Gratifikationen, Prämien, Erfolgsbeteiligungen
    a) Weihnachtsgeld
        aa) an aktive Belegschaftsmitglieder
        ab) an ehemalige (pensionierte) Belegschaftsmitglieder
    b) Maigeld
    c) Urlaubsgeld
    d) Erfolgsbeteiligung
    e) Abschlußprämien und Vergütungen
    f) 13. Monatsgehalt (sofern nicht tarifvertraglich vorgesehen)
    g) Anwesenheitsprämien
    h) Erfinderbelohnungen und Prämien für Verbesserungsvorschläge (soweit diese nicht gesetzlich oder tariflich vorgesehen sind)
    i) Jubiläumsgelder und -geschenke

4. Gesundheitsfürsorge
    a) Gehälter für Werksarzt bzw. Honorare für fremden Arzt
    b) Gehälter für Sanitäter, Krankenschwestern, Fürsorgerinnen und Krankenbesucher
    c) Sachaufwand für Sanitätsstationen und Verbandsstellen (Medikamente, Instrumente, Verbandsstoffe, Raumkosten)
    d) Hygieneeinrichtungen
    e) Vorbeugende Gesundheitsmaßnahmen, wie z. B. Röntgenreihenuntersuchungen
    f) Maßnahmen und Einrichtungen zur Erholung, wie z. B. Verschickung und Kuren
    g) Betriebskrankenkasse (Gehälter, Sachaufwand, Raumkosten)
    h) Zusätzliche Krankengelder

5. Betriebliche Fürsorge und Familienhilfe
    a) Darlehen für persönliche Belange in Notfällen
    b) Zahlungen an den Unterstützungsfonds
    c) Belegschaftsverkauf
        ca) eigener Erzeugnisse
        cb) fremder, verbilligter Waren
    d) Belegschaftsberatung (juristisch, steuerrechtlich)
    e) Betriebsfürsorge
    f) Freiwillige Geburten- oder Sterbebeihilfen, Heiratsbeihilfen
    g) Hausstandszulagen
    h) Betriebliches Kindergeld
    i) Betriebliche Familienzuschläge
    k) Kindergärten
    l) Kinderverschickungen
    m) Müttererholungsheime
    n) Ferienheime
    o) Fahrgelderstattung oder -zuschüsse
    p) Wegegelder
    p) Trennungsentschädigungen
    r) Umzugsentschädigungen
    s) Kleiderfürsorge

6. Ernährungsfürsorge
    a) Werksküche/Werksspeisung

b) Zuschüsse für Fremdverpflegung
c) Kantine
d) Kartoffelgeld o. ä.
7. Wohnungsfürsorge
a) Personaldarlehen für Wohnungsbau
b) Werkseigene Wohnungen
c) Zuschüsse an fremde private Bauherren
d) Zuschüsse an fremde Wohnungsbaugesellschaften
e) Zuschüsse an eigene Wohnungsbaugesellschaften (Tochtergesellschaften)
8. Aus- und Fortbildung
a) Lehrlingsausbildung
aa) Lehrwerkstatt (Material und Gehälter)
ab) Werkschule (Material und Gehälter)
b) Erwachsenenausbildung
c) Außerbetriebliche Kurse (Vorträge, Seminare, Meisterkurse)
d) Stipendien an Studierende
e) Ausbildungsbeihilfen für Kinder von Belegschaftsangehörigen
9. Unfallfürsorge
a) Unfallverhütung und Unfallschutz (Erziehung, Beratung)
b) Prämien für Unfallverhütung
c) Schutzkleidung
d) Kollektive Unfallversicherung
10. Produktions- und betriebsbedingte Fürsorge
11. Kulturelle und sportliche Förderung
a) Werksbücherei
b) Musik- und Theatergruppen
c) Theaterabonnements
d) Werkszeitung
e) Gemeinschaftsräume, Kasino, Gemeinschaftspflege
f) Kulturelle und sprachliche Förderung von Gastarbeitern
g) Sportanlagen
h) Sportgeräte
i) Besuch von außerbetrieblichen Sportveranstaltungen
12. Sonstige Sozialeinrichtungen (z. B. Fernsehraum, Kino)
13. Freiwillig bezahlte Ausfallzeiten (z. B. Sonderurlaub zur Erledigung persönlicher Angelegenheiten, Lohn und Gehalt für von der Arbeit freigestellte Betriebsratsmitglieder)
14. Sonstiger betrieblicher Sozialaufwand

Selbst dieser ausführliche Sozialkontenplan kann nicht – wie sich insbesondere aus den Positionen 12–14 ergibt – erschöpfend sein. Das ist für zwischenbetriebliche Vergleiche auch nicht erforderlich, sofern nur einzelne Untergruppen, z. B. noch eine Untergruppe »Sonstiges«, gebildet werden. Die Hauptgruppen sollten erhalten bleiben, da dadurch die Möglichkeit zu Vergleichen nach einheitlichem Schema gewährleistet ist.
Falls die buchhalterische und somit kontenmäßige Erfassung der verschiedenen Einzelpositionen technische Schwierigkeiten bereiten sollte, könnten einzelne Unterpositionen, wie z. B. Personaldarlehen, Geburtenbeihilfen, Umzugsentschädigungen, Wohnungsbaudarlehen usw., auch statistisch erfaßt werden.

3) Gliederungsschema Sozialkontenplan des Arbeitskreises »Der neue Betrieb« (zitiert nach Haberkorn, a.a.O., S. 19 ff.

1. Gesetzliche Arbeitgeberbeiträge
Sozialversicherung
Krankenversicherung
Rentenversicherung
Arbeitslosenversicherung

Berufsgenossenschaft
Familienausgleichskasse

2. Bezahlte Freizeit
   Bezahlter Urlaub (Löhne und Gehälter)
      Gesetzlicher und tariflich bezahlter Urlaub
      Zusätzlicher bezahlter Urlaub
      Sonderurlaub für Schwerbeschädigte
   Gesetzliche, tarifliche und ortsübliche Hausarbeitstage
3. Bezahlte Fehlzeiten
   Gesetzliche, tarifliche und zusätzliche Zahlungen an Kranke
      Gesetzliche und tarifliche Zahlungen an Kranke
      Zusätzliche Zahlungen an Kranke
   Weiterzahlung von Lohn und Gehalt bei Tod eines Betriebsangehörigen
   Aufwand für schwangere Frauen
      Gesetzliche und tarifliche Aufwendungen
      Zusätzliche Aufwendungen
   Bezahlung von Entlassungsentschädigungen und Kündigungsabfindungen
      Aufgrund des Kündigungsschutz- und des Betriebsverfassungsgesetzes
      Zusätzliche Zahlungen
   Lohn- und Gehaltsfortzahlung bei vorbeugenden Kuren
   Sonstige bezahlte Fehlzeiten
      Nach Gesetz und Tarif
      Betriebszusätzlich
4. Sozialzulagen für Verheiratete und Kinder
   Tarifliche Sozialzulagen für Verheiratete und Kinder
   Zusätzliche Sozialzulagen für Verheiratete und Kinder
5. Aufwand nach dem Schwerbeschädigtengesetz
   Ablösung für nicht besetzte Pflichtplätze und Lohnausgleichszulagen
6. Personal- und Sachaufwand gem. Betriebsverfassungsgesetz
   Aufwand für Betriebsversammlungen, Betriebsratswahlen und Wahl in den Aufsichtsrat
      Personalaufwand
      Sachaufwand
   Aufwand für Betriebsräte
      Personalaufwand
      Sachaufwand
   Aufwand für Sonderausschüsse usw.
      Personalaufwand
      Sachaufwand
7. Aufwand nach dem Jugendschutzgesetz (nicht für Lehrlinge)
      Personalaufwand
      Sachaufwand
8. Betriebliche Altersvorsorge
   Arbeitgeberzuschüsse an betriebliche Pensionskassen
   Arbeitgeberzuschüsse an betriebliche Unterstützungskassen
   Direkte Auszahlungen an ehemalige Mitarbeiter und deren Angehörige (mit oder ohne Rechtsanspruch)
   Arbeitgeberzuschüsse an außerbetriebliche Altersvorsorgeeinrichtungen
      Zuschüsse an außerbetriebliche Pensions- und Unterstützungskassen
      Einkauf von Mitarbeitern in eine Lebensversicherung
      Höher- und Weiterversicherung der Arbeitnehmer in der Rentenversicherung,
      Übernahme der gesetzlichen Arbeitnehmerbeiträge durch den Arbeitgeber
9. Gesundheitspflege
   Personal- und Sachaufwand für Werksarzt und Gesundheitshaus (auch Instandhaltung)
      Personalaufwand
      Sachaufwand

Aufwand für Betriebshygiene
Personalaufwand
Sachaufwand
Arbeitgeberaufwand und -zuschüsse zu Kuren und Heilverfahren
Arbeitgeberaufwand und -zuschüsse für Erholungs- und Ferienheime
Aufwendungen für Mitglieder
Aufwendungen für Angehörige von Belegschaftsmitgliedern
Freiwillige Zuschüsse zur Krankenversicherung
Freiwillige Zuschüsse zur Betriebskrankenkasse
Freiwillige Zuschüsse zur Unfallversicherung

10. Zuschüsse zur Werksverpflegung
Personalaufwand
Sachaufwand

11. Arbeitskleidung

12. Soziale Fürsorge
Werksfürsorge
Personalaufwand
Sachaufwand
Individuelle Beihilfen

13. Zusätzliche Familienhilfe (sonstige Zuschüsse)

14. Wohnungshilfe
Zuschüsse für werkseigene Wohnungen
Zuschüsse für nicht werkseigene Wohnungen
Kosten für Gewährung von (zinslosen oder zinsbegünstigten) Baudarlehen
Mietzuschüsse

15. Förderung von Sport, Bildung und anderer Freizeitbeschäftigung
Zuschüsse an Werkssportgruppen
Personalaufwand
Sachaufwand
Zuschüsse an Werksbücherei
Personalaufwand
Sachaufwand
Ausrichtung und Unterstützung von allgemeinbildenden Lehrgängen und Vorträgen
Sachaufwand für Betriebsausflüge und -feste
Aufwand für Gemeinschaftsgebäude und -anlagen
Personalaufwand
Sachaufwand

16. Direkte Zuwendungen aus besonderen Anlässen
Allgemeine Gratifikationen
Allgemeine Gewinn- und Ertragsbeteiligungen
Abschlußvergütungen an ausgewählte Empfängergruppen (nicht Tantiemen)
Jubiläumsgeschenke anläßlich Dienstjubiläen von Mitarbeitern
Geldgeschenke
Sachgeschenke
Arbeitgeberaufwand aus dem Vermögensbildungsgesetz (übernommene Lohnsteuer und Kirchensteuer sowie Verwaltungsaufwand)
Sonstige direkte Zuwendungen an Mitarbeiter

17. Sonstige Leistungen

18. Berufliche Fortbildung und Schulung
Aufwendungen für innerbetriebliche Fortbildungslehrgänge
Aufwendungen für außerbetriebliche Fortbildungslehrgänge
Aufwendung für Begabtenförderung
Aufwendungen für Lehrlingsausbildung

19. Innerbetriebliche Information
    Werkzeitschrift
        Personalaufwand
        Sachaufwand
    Sonstiges

4) Gliederungsschema der EWG (zitiert nach Haberkorn, a.a.O., S. 23 ff.)

Der Erhebung über die Aufwendungen der Arbeitgeber für Löhne und Lohnnebenkosten (EWG-Statistik), durchgeführt vom Statistischen Bundesamt Wiesbaden im Auftrage der Kommission der Europäischen Wirtschaftsgemeinschaft, für das Kalenderjahr 1963 liegt folgendes Schema zugrunde:

I. Gratifikationen, Abschlußvergütungen, 13. Monatsgehalt, Gewinn- und Ertragsbeteiligungen sowie ähnliche Ausschüttungen, Auslösungen
   1. Ergebnisprämien (einschließlich Gewinn- und Ertragsbeteiligungen sowie ähnlicher vom Betriebsergebnis abhängiger Ausschüttungen
   2. Aufwendungen aufgrund des Gesetzes zur Förderung der Vermögensbildung der Arbeitnehmer vom 12. Juli 1961
   3. Weihnachts- und Neujahrszuwendungen, Ferienprämien, Abschlußvergütungen, 13. Monatsgehalt, Jubiläumsgelder, Treueprämien und sonstige Barzuwendungen aus verschiedenen ähnlichen Anlässen
   4. Auslösungen

II. Zahlungen für nicht geleistete Arbeitszeit
   5. Bezahlter Urlaub (einschließlich zusätzlicher Urlaub, z. B. aufgrund des Schwerbeschädigtengesetzes)
   6. Gesetzlich zu bezahlende Feiertage
   7. Weitere bezahlte Ausfallzeiten
   8. Entlassungsentschädigungen aufgrund des Kündigungsschutzgesetzes, des Betriebsverfassungsgesetzes und freiwillige Zuwendungen aus Anlaß der Beendigung des Arbeitsverhältnisses
   9. Urlaubsabgeltung

III. Leistungen der Arbeitgeber zur sozialen und wirtschaftlichen Sicherung der Arbeitnehmer sowie zur Familienhilfe
  a) Gesetzliche Leistungen
   10. Arbeitgeberanteil der Pflichtbeiträge zur gesetzlichen Sozialversicherung ohne Arbeitslosenversicherung und Unfallversicherung
   11. Aufwendungen und Zuschüsse zur Betriebskrankenkasse nach RVO
   12. Gehaltsfortzahlung im Krankheitsfall
   13. Gesetzliche Zulagen zu den Leistungen der gesetzlichen Kranken- und Unfallversicherung
   14. Arbeitgeberanteile der Beiträge zur Arbeitslosenversicherung
   15. Beiträge zur Unfallversicherung
   16. Aufwendungen aufgrund des Kindergeldgesetzes
   17. Aufwendungen aufgrund des Mutterschutzgesetzes
   18. Aufwendungen aufgrund des Schwerbeschädigtengesetzes
  b) Tarifliche und zusätzliche Leistungen
   19. a) Direkte Pensionszahlungen
   19. b) Jahresrückstellungen
   19. c) Zuweisungen an Pensions- und Unterstützungskassen
   19. d) Sonstige Aufwendungen
   20. Tarifliche Leistungen im Zusammenhang mit dem Familienstand, z. B. Hausstandsgeld, Kindergeld usw.
   21. Zusätzliche Familienunterstützung
   22. Sonstige Leistungen

IV. Naturalleistungen und Aufwendungen für die Wohnstätten der Arbeitnehmer
- 23. a) Kohle, Koks, Gas, Strom
- 23. b) Sonstige Naturalleistungen (Getränke, Verpflegung, Schuhwerk, Bekleidung usw.)
- 24. a) Aufwendungen für Mietzuschüsse
- 24. b) Sonstige Aufwendungen für die Wohnstätten der Arbeitnehmer

V. Sonstige Sozialleistungen
Verschiedene Sozialzuwendungen
Direkte Zahlungen
- 25. a) Verpflegungszuschüsse
- 25. b) Sonstige Zuwendungen in bar (Wegezeitentschädigung, Zuwendungen zur Berufsausbildung von Kindern der Arbeitnehmer u. ä.)

Indirekte Zahlungen
- 26. Kantinenzuschüsse, Aufwendungen zur Werksverpflegung und Betriebsratskosten, Aufwendungen für den Werksarzt, für die Betriebsfürsorgerin und Kosten des Sozialbüros usw.

VI. Aufwendungen für die Berufsausbildung u. ä.
- 27. a) Aufwendungen für effektiv geleistete Arbeit der Lehrlinge und der in Ausbildung stehenden Personen
- 27. b) Aufwendungen für von den Lehrlingen und den sich in Ausbildung stehenden Personen nicht geleistete Zeiten
- 27. c) Sonstige Kosten der Berufsausbildung
- 28. Stipendien für die Aus- und Weiterbildung von Arbeitnehmern
- 29. Unterricht in Betriebshygiene und Betriebssicherheit
- 30. Sonstige Aufwendungen

Anlage 5

Verzeichnis wichtiger Bücher und Schriften zum Thema der Zusatz- und Sozialleistungen

Agrarwerbung GmbH, Handbuch der Gemeinschaftsverpflegung, Hamburg (erscheint jährlich).
Albrecht, E.: Sozialpolitik, Göttingen 1955.
Arndt, H.-J.; Faßbender, S.: Management – Weiterbildung im Betrieb, Frankfurt 1971.

Bardey, E.: Sozialleistungen, aber mit Maß, Stuttgart 1959.
Beratungsgesellschaft für Altersversorgung, Steuerberatungsgesellschaft Dr. Dr. Heissmann, Betriebliche Altersversorgung 1973, Wiesbaden 1973.
Bieding, F., Wendler, F.: Analytische Arbeitsbewertung von Angestelltentätigkeiten, Köln 1970.
Bornschein, K.: Die freiwilligen Sozialleistungen privater Klein-, Mittel- und Großbetriebe in den Regierungsbezirken Koblenz und Trier, Diss. Köln 1957.
Briefs, Götz: Soziologische Voraussetzungen der Sozialpolitik, in: Sinnvolle und sinnwidrige Sozialpolitik, Ludwigsburg 1959.
Buchholz, R., Maier, R.-H.: Handbuch der Führungskräfte, München 1970.
Bues, H.: Freiwillige betriebliche Sozialleistungen in der Bundesrepublik Deutschland, Köln u. a. 1969.
Bundesminister für Arbeit und Sozialordnung: Reform der Betriebsverfassung, Erläuterung, Gesetz, Wahlordnung.

Cattepoel, D.: Sozialreise durch Deutschland, Düsseldorf 1953.

Dahrendorf, R.: Sozialstruktur des Betriebes, Wiesbaden 1959.
Dalbert, L.: Verkaufte Freiheit – freiwillige Sozialleistungen kritisch betrachtet, Köln 1956.
Deutsche Gesellschaft für Personalführung e.V. (Hrsg.), Personalpolitik für außertarifliche Angestellte, Neuwied und Berlin 1970.
Darwig, H.-J., Bleistein (Hrsg.): TAE Taschenlexikon arbeitsrechtlicher Entscheidungen, Bielefeld 1973 (Ordner mit Ergänzungslieferungen).
Deutscher Gewerkschaftsbund Landbezirk Nordrhein-Westfalen, Handbuch für Beamte in Nordrhein-Westfalen, Bochum 1970.
Diedrich, K.-F.: Entwicklung und Stand der sozialen Betriebsgestaltung, München und Düsseldorf 1951.
Dorow, S.: Alterssicherung international – Eine vergleichende Studie . . ., Wiesbaden 1970.

Engel, F.: Ausbildungsinvestitionen in betriebswirtschaftlicher Sicht, Berlin 1970.
Enter, J.-G.: Beitrag zur Gestaltung der betrieblichen Zwischenverpflegung, Forschungsarbeit des Landes Nordrhein-Westfalen Nr. 1872, Verlags-Nr. 011872, 1967.

Fischer, O.: Die betrieblichen Sozialleistungen, in: Schriften der Gesellschaft für sozialen Fortschritt e.V., Band 3, Berlin 1955.
Friedeburg, L. v.: Soziologie des Betriebsklimas, Bd. 13 der Frankfurter Beiträge zur Soziologie, Frankfurt/Main 1963.
Fritzsche, H. (Hrsg.): TPE Taschenlexikon personalrechtlicher Entscheidungen, Bielefeld 1973 (Ordner mit Ergänzungslieferungen).

Gangler, E.: Zusätzliche Sozialleistungen in der betrieblichen Praxis, München 1957.
Geck, A.: Soziale Betriebsführung, Essen 1953.
Gesellschaft für Arbeitspädagogik: Ein Leben für die Deutsche Wirtschaft, Witten 1964.
Gesellschaft für soziale Betriebspraxis mbH: Betriebliche Sozialleistungen im Meinungsstreit, Düsseldorf 1956.
Gesellschaft für sozialen Fortschritt e.V., Bonn: Die betrieblichen Sozialleistungen, Berlin 1955.

Goosens: Personalleiter-Handbuch, München 1966.
Grätz, F.: Berufe und Gehälter – heute und morgen, München 1973.
Grätz, F.: Einkommen, Löhne und Gehälter von A–Z, Döffingen 1973.
Grüll, F. (Hrsg.): Handbuch für leitende Angestellte in 2 Bänden, Heidelberg 1962.
Guski, H.-G.: Ausgewählte Modelle betrieblicher Vermögensbildung, Berichte des Deutschen Industrie-Instituts zur Sozialpolitik, Jg. 5, Nr. 9, Köln 1971.

Haberkorn, K.: Der Sozialbericht, Essen 1965.
Haberkorn, K.: Zeitgemäße betriebliche Sozialleistungen, München 1973.
Hall, T. P.: Gemeinsame betriebliche Sozialpolitik mittlerer und kleinerer Unternehmen, Köln 1959.
Heissmann, E.: Betriebliche Unterstützungskasse, Köln 1966.
Heissmann, E.: Die betrieblichen Ruhegeldverpflichtungen, Köln 1967.
Heissmann, E.: Betriebliche Altersversorgung – Ein Wegweiser . . ., München 1969.
Heissmann, E.: Gottschalk: Steuergrundriß der betrieblichen Altersversorgung, Köln 1970.
Högger, D., Schlegel, H.: Leitfaden der Arbeitsmedizin, Bern 1973.
Hohn, H.: Reisekosten und Auswärtszulagen im Arbeitsleben, Heidelberg 1968.
Hohn, H.: Gratifikationen im Arbeits-, Lohnsteuer- und Sozialversicherungsrecht, Heidelberg 1963.
Horstkotte, A.: Was denken Belegschaften über betriebliche Sozialleistungen?, in: Betriebliche Sozialpolitik heute, Hrsg.: Deutsches Institut für Betriebswirtschaft e.V., Düsseldorf und Wien 1962.
Huhle, Fritz: Die betrieblichen Sozialleistungen, in: Sozialpolitische Schriften, Heft 7, Berlin 1957.
Huth, Peter (Bearbeiter): Taschenbuch für den öffentlichen Dienst, Regensburg (Stand Juli 1972).

Jungbluth, A.: Möglichkeiten und Grenzen der innerbetrieblichen Sozialpolitik, Stuttgart und Düsseldorf 1954.
Jungbluth, A.: Arbeitsdirektor und Betrieb, München 1957.
Jungbluth, M.: Nicht vom Brot allein, Elf Modelle für Mitbestimmung und Gewinnbeteiligung, Hamburg 1973.
Junker, K.: Die betriebliche Altersversorgung, Köln 1972.

Kienbaum Unternehmensberatung, Gehaltsstrukturuntersuchung Geschäftsführer, Gummersbach 1972.
Kienbaum Unternehmensberatung, Gehaltsstrukturuntersuchung Leitende Angestellte, Gummersbach 1973.
Kienbaum Unternehmensberatung, Gehaltsstrukturuntersuchung Datenverarbeitung, Gummersbach 1973.
Kienbaum Unternehmensberatung, Gehaltsreport Schreib- und Bürokräfte – Bundesrepublik Deutschland 1973, Gummersbach 1973.

Lindner, H.: Die Inanspruchnahme steuerlicher und vermögenspolitischer Vergünstigungen durch den Lohnsteuerpflichtigen, Opladen 1972.
Lorenz, K.: Die acht Todsünden der zivilisierten Menschheit, München 1973.
Lueg, H. W., Neumann, E., Rudlow, E. (Hrsg.): TSE Taschenlexikon sozialversicherungsrechtlicher Entscheidungen, Bielefeld 1973 (Ordner mit Ergänzungslieferungen).

Mennecke, K.: Stellvertretung und Nachfolge, in: Organisationsleiterhandbuch, München 1973.
Mann, A.: Betriebliche Sozialleistungen und Mitbestimmung, Frankfurt und Bonn o. J.
Mann, G.: Festrede, Düsseldorf Wien 1973.
Merle, G.: Der freiwillige soziale Aufwand in der Industrie, Berlin 1963.

Nietzer, H.: Die Kostennatur betrieblicher Sozialleistungen, München 1963.

Pleiß, U.: Freiwillige Sozialleistungen der industriellen Unternehmung, Versuch einer Wesenserfassung und systematischen Ordnung, Berlin 1960.
Preller, L.: Sozialpolitik, Theoretische Ortung, 1962.

Reichwein, Funktionswandel der betrieblichen Sozialpolitik, Köln–Opladen 1965.
Reyer, R.: Gratifikationen, Tantiemen, Sonderzulagen, Neuwien–Berlin 1972.
Rossmann, H.: Der Werksarzt, Köln 1959.
Rühle von Lilienstein, H.: Produktivitätssteigerung durch systematische Aus- und Fortbildung, Berlin 1973.

Scanlaw, B.: Erfolgreiche Mitarbeitermotivierung, Verlag Moderne Industrie, München 1973.
Schmidt, F.: Betriebliche Partnerschaft und Erfolgsbeteiligung in sozialpolitischer und arbeitsrechtlicher Sicht, Diss. Freiburg 1963.
Sozialkontenplan der Wirtschaftsvereinigung Eisen- und Stahlindustrie, Oktober 1963.
Sozialkontenplan des Arbeitskreises »Der neue Betrieb«, Düsseldorf o. J.
Sozialbericht 1972, Maßnahmen und Vorhaben der Gesellschafts- und Sozialpolitik, Bonn 1972.
Spiegelhalter, F.: Der unsichtbare Lohn, Statistische Durchleuchtung des betrieblichen Sozialaufwands, Darmstadt 1962.
Sprenger, R.-U.: Papadopoulos: Der sozialpolitische Beitrag der Wirtschaft zur Freizeitgestaltung der Arbeitnehmer, Ifo-Studien zur Industriewirtschaft 11, München 1973.

Thomae, H., Lehr, U.: Berufliche Leistungsfähigkeit im mittleren und höheren Erwachsenenalter, Göttingen 1973.
Timme, H.: Löhne und Gehälter nach Leistung, München 1961.

Werner, G.-A.: Betriebliche Altersversorgung in der sozialpolitischen Diskussion, Wiesbaden 1972.
Wiese, L. v.: System der allgemeinen Soziologie, 3. Aufl. Berlin 1955.
Wistinghausen, J. (Hrsg.): Soziale Betriebspraxis, ergänzbares Handbuch für die betriebliche Praxis, Neuwied und Berlin.
Wolf, Annemarie: Sozialleistungen des Unternehmens, Möglichkeiten, Vorteile, Gefahren, Stuttgart 1962.

Zander, E.: Handbuch der Gehaltsfestsetzung, Heidelberg 1972.
Zander, Grabner, Knebel, Pillat: Führungssysteme in der Praxis, Heidelberg 1972.
Ziegan, H.: Die Weihnachtsgratifikation – Hinweise für die betriebliche Praxis, Düsseldorf 1952.
Zimmerer, C.: Kompendium der Wirtschafts- und Sozialpolitik, Düsseldorf 1959.
Zöllner, D.: Die soziale Gesetzgebung der Bundesrepublik Deutschland.

Anlage 6

Periodika, die häufig über Zusatz- und Sozialleistungen berichten (1)

AFA-Informationen, Bund-Verlag, Köln-Deutz
Amtliche Nachrichten der Bundesanstalt für Arbeitsvermittlung und Arbeitslosenversicherung, Nürnberg
ANALYSEN, Aspekte-Verlag, Frankfurt
Der Angestellte, Verlag DAG, Hamburg
Arbeit, Beruf und Arbeitslosenhilfe, Verlag Arbeit, Beruf und Arbeitslosenhilfe, Hannover
Arbeit und Leistung, Zeitschrift für angewandte Arbeits- und Sozialwissenschaften, Dr. Otto Schmidt Verlag, Köln
Arbeit und Recht, Bund-Verlag, Köln-Deutz
Arbeit und Sozialpolitik, Nomos-Verlag, Baden-Baden
Arbeit und Wirtschaft, Wien
Der Arbeitgeber, Verlag Bachem, Köln
Archiv für Wirtschafts- und Sozialwissenschaften
Der Aufstieg, Verlag Dr. Gabler, Wiesbaden

BDI-Mitteilungen, Verlag BDI, Köln
Beratende Ingenieure, Verlag Beratende Ingenieure, Essen
Der Betrieb, Verlag Handelsblatt, Düsseldorf
Der Betriebsberater, Verlag Recht und Wirtschaft, Heidelberg
Die Betriebskrankenkasse, Zeitschrift des Bundesverbandes der Betriebskankenkasse, Essen
Betriebswirtschaftliche Beiträge
Betriebswirtschaftliche Forschung und Praxis, Verlag Neue Wirtschafts-Briefe, Herne
Betriebswirtschafts-Magazin, Verlag Dr. Gabler, Wiesbaden
Blick durch die Wirtschaft, Wirtschaftszeitung der FAZ, Frankfurt
Bundesarbeitsblatt, Verlag Kohlhammer, Köln
Business Week, Verlag Mc Grw. Hill Publishing, Boston, Mass.

CAPITAL, Gruner & Jahr Verlag, Hamburg
CONSULTING, Vogel-Verlag, Würzburg

Die Deutsche Berufs- und Fachschule, Verlag Steiner, Wiesbaden
Deutsche Handwerkszeitung, Verlag Holzmann, Bad Wörizhofen
Deutsche Steuerzeitung, Industrie-Verlag, Heidelberg
Das österreichische ECONOMY Wirtschaftsjournal, Wien

Die Führungskraft, Verlag Kartenberg, Herne
Führungspraxis, Robert Göller-Verlag, Baden-Baden

Gesundes Volk, Verlag Kohlhammer, Stuttgart
Der Gewerkschafter, Verlag IG Metall, Frankfurt
Gewerkschaftliche Monatshefte, Bund-Verlag, Köln-Deutz
Gewerkschaftliche Rundschau, Bochum
GmbH-Rundschau, Schmidt-Verlag (Centrale für GmbH), Köln-Marienburg

Handelsblatt, Verlag Handelsblatt, Düsseldorf

Industriemagazin, Verlag Moderne Industrie, München
Industrie- und Handelsrevue, Köln
Industrielle Organisation, Zürich
Informationen der Gesellschaft für soziale Betriebspraxis GmbH, Düsseldorf

1 In der Aufstellung sind einige Zeitschriften enthalten, die in der Vergangenheit wichtige Artikel über Zusatz und Sozialleistungen brachten, ihr Erscheinen aber inzwischen eingestellt haben.

Jahrbuch für Sozialwissenschaft, Verlag Vandenhoeck & Ruprecht, Göttingen
Junge Wirtschaft, Verlag Unternehmerwirtschaft, Bonn-Bad Godesberg

Kölner Zeitschrift für Soziologie und Sozialpsychologie, Westdeutscher Verlag, Opladen

Der Lehrlingswart, Verlag Holzmann, Bad Wörizhofen
Der Leitende Angestellte, Verlag für Publizistik, Isernhagen

Manager-Magazin, Verlag Management + Marketing, Hamburg
Management International, Verlag Dr. Gabler, Wiesbaden
Die Mitarbeit, Evangelische Monatshefte zur Gesellschaftspolitik, Berlin
Die Mitbestimmung, Hamburg
Das Mitbestimmungsgespräch, Verlag Hans-Böckler-Gesellschaft e.V., Düsseldorf
Mitteilungsblatt für die gewerkschaftliche Kultur- und Bildungsarbeit, Verlag DGB, Düsseldorf
Monatsschrift für Deutsches Recht, Verlag Paterna, Hamburg

Neue Betriebswirtschaft, Verlagsgesellschaft Neue Betriebswirtschaft, Heidelberg
Neue Juristische Wochenschrift, Beck'sche Verlagsbuchhandlung, München
Neues Beginnen, Verlag Arbeiterwohlfahrt, Bundesverband e.V., Bonn

Das ÖTV-Magazin, Verlag Gewerkschaft ÖTV, Stuttgart

Personal, Verlag Mensch und Arbeit, München
Das Personalbüro, Haufe-Verlag, Freiburg
Personalpraxis, Günter Olzig-Verlag, München
Die Personalvertretung, Verlag Schmidt, Berlin
PLUS, Verlag Handelsblatt, Düsseldorf
Produktion, Verlag Moderne Industrie, München

RATIONALISIERUNG, Verlag Hanser, München
Das rationelle Büro, Verlag Peter Basten, Aachen
Recht und Arbeit, Beck'sche Verlagsbuchhandlung, München

Sociologus, Verlag Duncker & Humblot, Berlin
Sozialarchiv, Essen
Der Sozialberater, Verlag Horst Heinke, Bleidenstadt/Taunus
Das Sozialblatt, Verlag Sozialblatt, Köln
Die Sozialversicherung, Verlag Rausch, Heidelberg
Sozialversicherung und Arbeitsrecht, Hermann-Luchterhand-Verlag, Neuwied
Soziale Arbeit, Verlag Vahlen, Berlin
Soziale Betriebspraxis, München
Sozialer Fortschritt, Verlag Duncker & Humblot, Berlin
Soziale Ordnung, Verlag Jakob-Kaiser-Stiftung e.V., Königswinter
Soziale Selbstverwaltung, Verlag Heider, Berisch-Gladbach
Das soziale Seminar, Verlag Franz. Hitze-Haus, Münster
Soziale Sicherheit, Bund-Verlag, Köln-Deutz
Die soziale Welt, Verlag Otto Schwarz & Co., Göttingen
Zeitschrift für Wirtschafts- und Sozialwissenschaften, Verlag Duncker & Humblot, Berlin

VDI-Nachrichten, VDI-Verlag, Düsseldorf
VISION – Das europäische Wirtschaftsmagazin, Paris
Der Volks- und Betriebswirt, Wilhelm-Stollfuß-Verlag, Bonn

Welt der Arbeit, Bund-Verlag, Köln-Deutz
Wirtschaftswoche, Zeit-Verlag, Frankfurt
Wirtschaft und Berufserziehung, Bertelsmann-Verlag, Bielefeld

Wirtschaft und Statistik, Verlag W. Kohlhammer, Stuttgart
WWI – Mitteilungen, Bund-Verlag, Köln-Deutz

Die Zeit, Gruner & Jahr, Hamburg
Zeitschrift für Betriebswirtschaft, Verlag Dr. Gabler, Wiesbaden
Zeitschrift für betriebswirtschaftliche Forschung, Westdeutscher Verlag, Opladen
Zeitschrift für Organisation, Verlag Dr. Gabler, Wiesbaden

Register aller in der Bundesrepublik gewährten Zusatz- und Sozialleistungen

(Die Zahlen in den Klammern bezeichnen die Abschnitte, in denen die entsprechenden Zusatz- und Sozialleistungen behandelt werden)

GPSR Compliance

The European Union's (EU) General Product Safety Regulation (GPSR) is a set of rules that requires consumer products to be safe and our obligations to ensure this.

If you have any concerns about our products, you can contact us on ProductSafety@springernature.com

In case Publisher is established outside the EU, the EU authorized representative is:

Springer Nature Customer Service Center GmbH
Europaplatz 3
69115 Heidelberg, Germany

Batch number: 10809472

Printed by Printforce, the Netherlands